创业之道

许益锋　等编著

西北工業大學出版社

图书在版编目(CIP)数据

创业之道/许益锋主编．—西安：西北工业大学出版社，2014.12
ISBN 978-7-5612-4227-8

Ⅰ.①创…　Ⅱ.①许…　Ⅲ.①企业管理—基本知识　Ⅳ.①F270

中国版本图书馆CIP数据核字(2014)第300684号

出版发行：西北工业大学出版社
通信地址：西安市友谊西路127号　　邮编：710072
电　　话：(029)88493844　88491757
网　　址：www.nwpup.com
印 刷 者：兴平市博闻印务有限公司
开　　本：727 mm×960 mm　1/16
印　　张：22.875
字　　数：390千字
版　　次：2015年1月第1版　　2015年1月第1次印刷
定　　价：45.00元

前言

创业教育是社会发展到一定阶段的产物。创业教育在欧美等国家已有几十年的历史，一直深受重视，至今已颇具规模。在美国，学生从小学开始即接受创业教育，还通过"青年商业社"等形式进行实质性的经营活动来增强创业意识、提高创业能力。美国大学生创业一直维持在30%左右的比例。美国的高校已建立了完整的教学和研究体系，范围覆盖了从创业中心的建立到师资科研队伍、课程建设以及创业基金的设立等。

大学生是国家培养的高层次人才，是科教兴国的中坚力量，我国自1999年大学持续扩招以来，高校毕业生的数量从2001年的114万人迅猛增加到2014年的727万人。但近几年来高校的就业率却始终徘徊在80%左右，毕业生如何就业成为了当前比较突出的难题。国家相继出台了一系列鼓励大学生创业的政策措施，各省市也相继出台了一系列的政策鼓励大学生自主创业来带动高校毕业生创业，缓解日趋严重的就业压力。

党的十八大明确提出要"促进创业带动就业"，中小企业的创立和发展能够促进和形成充满活力的创业经济，创业是中国经济持续繁荣的重要驱动力量。我国大学生自主创业率历来不高，创业实践成功率也较低，2012年我国大学生的自主创业率仅为2%，全国大学生创业成功率最高的浙江省也只有4%，远低于社会近30%的创业成功率。对比之下，发达国家大学生的创业率一般在20%～30%，其创业成功率平均约为20%，均远高于我国。我国大学生创业率和创业成功率之所以很低，高校创业教育体系不完善也是一个重要的原因。

我国的创业教育始于20世纪末，至今只有十几年的历史。随着大学生创业热潮的日益膨胀和国家对大学生创业的日益重视，加强大学生创业教育的呼声日益高涨，我国不少高校纷纷设立创业研究或教育中心，开展创业教育和研究工作，在开设创业课程、探索创业教学方法和创业管理研究等方面初步取得了一些成果。

虽然我国创业教育和创业研究呈现出蓬勃发展的势头，高校创业教育活动也正蓬勃开展，但与国外创业教育的发展状况相比还存在较大差距，高校目前的创业教育活动还存在诸多不足，离学生的创业需求相差甚远。

考虑到创业活动的不确定性、综合性以及创业研究学科的交叉性，创业是一个复杂的过程，本书办求能够在理论和实践两方面结合，使读者在了解创业理论的同时得到创业实践的印证。本书以创业的过程发展为主线，并结合相关知识进行横向扩展，一共分为三篇十三章，主要内容如下：

(1)在创业准备篇，主要介绍创业现状、创业理论以及创业机会分析、创业团队的组建和创业计划书的拟定等内容。

(2)在创业管理篇中，结合创业企业在成长中涉及的战略管理、组织管理、产品管理、营销管理、生产运作管理以及财务和人力资源管理等管理相关知识。

(3)在创业实训篇，本书以"创业之星"为样本，介绍了软件的创业准备、创业管理等软件操作和经营分析等常见问题，并根据创业训练需要附有训练手册。

本书由许益锋、刘聪颖、于雪、凌旭等编著。在撰写过程中借鉴了国内外相关出版物和网上资料，由于编写体系的原因未能在文中一一注明，只能在参考文献中列出，在此谨向诸位作者表示衷心感谢和敬意。

借本书出版之际，向对我们工作支持的西安工程大学管理学院、发展规划处，西北工业大学出版社表示衷心感谢！

编　者

2014年6月

目　录

第一篇　创业准备

第二篇　创业管理

第三篇 创业实训

第三篇 创业实训

第一篇 创业准备

第一章 创业概述

第一节 创业现状

一、创业的作用和意义

每年，在美国都有大约60万家新企业成立，这个数字在过去20年中翻了一番，它们的成功巨大地推进了美国的经济增长。在20世纪90年代，美国的大企业裁掉了600多万个工作岗位，但失业率却降到历史上的最低水平，这主要是创业者创建新企业的结果。

类似的事情正以不同的形态在我国发生着。改革开放30多年来，一批批创业者新创办的企业提供了新产品和服务，填补了市场空白，开拓了新的市场空间，使中国经济总量不断增长，并解决了大量的城镇就业问题。正如一位著名经济学家所总结的，中国经济改革的成功经验不在于所谓渐进式的改革，而主要在于以发展经济增量为主、经济存量改革为辅的政策导向，所谓发展经济增量，实质上就是鼓励创业。正是由于众多的创业不断发生和成功，使30年来中国经济保持持续增长，并解决了大量的就业问题，缓解了经济转轨时期的危机与痛苦。

2013年的数据显示，我国60%的GDP由中小企业完成，中小企业交纳的税收占50%，提供了80%的就业岗位，完成的新产品开发以及发明专利分别为75%和65%。事实证明，中小企业的创立和发展能够促进和形成充满活力的创业经济，创业是中国经济持续繁荣的重要驱动力量。

二、我国大学生创业现状

大学生是国家培养的高层次人才，是科教兴国的中坚力量，大学毕业生能否充分就业，不仅关系到大学生自身利益，也直接影响我国经济可持续发展和社会的稳定。自1999年大学持续扩招以来，高校毕业生的数量逐年增加，从2001年的114万人迅猛增加到2014年的727万人，但近几年来高校的就业率却始终徘徊在80%左右，毕业生如何就业成为了当前比较突出的难题，就业竞争由“激烈”向“残酷”转变。在此情况下，国务院总理李克强在2014年4月30日主持召开的国务院常务会议中确定进一步促进高校毕业生就业创业的政策措施，各省市也相继出台了一系列的政策鼓励大学生自主创业来带动高校毕业生创业，缓解日趋严重的就业压力。

我国大学生创业的历程是一个经历了从无到有、由少及多的过程。截至到现在，大学生创业的人数比例仍然偏低、数量仍然较少，《2014年中国大学生就业报告》显示，中国大学生自主创业比例连续两届略有上升，2013届大学毕业生自主创业比例达到2.3%，比2012届(2.0%)高0.3个百分点，比2011届(1.6%)高出0.7个百分点。

三、创业教育状况

创业行为是大学生学业的进一步深化，是择业途径的良性发展，是大学生主动参与社会竞争的一种尝试，作为大学生现代择业方式的一种新趋势，其意义已远远超出了这一形式本身。在美国、欧盟等发达国家和地区，已形成一套相对完整、系统的创业机制，学校积极推行创业教育，政府、社会也努力提升大学生创业环境的品质，为大学生创业提供良好、便捷的途径。

1.国外创业教育

创业教育是社会发展到一定阶段的产物。创业教育在欧美等先进国家已有几十年的历史，一直深受重视，至今已颇具规模。在美国上百万名学生从小学开始即接受创业教育，还通过“青年商业社(Junior Achievement)”等形式进行实质性的经营活动来增强创业意识、提高创业能力。美国大学生创业一直维持在30%左右的比例。美国的高校已建立了完整的教学和研究体系，范围覆盖了从创业中心的建立到师资科研队伍、课程建设以及创业基金的设立等。

美国的第一个创业教育课程诞生于1970年。1980年，第一个本科创业教育专业诞生在百森(Babson)商学院、贝勒(Baylor)大学和南加州大学。1979－1986年间，中小企业与创业课程成长迅速，并蓬勃发展。如今，美国至少有2000个学院和大学提供一种或多种创业课程，许多顶尖大学现在提供创业方面的课程和学位。著名的哈佛商学院亦在这一潮流压力下，将必修的“一般管理学”改为“创业精神管理学”。加州大学洛杉矶分校的创业相关课程更是高达24门，其他如芝加哥大学、麻省理工学院和斯坦福大学等著名大学，目前都在倾力专注于这一领域，以求在新经济的趋势中站稳脚步。伴随着大学课程的增加，由私人咨询公司、社区和行会提供的创业研讨班也活跃起来。

美国大学教育中开展创业教育的方式灵活多样，举行“校园创业计划”大赛就是其中的一种。1983年美国德州大学奥斯丁分校首次举办，此后，斯坦福大学、麻省理工学院等大学每年都举办此类活动。Yahoo，Google等公司就是在斯坦福大学校园创业氛围中诞生并迅速成长起来的。

创业是美国本科课程中增长最快的科目之一。据统计，到2013年，美国在校生把创业当成未来职业选择的人数也越来越多，每年至少有60万大学生选修关于创业的课程。目前，美国有超过2000所院校开设了形式多样的创业课程，其中超过500所高校提供相关专业的本、专科学位。

美国在探索和实施创业教育过程中，逐步形成了自己的创业教育特点：注重学生就业观点的转变，促使学生将被动的就业观念转变为主动的创业观念；注重创业教育有关内容的体验，使学生体验获得创业的感性认识；注重对教师的培训，要求教师具备一定的创业体验、创业知识和创业技能；创业教育组织非常活跃；创业教育得到了社会部分资金的资助。

目前，世界上不少国家都很重视创业教育。除了美国，还有诸多国家也开展了类似教育。在澳大利亚，大学里的创业教育已经进行了40年左右。事实上，创业教育作为培养创造型人才的一个有机组成部分，一些不发达国家也很重视创业教育。肯尼亚在实施创业教育、推动小企业发展方面探索出了一些比较成功的经验：在学校设立专门的创业教育机构。肯尼亚政府规定，凡是有条件的职业学校都要设立“创业教育研究室”和“小企业中心”；开发创业教育课程。肯尼亚政府已经开发出了一个创业教育方面的课程大纲。该大纲主要涉及创业和自谋职业、创业机遇、创业意识、创业动机、创业能力和企业经营管理等方面的内容，侧重培养职业学校学生的创业意识和创业能力；加强创业教育师资队伍建设。政府通过举办创业教育有关课程进修班等形式来加强创业教育师资队伍建设。

2.我国创业教育实践

我国的创业教育始于20世纪末，至今只有十几年的历史。随着大学生创业热潮的日益膨胀和国家对大学生创业的日益重视，加强大学生创业教育的呼声日益高涨，我国不少高校纷纷设立创业研究或教育中心，开展创业教育和研究工作，在开设创业课程、探索创业教学方法和创业管理研究等方面初步取得了一些成果。

1998年，清华大学成立了中国创业研究中心，开始了我国创业教育研究及推广工作。当年，清华大学还举办了中国最早的学生创业计划竞赛。竞赛引发的学生创业热潮激发了创业教育需求，有力地推动了我国创业教育的发展。

2002年，教育部确定中国人民大学、清华大学、北京航空航天大学等9所大学为我国创业教育试点院校，给予政策和经费的支持，探索我国高校学生创业教育的基本方法和发展模式。在国家的鼓励和推动下，高校也纷纷开展创业教育实践的尝试，清华大学1998年在管理学院中率先为MBA开设了创新与创业管理方向，还为全校本科生开设了高新技术创业管理课程。厦门大学从2003年起就为MBA开设创业管理课程，2005年又推出全校性选修课“大学生创业计划与实践”，该课程已被纳入学校就业与创业指导培训课程模块。2003年9月成立的南开大学创业管理研究中心，为本科生、硕士研究生、MBA和博士生开设创业与企业成长方面的课程，并且在博士生和MBA教学计划中开设了创业管理研究方向。自此，中国大学校园的创业教育正式起步。

2003年10月，教育部在北京航空航天大学举行了首届全国创业教育师资培训班，来自全国各地的108所高等院校的180多名教师参加该培训班的学习，各个实施创业教育院校进行了广泛交流。截至2014年3月，已为全国近千所高校培训创业教育师资2000余名。这样的培训班已经成为我国高校创业教育的重要学习途径和沟通平台。教育部还组织召开高校学生创业教育工作会议，安排部署高校创业教育工作。

虽然我国创业教育和创业研究呈现出蓬勃发展的势头，高校创业教育活动也正蓬勃开展，但与国外创业教育的发展状况相比还存在较大差距，高校目前的创业教育活动还存在诸多不足，离学生的创业需求相差甚远。主要表现在下述几方面。

(1)在定位上，创业教育只局限于创业实务层面。当前学校的创业教育还只局限于组织学生开展“创业计划大赛”、参与“创业设计活动”、实施“本科生科技创新计划”以及开展形形色色的课外科技活动等创业实务层面。部分高校甚至设立了“创新基金”，提供了创业中心供学生“孵化”。但是实践证明，由于大学生缺乏必要的创业精神和创业素质，这种轰轰烈烈未上升到理念指导层面的创业实务教育并未对大学生创业起到有效的教育作用。

(2)在实施上，创业教育与学科专业教育“两张皮”。我国高校目前的创业教育，由于没有完全融合到学校整体育人的体系之中，与学科专业教育的开展并未形成有机联系，是在“正规教育”之外，利用课外时间进行的“业余教育”。这一舍本逐末、注重形式的做法使创业教育失去了学科专业这一最有力的依靠，致使创业学子们激情有余而内功不足。

(3)在范围上，创业教育的开展仅局限于少数学生。我国高校的创业教育开始于创业大赛，自开始就刻有极强的精英化痕迹。创业教育关注的是少部分人的骄人业绩，各个学校设立的学生创业机构，无论是大大小小的“创新实验室”“学生创业俱乐部”“科创中心”，还是“21世纪人才学校”，都是精英化的机构，大部分同学因各方面条件的限制而只能成为“看客”。

(4)在效果上，我国大学生自主创业率历来不高，创业实践成功率也较低，2012年我国大学生的自主创业率仅为2%，全国大学生创业成功率最高的浙江省也只有4%，远低于社会近30%的创业成功率。对比之下，发达国家大学生的创业率一般在20%～30%，其创业成功率平均约为20%，均远高于我国。我国大学生创业率和创业成功率之所以很低，究其原因，这与创业环境不利、创业者素质不高有关，但高校创业教育体系不完善也是一个重要的原因。

第二节 创业理论

一、相关概念

1.“创业”的概念

“创业”这一概念源于英文 Entrepreneur，意为企业家、创业者，国内也常常翻译为“创业精神”。在一定意义上，创业与企业家是密切联系的一对概念。国内外专家对创业的理解还没有形成一个统一的观点。在这里介绍几种典型的国内外观点。

创业教育大师蒂蒙斯(Timmons)认为，创业是一种思考、推理和行动的方式，它为机会所驱动，需要在方法上全盘考虑并拥有和谐的领导能力。哈佛大学第一位创业管理学教授霍华德·史蒂芬(Howard Stephen)则认为，创业是一种管理风格：它去寻找机会而不顾目前已控制的资源。与这种定义类似，布鲁斯(Blues)和杜安(Duane)认为，创业是个人不考虑当前所控制的资源而追求机会的过程。创业行为的本质在于识别机会并将有用创意付诸实践。创业行为所要求的任务既可以由个人也可以由小组来完成，并需要创造性、驱动力和承担风险的意愿。美国管理学会的教授协会认为，创业是对新企业、小型企业和家庭企业的创建和经营。美国学者斯蒂文森(Stevens)认为，创业是一个人(不管是独立的还是一个组织内部)追踪和捕捉机会的过程,这一过程与其当时控制的资源无关。

我国国内也有一些学者对创业进行了定义。王重鸣认为,创业是做新的事情,或者用新的方法去做事情,是一个有风险的行为。同时,创业不是一个简单的行动,它是一个组合的概念,包括一系列行动、一系列举措。罗天虎在《创业学教程》中把创业定义为"社会上的个人或群体,为了改变现状、造福后人,依靠自己的力量创造财富的艰苦奋斗过程"。郁义鸿认为,创业是一个发现和捕获机会并由此创造出新颖产品或服务和实现其潜在价值的过程。创业必须要奉献时间、付出努力、承担相应经济上、精神的、社会风险,并获得金钱的回报、个人的满足和独立自主。李学东、潘玉香在《大学生创业实务教程》中对创业的描述是:人们在当时所处的社会环境下,就自己的意识和能力,捕捉商业机会,充分考虑财富增加的成功与风险,并付诸行动,创建和发展一个或多个企业的艰辛活动过程。

在还不能完全和准确理解创业概念的情况下,通过学者们对各种要素之间关系的看法以及对这些关系的思考能够领会创业的某些特征,而不是局限于这些观点的表层含义。由于创业学涉及社会学、经济学和管理学等不同学科,因此,人们倾向于从不同角度来进行研究,它的发展也就经过了研究创业的结果(产生什么经济影响)、研究创业的起因(为什么企业家会行动)、研究创业的管理(企业家如何行动)几个阶段。这些研究都只是从某个侧面来阐述创业问题。通过以上对创业的不同定义,可以提炼出创业过程中的各种组成要素,如创新性、商业机会的把握、价值创造、风险承担和财富获得等。

2.创业家

创业家由英文单词 Entrepreneur 译成,此单词的词源为法文 Entreprend,意思是 Between Taking,即创业家指的是能够抓住资源与机会之间的一个连接点,凭借自己非凡的才能而创造价值的人。创业家一词由坎泰朗(Cantillow)于 1755 年首次引入经济学。1800 年前后,法国经济学家萨伊(Say)首次对"创业家"下了定义,他认为创业家是那些将经济资源从生产率较低的区域转移到生产率较高的区域的人。在他看来,创业家能够以惊人的准确性预测某特定产品的重要性、需求量和生产手段,有时须雇佣很多人,订购原材料,组织工人,发现消费者。在这种运转过程中,他必须克服诸多困难,排除不安与疑惑,坦然面对困难并及时采取应变措施。19 世纪以来,人们认为创业家还必须具备承担风险的能力。到了 20 世纪,创业家的概念中又添加了一条,即具有发现和引入新的更好的能赚钱的产品、服务和过程的能力。

那么,究竟怎样才算“创业家”?是不是所有的创业者都是“创业家”呢?实际上,创业是一个发现和捕获机会并由此创造出新颖的产品、服务或实现其潜在价值的过程。创业家就是这个过程的发起者。因此,并非所有的创业者都能称为创业家。创业家是一些具备创业特质和创业精神的创业者,他们具有冒险进取的创业精神,能发掘机会、组织资源、研究拟定策略、提供市场新价值。

“创业家”的内涵随着经济的发展而不断扩大。不过,“创业家”一般具有以下特点。

(1)善于发现机会。创业家能以其卓越的才能发现别人不能发现的机会,这个机会是能接受市场考验的,具有潜在利润的机会。

(2)具有发掘机会所需的资金和其他资源的能力。创业家一旦发现机会,立即果断决策,充分施展非凡的组合要素能力。他不仅热情执著,全身心投入,努力工作;同时还要以自己高尚的人格力量塑造和培植卓越的企业文化,组织和领导一群有利于企业发展的人。

(3)勇于承担风险,善于创新。创业家清楚地认识到,一旦所有的不确定性都排除后,能认出机会的人就太多了。因此,具有某种不确定性的机会显得更具有吸引力。创业家不仅接受不确定性,而且善于处理不确定性,以新的方式处理问题,将旧模式改造为新模式,因承担风险而获得报酬。

二、创业家的要素

1. 创业家的素质要求

一名优秀的创业家作为战略管理者需要具备哪些基本素质呢?成功的创业家是否具备某些相同的素质呢?

美国学者威廉·布里奇斯(william Bridges)将创业家的资格要求归纳为4点,即欲望、能力、气质和资本。在这里,欲望是指创业家渴求成就与物质财富的愿景;能力是指创业家认识问题和解决问题的实践能力;气质为创业家相对稳定的个性特征,是高级神经活动在行动上的外在表现;资本是指特有的性格、经历、专长或专业。

从实践方面来看,从亨利·福特(Henry Ford)、约翰·洛克菲勒(John Rockefeller)到松下幸之助、比尔·盖茨(Bill Gates)、李嘉诚,尽管这些成功的创业家有着不同的文化背景、家庭条件、学历水平和创业方向及经历,但在其创业过程中,个体的非认知性因素都起到了举足轻重的作用,如善抓机遇、努力不懈、意志坚定、勇于冒险、胆识兼备和艰苦奋斗等具有强烈个性化色彩的精神、品质在这些创业成功者身上体现出惊人的一致。

亚信创始人丁健从自身创业实践的经验中总结后认为，创业人员应具备两种最典型的素质：一是要有激情。一个没有激情的人，很难面对创业初期的艰难困苦，因而也就不太可能开创一项崭新的事业。二是要有创新精神想他人所不能想和不敢想的。如果没有创新精神，创业者将永远只能跟在别人后面跑，与竞争者的差距会变得越来越大。阿里巴巴创始人马云认为，促使自己成功的秘诀主要在于梦想、学习、诚信及坚持。

张力章在《创业家与创业精神》中，将促进创业家成功的素质作了总结，归纳为下述几大类：品质、能力、资历和魅力。

(1)品质。品质是指创业家自身所具备的基本性格、心理素质和道德修养等。许多优秀的品质也并非成功创业家所独有，然而它们都是创业家成功的促进因素，其中某些品质项目是创业家获得成功的必要因素。这些品质大致包括执著目标信念、自信心、创业激情、坚韧意志力、魄力与决断力、冒险精神、创新精神、独立意志、合作精神、道德修养、社会责任、实干精神和心理承受力等。当然，我们应该正确认识这个问题，并不是要求创业家必须同时要具备所有这些优秀品质才能成功。不同的创业家会在不同的品质项目上有强弱之分，但成功的创业家却往往有一些共同的基本品质，如百折不挠的进取意志，冒险与实干精神，良好的心理承受力和道德修养等。

(2)能力。能力是指一个创业家需要具备的解决企业各个方面问题的实践能力。某些能力是先天性的，但大部分能力可以通过后天的学习与训练得以强化。这些能力大致可分为专业能力、管理能力和沟通能力三类。专业能力：是指创业家所具备的专业知识和专业技能。对于许多大中型企业而言，企业家是否具备过硬的专业能力并不是很重要，他们更需要的是决策能力和驾驭全局的能力。而对创业企业而言，创业家的专业能力却显得比较重要，创业家的专业能力除了能够赢得员工的尊重和敬仰，树立个人威信，提高创业家的影响力之外，也有利于创业家深入生产销售第一线，有利于及时进行技术改进，有利于创业家接受行业最新发展的专业信息，进行战略方面的正确决策。管理能力：是指创业家管理企业过程应该具备的各种能力。也就是说，一个强有力的领导者应当具备计划、组织、领导和控制协调的能力。沟通能力：是指创业家与他人的沟通与交际能力。主要包括沟通能力、谈判能力、变通能力、自我认识与自我调整能力、感悟力等。

(3)资历。资历是指创业家过去所拥有的资格和经历。资历只能代表过去，一种经历或拥有某个方面的经验，不能说明任何未来的事业问题。因为没有哪个人在某个领域不是从零开始的，当然，丰富的资历会对现在和未来的事业大有裨益。但是，资历却不像管理能力那样对于一个独立经营的创业家而言是必不可少的。

(4)魅力。创业家个人的魅力是指创业家的品质、学识、能力、资历和个性化语言行为等综合形成的个人引力磁场。个人魅力是吸引人、影响人的无形而又巨大力量。创业家个人的魅力在企业管理过程中的作用十分重要，是形成企业文化不可缺少的因素。

2. 创业精神

创业精神，简而言之就是开创事业的思想和理念，但是创业精神的内涵比这要丰富得多。创业精神的研究始于经济学家约瑟夫·熊彼特(Joseph Schumpeter)，他认为经济增长的大部分应归功于创业型企业家，他们引进新的产品。新的生产方法和其他创新，这些刺激了经济活动。因此，他把创业精神定义为一种创造性的破坏过程，在这个过程中，企业家不断地以新的产品和生产方法代替旧的产品和生产方法。

当创业精神这个概念刚出现时，人们一般把它与新组织的创造、创业者本身联系起来。例如，加兰(Garland)认为，Entrepreneur 就是新企业的初创者。创业精神就是新组织的创造，而创业者(Entrepreneur)就是新企业的初创者。针对这种理解。米勒(Miller)在一个研究中首次赋予创业精神新的含义。他认为，创业精神不仅可以指创业者(所有人)的个性特征，也可以指企业的行为特征。这个研究奠定了公司创业精神概念的基础，他认为创业精神应该包括产品市场创新、冒险和主动行为，这个概念得到了学者们的广泛认可。

虽然在此无法准确概括出创业精神的内涵，但是在总结前人理论的基础上，大多人认为，创业精神既包括了创业的需要和动机，又包括了创业的思想和方法。创业精神是自强自立精神、开拓创新精神和务实精神的综合体现。

(1)创业精神是一种自强自立的精神。自强自立是创业精神的基础，是创业成功的动力和精神支柱。创业具有实践的各种特征，它除了具有实践活动的普遍性外，还具有高于一般实践活动的特征：在人的自觉能动性方面，它特别突出了人的自主精神，即自由创造、自主创业、自立自强的精神，这种自主精神就是创业精神的基础。创业精神的强弱，取决于人们自主创业的意愿，这种意愿也就是人的创业需要、创业动机，以及由此升华而成的创业理想，它构成人们的创业意识。创业意识从本质上说，就是一种自强自立的精神，它是人们创业的内在动力，是创业精神的基础内容。需要越强烈、动机越纯正，理想越切合实际，信念越坚定，创业精神就越持久、越稳定，有了这种持续稳定的精神支持，创业活动才会持之以恒，越挫越奋。

（2）创业精神是一种开拓创新的精神。开拓创新精神是创业精神的核心。创新精神之所以成为创业精神的核心，归根到底是由创业活动的开拓性所决定的。由于创业是一种创造性的活动，创业就是要探索新的道路，开创新的事业，需要有推陈出新的意识，开拓创新的精神。它本身就是对现实的超越，就是一种创新。因此，创业离不开创新，创新是创业的题中应有之义。美国著名管理学家彼得·德克鲁认为，创业就是要标新立异，打破已有的秩序，按照新的要求重新组织。的确，创业就意味着创新，创新就意味着突破。具体到精神领域，则意味着要形成将变革视为正常的、有益的现象的精神，形成一种寻找变革，适应变革，并将变革当做开创事业的机会的精神，形成一种赋予资源以新的价值的创造性的行为能力，这就是创新精神，它是创业精神的核心。

（3）创业精神是一种务实的精神。务实精神是创业精神的归宿，是创业精神的落脚点。创业就是要创立一番事业，它是一种实实在在的实践活动，要扎扎实实地付出艰苦的努力。因此，讲求实效，注重结果，踏实干事等务实精神，是创业精神的最终归宿。有了创业的意识，创业的目标，拥有了知识、才能和品德，还只是一种潜在的精神，只能说这种精神具有了某种内在的价值。要使这种内在的价值转化为外在的价值，实现其价值，还必须靠脚踏实地的、创造性的劳动。没有这种务实的劳动，人就无法确定创业精神与社会需要之间的价值关系，就无法使创业的理念变成现实，使创业的计划变成财富，也无法实现其创业的根本价值。

3.创业动机

当创业者为了某个目标坚持不懈付出时，支撑其努力的理由也不尽相同，我们或称之为创业的动机。对于创业者，创业意味着拥有自己的事业，可以自由支配时间，能够从事业中赚钱。可感知的结果是创业家激励的要素，期望的报酬将激励创业家把自己的时间和精力投入到机会的识别和开发中去。激励要素可以是外在的，如增加的收入、获得更多财富和利润；或者是内在的，如为自己工作的愿望、实现个人的人生价值。

（1）获得更多利润和财富。对于不少创业者和小企业主来说，创业就是受个人谋利动机驱动，做企业是他们赖以生活的工具，他们可能是将全部的资产和心血都投入其中，希望为自己和家人带来稳定的和富裕的生活。创业者的类型分为生存型创业和资源利用型创业。生存型创业。在现实生活中，或许导致企业建立的更强烈的激励来自负面的推动力。即生活中的各种挫折。事实上，大量的新企业是由那些在国有企业或政府中找不到工作岗位的农民、已经退休的人、被原先的企业辞退的人以及刚刚毕业找不到工作的大学生所建立起来的。这类创业者创业的主要动机就是谋生，因此称之为生存型创业者。资源利用型创业，创业者有一定的资源，可能是过去在党、政、军、行政、事业单位掌握一定权力，或者在国企、民营企业当经理人期间聚拢了大量资源的人。在机会适当的时候，开公司办企业，实际是将过去的权力和市场关系变现，将无形资源变现为有形的货币。还有一些人经过一定的积累，具有一定的资金，想将此资金转变成更多的财富和利润，而手中目前这些资金，能够使一些项目或商业行动启动，从而选择创业以使资本效益更大。

(2)实现人生价值。这些创业者属于主动创业者，主要是想实现自己的价值和抱负。一般经过仔细的考察和深思熟虑，虽然有很多创业者在创业初期更多的是考虑经济利益，但是当创业者到一定阶段的时候，更多的人开始注意实现自己的更好目标和更大自我价值。

(3)实现自己的抱负。这类创业者或是拥有一定的技术专利，或对某个行业有比较透彻的了解。想通过建立起一个组织实现自己的想法或将其研发的成果产业化，使之成为自己拥有的事业。

(4)将兴趣爱好作为终生的事业。这类人选择创业，源于对某项事情有兴趣，选择此事作为自己一生的事业，但不容易找到一个与自身兴趣爱好相吻合同时能任由自己发挥的单位，于是选择创业并以与此兴趣爱好结合的产品或项目作为创业的基准点并寻求发展。也有一些人因为在现在的单位不开心，感到自己没有得到重用，或者感到自己的才华在原先的团体中得不到施展，所以，自己当一把手，以自己的方式做事，以自己的方式赚钱，以自己的方式安排时间，自己对自己负责，实现自己的想法。无论是美国还是中国，许多学生毕业之后也开始创立了自己的企业。特别是 MBA 学生，当他们在获得学位但又不能在原公司中获得更好的职位而无法施展才能的时候，往往做出自己创业的决策。

(5)实现对企业运营的主控权。这首先表现为一种独立工作和一种令人满意的生活方式，自主创业的最大优势在于完全由自己为自己的事业设计发展方向和模式。这类创业者有一定的思想和魄力，想从机会定位和追求中获得经验，能够按自身的想法创造、整合资源，并通过自己的企业实现对产品运营和管理的主控权。

三、创业过程

创业过程的含义有广义与狭义之分。广义的创业过程通常包括一项有市场价值的商业机会从最初的构思到形成新企业，以及新创企业的成长管理过程。狭义的创业过程往往只是指新企业的创建过程。创业过程是一个理性的、非线性的、反复修正的实践过程，包括机会识别、资源的整合、组织的创建、市场的交易和顾客的反馈等。

（一）创业过程的内容

创业过程的研究经历了一个不断完善的过程。在早期，对创业过程的研究主要从活动角度进行，如 Gartner 认为，创业过程是新组织的创建过程；Garter，N. Gartner，W. 和 Reynolds 认为，创业过程包括商业计划成为现实企业组织过程中的所有事件。后来，研究者们逐渐意识到创业过程不应当局限于单纯的组织创建，而应该从不同的角度进行。因此，在近期的研究中，研究者们从多角度对创业过程加以理解和阐述，例如，Shave 认为创业过程是一个理性的、非线性的、反复修正的实际过程，包括了机会识别、产品生产线的建设、组织的创建、市场上的交易以及顾客的反馈等。Shane 和 Venkataraman 则认为，机会才是创业研究的中心问题，创业过程是围绕着机会的识别、开发、利用的一系列过程。

创业过程的研究是创业研究的焦点之一。对创业过程加以深入研究，可以充分揭示新创企业发展的整个脉络，为创业研究奠定充分的理论基础，同时对实际中的创业者，以及创业投资者的行为策略选择也有重要的指导意义。同时可以帮助创业者更好地掌握创业的节奏和成功概率，从而保持动态性的“平衡”。若将创业过程按照活动来分的话，一般的创业过程包括创意构想与机会识别、制订一份商业计划或者完善创业想法、创立新企业和成长管理四个阶段。而根据国内的创业企业发展，将创业划分为四个阶段，即萌芽期、初创期、成长期、收获期。

在萌芽期，创业者可能仅仅有了一个创业的点子或主意，正在寻求创业所需要的各种资源支撑。这时期，创业者应做好充分的创业心理准备，认真评估创业机会，做好创业规划，获取相关资源，组织企业，进行开业准备。经过充分的酝酿，创业者注册企业并开始运营，直到企业能够拥有稳定的现金流，都处于初创期。在这一阶段，创业者需要对产品进行行业市场分析与定位，确定对手，主要任务就是谋求企业的生存，想方设法获得稳定的客户，并尽快找到自己的盈利模式，以获得市场的一席之地。在企业经历了生存的困难阶段之后进入快速成长期，这一时期，企业的产品已基本趋于成熟，有了稳定的客户和现金流，在市场上已经形成一定的声誉，创业者的主要任务是寻求企业的市场规模扩大与竞争优势加强。在经历了快速成长之后，企业已经达到了一定的规模，具有了相当的盈利水平，创业者面临的问题是如何收获创业成果。在这个时期，创业者需要确定企业未来的发展方向，选择上市，被并购或继续独立发展。

（二）创业过程的理论模型

创业过程的理论模型是创业者从最初的一项创意、到创建新企业、再到新创企业成长为成熟企业的过程，模型归纳总结出创业过程的一般规律，因此通常摒弃了创业活动中具体的某一实务操作的描述，如商业计划的编写、创业融资等。创业过程的模型构建和创业过程的概念一样，经历了由简单到复杂的发展过程。大致遵循由侧重复杂性的理论模型过渡到侧重动态性的理论模型，最后强调动态性与复杂性相融合的理论模型的内在逻辑。

1. 侧重复杂性的理论模型

早期的创业过程研究侧重从创业过程的复杂性特征出发解释创业行为过程，着重识别创业过程的构成要素及其相互作用关系，这类研究在一定程度上带有强调创业者特殊人格特征的早期创业研究的烙印，是有代表性的是盖特（Gartner）模型、威廉（William）模型。盖特认为，创业过程的理论模型应该是多维度的，需要分析多个关键变量及其互动关系。其理论模型主要由 4 个要素构成：个人，即创立新企业的个人；环境，围绕并影响组织的情势；组织，即所创立的新企业；创立过程，个人所采取的创立新企业的行动。并强调这 4 个要素之间的相互作用。威廉从新企业成败影响因素的视角提出了略有不同的创业过程理论模型，包括人、机会、环境、风险与报酬等要素。其中，人的范畴除了包括创业者外，还包括提供关键服务和重要资源的外部人士，并且特别强调机会对于创业的重要性，提出发掘机会、评估机会和掌握机会是创业过程的核心等观点。

2. 侧重动态性的理论模型

20 世纪 90 年代前期，创业实践的繁荣引发了对创业技能与理论的高度需求，顺应这一趋势，理论界构建了大量侧重动态性的创业过程理论模型，试图以时间为标准，结合企业生命周期理论来探讨创业过程相关活动的逻辑顺序，具有代表性的是赫特（Holt）模型和奥力夫（Olive）模型。赫特（1992）从企业生命周期出发，认为创业过程会经历 4 个阶段，分别是创业前阶段、创业阶段、早期成长阶段及晚期成长阶段。奥力夫从个人事业发展角度，将创业过程区分为 8 个阶段，它们分别是决定成为创业者；精选创业机会；进行初步分析；组建管理团队；制订创业计划；拟订行动计划；早期的运营和成长；取得个人与公司的成功。

3. 动态性与复杂性相融合的理论模型

20 世纪末，理论界逐渐认识到创业过程的动态性与复杂性特征是创业研究不同于一般管理研究的根本原因，并进一步努力规范创业管理理论，并将创业管理建设为独立学术领域；以创业过程的动态性与复杂性相融合为基础，借鉴经济学、战略管理、行为科学和市场营销学等多学科领域的成熟理论，提出了一些融动态性与复杂性于一体的创业过程理论模型。蒂蒙斯的创业模型是这种模式的代表，下面将对蒂蒙斯的创业过程模型进行具体介绍。蒂蒙斯的创业过程模型将创业活动划分为 3 个基本要素：机会、资源和团队（见图 1-1）。该模型中的 3 个要素有下述含义。

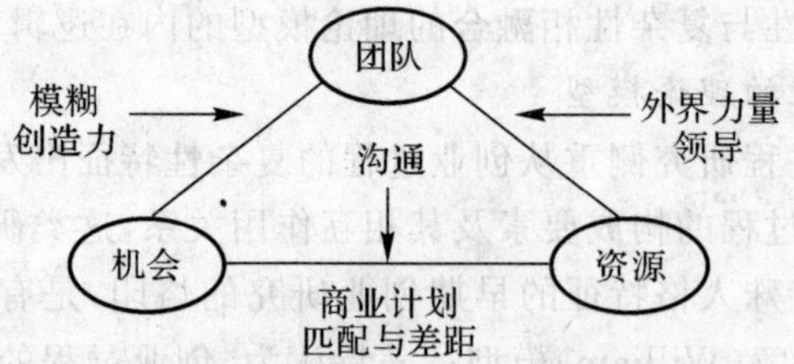

图 1-1　蒂蒙斯的创业过程模型

(1)机会，也叫商机。在此蒂蒙斯指出，市场需求是衡量商机的关键因素，市场需求所保证的顾客购买、顾客群成长速度和潜力、顾客群的可接触性决定了商机的吸引力大小。另外，市场结构和规模有助于确定商机的具体内容，如市场是新兴市场还是细分市场、市场规模的最大容量、是否存在进入壁垒等指标都描述了机会的主要内涵体现。

(2)资源。缺乏创业经历的创业者都会认为为了保证企业的成功，首先必须让所有的资源到位，尤其是资金必须到位。蒂蒙斯认为这种观念是错误的，对资源最有效的保证是企业首先要有一个强大的创业团队，当创业团队在推动机会的实现时，相应的资源也会随即到位。依靠自有资源是创业企业的一种生存方式，并且也会使企业刚开始就去发掘企业的竞争优势，即利用最小的回报发现并制造出最能够满足市场需求的产品和服务。

(3)创业团队。大多数人都已经认同团队是保证创业成功的最重要因素的观点，久经考验的风险投资家更加认识到团队对创业成功的重要性。创业企业的成功在很大程度上都可以用创业者或创业团队的成功来代表。一般来讲，创业团队都会有一位核心成员，并且有数量不等的几位与其相配合的成员，他们能够通过个人特质、实践技能和资源获取等方面取得良好的互补性和支持性的作用，从而使企业的发展能够克服一系列的难题，并且也需要具备较强的主动学习特征，这样的团队能够使企业的发展保持平衡。

创业机会吸引创业者形成一个强大的团队，利用内部资源和外部资源开发这个业务机会。公司需要资源来保持增长，增长到一定阶段后，企业将获取自身发展所需要的各种资源甚至更多，但是缺乏进一步发展所需的特定机会，这个困境导致创业性团队不得不发现新机会来利用这些资源，而新机会要求公司比当前掌握更多的资源，这要求公司更多地从外部资源中寻找支持，公司就是在机会和资源的双重动力下增长。

创业模型的三要素可以概括以下三方面。

(1)创业过程是由机会驱动、团队领导和资源保证的。

机会是创业过程的核心驱动力，资金、战略、网络、团队或商业计划等其他要素则是辅助的驱动因素。在创业活动初始，真正的机会要比团队的才干和能力或适宜的资源重要。创业者的作用就是基于自身的认知和经验利用创造力在模糊、不确定的环境中发现机会，并利用资本市场等外界力量组织资源，领导企业来实现机会的价值。因此，成熟的创业者需要掌握识别、评价和开发创业机会的管理技能，能不能在一开始对机会进行合理的把握则成为创业是否能够成功的关键所在。在开发创业机会的过程中，资源与机会是适应、差距再到适应的动态过程。商业计划的作用是提供沟通机会、团队、资源 3 个要素的质量和相互之间匹配和平衡状态的语言和规则。

(2)创业过程依赖于机会、创业团队和资源这 3 个要素的匹配和平衡。创业团队必须掌握机会、创业团队和资源这 3 个要素的匹配和平衡，并借此推动创业的过程。创业团队要做的工作包括分析企业中这种匹配和平衡的状态；机会是否存在问题，企业正在失去什么机会；外部环境可能会发生什么有利或不利的事件；可以减少和消除什么市场、技术、竞争、管理和金融风险；如何来抓住机会和回避风险，由谁负责；评价这是否是一个恰当的团队等。如果一个创业者能决定这些答案，做必要的改变和增加，解决如何弥补差距和改进匹配问题，吸引能有利于完成这些工作的关键人才，那么创业成功的可能性就大大增加。从本质上说，创业者的作用就是管理和重新确定风险与回报的平衡。

(3)创业过程是一开始就进行的连续的动态平衡的行为。尽管机会、创业团队和资源这 3 个部分很难保持完全匹配，但只有持续地追求一种动态的平衡，企业才能保持持久的发展。当用平衡的观念来展望公司的未来时，创业者需要自问：到下一个成功将会遇到什么陷阱？目前的团队足够大吗？或者如果公司在下两年以 30％的速度增长会遇到危机吗？资源充足(或太丰足)吗？

这些问题关系到企业的持续发展。没有保持3个要素平衡的现实例子随处可见,如大公司在一周内耗费太多的资源,错误地选择了机会等。

从蒂蒙斯创业过程模型的含义中,可以发现创业过程的动态和不确定性,创业过程中的机会、团队和资源伴随着创业活动的始终,将创业活动向前推进。类似的理论还有威克姆创业过程模型,该模型强调了创业过程是一个不断学习的过程。这就是说,组织必须不仅对机会和挑战作出反应,而且还要根据这种反应的结果如何来调整和修正未来的反应,即组织的资产、结构、程序和文化等要随着组织的发展而不断改进,组织在不断的成功与失败中得到学习与锻炼,从而获得更大的成功,得以发展壮大。

第二章　创业机会与创业计划

第一节　创业机会

一、创业机会的内涵

创业是建立在机会基础之上的。创业需要密切关注机会,如果创业者没有发现并捕捉适当的创业机会,创业很难成功。在商品经济日渐发达的今天,尤其是改革开放以来以及中国加入WTO之后,中国的创业环境日益改善,创业机会可以说是俯拾即是。但是尽管创业环境改善了,对一个新的创业者来说,还是要认真对待、精心准备。

创业机会,简单地讲,就是指创业过程中创业者可以利用的商业机会。然而它的内涵却要比这丰富的多。当前,不同学者站在不同的角度对创业机会进行了论述。熊彼特把机会定义为通过把资源创造性的结合起来,迎合市场需求(或兴趣,愿望)并传递价值的可能性。卡塞对创业机会的定义是"那些新产品、服务、原材料和管理能够被应用或者出售以获得高于其成本的情况。柯斯纳(Kirzner)认为:创业机会不同于一般大量的有利可图的机会,其特点是对于"产品、服务、原材料和管理方法"有极大的革新和效率的提高。蒂蒙斯认为:一个创业机会"其特征是具有吸引力、持久性和适时性,并且可以伴随着可以为购买者或者使用者创造或者增加使用价值的产品或服务"。

创业机会可以归纳为一种过程,在其中新产品、服务、原材料、市场和组织方法通过新的方法和途径来被介绍,具体是指可以利用的商业机会,这个机会应具有吸引力、持久性和适时性,并且可以识别。创业者要获得利润或企业家的收入,必须对市场供求的不均衡状态提供的商业机会十分敏感;否则,企业家的创新行为、承担不确定性、进行"判断性决策"等都无从谈起。

二、创业机会的产生

确定创业机会首先需要对创业机会进行识别,由于现实当中好的机会并不是突然出现的,同时也需要从许多商业机会中挑选出合适的机会进行重点分析，因此，机会识别是创业过程的起点，也是创业过程中一个重要的阶段。

学者们的论述都认为，创业机会的出现往往是因为环境的变动，如市场的不协调或混乱、信息的滞后以及其他各种各样的因素影响所致。也就是说，在一个自由的产业系统中，当行业和市场中存在变化着的环境，如混乱、混沌、矛盾、落后与领先、知识和信息的鸿沟以及各种各样其他真空时，创业机会就产生了。因此，创业机会就可从这些途径中找到。根据已有的研究结论，可以把创业机会的来源分为下述几种。

1. 宏观环境变动产生的机会

典型的宏观环境变动包括社会分工的演进、产业结构调整、经济活动的多样化等方面，这些宏观的变动将导致创业机会在各个层面出现，但是又是“以出其不意的方式降临到每个人身上”，因此这种机会的辐射范围很大但是发生的周期却很长。

(1)社会分工的演进为创业机会提供了新空间。社会分工的演进滋生了广大的市场空间，专业化程度越来越高，各种经济实体之间互相联系、互相依赖的关系日趋增强，整个社会的分工协作关系日趋深化，为中小企业的生存和发展提供了无数的机会。

(2)产业结构的调整与国企改革为创业提供了新契机。随着产业结构的调整和国企改革的推进，民营中小企业除了涉足制造业、商贸餐饮服务业和房地产等传统业务领域外，将逐步介入教育培训、咨询服务、生物医药和基础产业等新型领域。

(3)经济活动的多样化为创业拓展了新途径。一方面，第三产业的发展为中小企业提供了非常多的成长点，现代社会人们对信息情报、咨询、文化教育、金融、服务、修理、运输和娱乐等行业提出了更多更高的要求，从而使社会经济活动中的第三产业日益发展。由于第三产业一般都是基于知识和技能的投入方式，能够为中小企业的经营和发展提供广阔的空间。另一方面，社会需求的易变性、高级化、多样化和个性化，使产品向优质化、多品种、小批量和更新快等方向发展，也有力地刺激了中小企业的发展。

2. 市场不均衡产生的机会

市场上尚未满足或尚未完全满足的需求就会产生市场机会，若从不同的角度去考察就会有不同的市场机会。一般来看，市场机会主要有以下 4 类。

(1)市场上出现了与经济发展阶段有关的新需求，相应的，就需要有企业去满足这些新的需求，这同样是创业者可以利用的商业机会。

(2)当前市场供给缺陷产生的新的商业机会。非均衡经济学家认为，市场是不可能真正达到供求平衡的，总有一些供给不能实现其价值。因此创业者如果能发现这些供给的结构性缺陷，同样可以找到可以利用并创业的商业机会。

(3)先进国家或地区产业转移带来的市场机会。从历史上看，世界各国的发展进程有快有慢，即便在同一国家，不同区域的发展进程也不尽相同。因此，在先进国家或地区与落后国家或地区之间，就有一个发展的“势差”，这就可能为落后国家或地区的创业者提供创业的商业机会。

(4)从中外差距中寻找隐含的某种商机。

3. 技术变化产生的机会

技术变化产生的机会主要来源于新的科技突破和社会的科技进步。技术上的任何变化或多种技术的组合都可能给创业者带来某种商业机会。例如，通信技术的发展，使人们在家办公成为可能，出现了 SOHO 一族；互联网的出现，改变了人们工作、生活和交友的方式；网络游戏出现了，成千上万的人痴迷其中，乐此不疲；网上购物、网络教育得到了快速发展，信息的获取和共享日益重要；生物和医药技术的发展，改变了部分人的生活习惯，保健概念深入人心，涌现出巨大的保健市场。技术机会主要有下述表现形式。

(1)新技术替代旧技术。当在某一领域出现了新的科技突破和技术，并且它们足以替代某些旧技术时，创业的机会就来了。

(2)实现新功能、创造新产品的新技术的出现。这无疑会给创业者带来新的商机，如人们利用电视和通信网络进行视频会议。

(3)新技术带来的新问题。多数技术的出现对人类都有利、弊两面性，即在给人类带来新的利益的同时，也会给人类带来某些新的灾难。这就会迫使人们为了消除新技术的某些弊端，再去开发新的技术并使其商业化，从而带来新的创业机会。如由于石油资源的不可再生性而面临的枯竭问题，为其他形式的能源提供了广阔的市场空间。

三、创业机会的特征与类型

1. 好的创业机会的特征

创业学教授杰夫里·A·蒂蒙斯在《21 世纪创业》中提出，好的创业机会有以下特征：第一，很能吸引顾客；第二，能在你的商业环境中行得通；第三，必须在机会之窗存在的期间被实施；第四，必须有必要的资源和技能。

2. 创业机会的类型

根据市场需求和发展情况对创业机会进行了分类，市场需求可能是可识别的（已知的）或未能识别的（未知的）；资源和能力可能是确定的或未确定的。确定的资源和能力包括一般的知识、人力资源、金融资源的情况了解或对自然资源（如产品/服务的技术条件）的情况了解。在这个矩阵中，市场需求表示存在的问题，资源和能力表示解决问题的方法。按照这两个维度，可把创业机会划分为4个类型，见表2-1。

表2-1 创业机会的4个类型

市场需求 \ 资源能力	未确定	已确定
不确定	"梦想"Ⅰ	尚待解决的Ⅱ
确定	技术转移Ⅲ	市场形成Ⅳ

矩阵左上方部分（机会类型Ⅰ）：市场需求未得识别且资源和能力不确定（问题及其解决方法都未知），表现的是艺术家、梦想家、一些设计师和发明家的创造性。他们感兴趣的是将知识的发展推向一个新方向和使技术突破现有限制。

矩阵右上方部分（机会类型Ⅱ）：市场需求已识别但资源和能力不确定（问题已知但其解决方法仍未知），描述了有条理的搜集信息并解决问题的情况。在这种情况下，机会开发的目标往往是设计一个具体的产品/服务以适应市场需求。

矩阵左下方部分（机会类型Ⅲ）：市场需求未得识别但资源和能力确定（问题未知但可获得解决方法），包括我们常说的"技术转移"的挑战，如寻找应用领域和闲置的生产能力。这里的机会开发更多强调的是寻找应用的领域而不是产品/服务的开发。

矩阵右下方部分（机会类型Ⅳ）：市场需求已识别且资源和能力已确定（问题及其解决方法都已知），这里机会的开发就是将市场需求与现有的资源匹配起来，形成可以创造并传递价值的新企业。

从理论上来说，这个矩阵描述了一个发展的过程：从问题和解决方法都未知（左上方部分）到已知问题或解决方法其中之一（右上方和左下方部分），再到两者都已知（右下方部分）。从理论上来说，在问题及其解决方法有一个未知或两者都未知的情况下形成的企业，其成功的概率比两者都已知的情况下形成的企业成功的概率要小。

四、创业机会的识别

成功的机会识别是多种因素综合作用的结果。首先，需要有创业的愿望。没有创业的意愿，再好的创业机会也会视而不见，或失之交臂。其次，要具备识别机会的能力。“机会只垂青于有准备的头脑”，没有这种能力，是很难在瞬息万变的市场中捕捉机会的。最后，创业环境应让机会可以识别。再有吸引力的市场机会，如果环境不允许，也不能成为机会，更谈不上识别了。

机会的识别首先是从对信息的识别开始，有效的信息便于认知机会或实现创意，而对信息更好的利用则会发现被他人忽视的机会。如江南春由楼宇电梯口的海报想到开发这块无聊但有潜力的场所，从而形成分众传媒的商业模式的初衷。更好的机会意味着发现某些更适合新企业进入的行业和更适合新企业去追求的目标市场。

创业者要充分了解和把握市场，就必须对信息进行仔细收集和认真研究。通过信息的收集和研究了解谁是顾客、潜在市场规模、竞争对手有哪些及其实力情况、供应商和分销商的情况、进入和退出壁垒、行业特征、行业结构、定价策略、分销策略等情况，以便做出科学的决策。市场信息的收集包括确定信息收集和研究的目的、收集第二手资料、收集原始资料、资料的处理与分析等步骤。要对某个创业机会进行识别，通常需要对以下内容做出分析。

(1)创业机会的原始市场规模。创业机会的原始市场规模是指创业机会形成之初的市场规模。原始市场规模决定了创业企业在创业初期可能销售的规模，也决定了利润的多少。因此，分析创业机会的原始市场规模十分重要。一般而言，原始市场规模越大越好，因为创业企业只要占有极少的市场份额就会拥有较大的销售规模，这样可能就足够创业企业生存下去了。

(2)创业机会存在的时间跨度。任何创业机会都有时限，超过这个时限，创业机会也将不存在。不同行业的创业机会存在的时间跨度是不一样的，同一行业不同时期的创业机会存在的时间跨度也不一样。时间跨度越长，创业企业用于抓住机会、调整自身发展的时间就越长；相反，时间跨度越短，创业企业抓住机会的可能性就越小。

(3)创业机会的市场规模随时间增长的速度。创业机会的市场规模随时间增长的速度决定着创业企业的成长速度。一般情况下，它们之间成正比，也就是市场规模增长得越大、速度越快，相应的创业企业的销售量和销售量增长的速度也越快。创业机会带来的市场规模总是随时间变化而变化的，而随之带来的风险和利润也会随时间变化而变化。

(4)创业机会是否是好机会。即使创业机会有较大的原始市场规模,存在较大的时间跨度,市场规模也随着时间以较高的速度成长,创业者也要对该机会作进一步的评价看它是否是好的机会(前面已经提及)。

(5)创业机会是否具有可实现性。即使创业机会具备了上述4个条件,也要求该创业机会对创业者而言是可实现的;否则对该创业者来说,只是可望而不可即的事。创业者是否能利用这一创业机会,要看创业者是否具备以下条件:拥有利用该创业机会所需要的关键资源;遇到较大的竞争力量,能与之对抗;能够创造新市场并占领大部分新市场;可以承担创业机会带来的风险等。

第二节 创业计划

一、创业计划书的定义

当创业者的创业动机与目标都已明确,并在资金、人脉、市场等各方面都准备妥当或已经积累了相当的实力,这时候,要做的就是把自己脑海中思索的东西,统统写下来,这就是创业者的完整创业构思,也就是创业计划书。

创业计划书是创业者就某一项具有市场前景的新产品或服务,向潜在投资者、风险投资公司、合作伙伴等游说以取得合作支持或风险投资的可行性商业报告,又叫商业计划书。创业计划书不仅是一种业务构思策划、信息披露和吸引投资者的宣传书,更是以后公司运作的指导书。创业计划对创业者、潜在的投资者甚至新员工都很有价值,他们通过创业计划来了解创业企业的目标。创业计划书既是一项新创业活动前期工作的总结,也是一项创业活动新的开始。

创业计划书不仅能让创业者清楚自己的创业方向与主要内容,坚定创业的发展目标,而且也是对所创办企业进行有效宣传推广的资料。通过创业计划书,可以更好地向风险投资商、银行、政府部门等外部相关机构介绍企业及其发展规划,为企业筹措资料、吸引投资带来帮助。在企业成立以后的初期经营管理中,创业计划书也可以为企业管理者提供必要的经营指导与评价标准。

二、创业计划书撰写准备

创业者在撰写创业计划书之前,应做好以下准备工作。

1. 撰写对象

创业计划书应由创业者自己亲自完成。创业计划书是创业者能力和构思的具体体现,创业者亲自撰写创业计划书可以帮助创业者理清思路,把创业的激情融入到计划之中,有利于增添计划的感染力。同时,创业计划书的撰写过程非常复杂,是各方面知识的结晶,会涉及企业战略、市场营销、财务管理、生产制造、研发设计、人力资源、风险评估等诸多方面。对初始创业的大学生而言,不可能精通各方面的知识,也缺乏一些相关领域的实践经验。因此,为了能够尽可能完整、客观、实事求是地写出创业计划书,使创业计划具有较高的可行性,在撰写的过程中,应多向其他专业人士咨询请教。

2.撰写角度

在撰写创业计划书的时候,还要明确创业计划书的主要阅读者是谁,不同的对象对创业计划书的关注点不同。创业计划书应该更具有针对性,这样才能更好地满足使用这份创业计划书的人员的需要。

(1)创业者的角度。创业者比任何人都了解这家新创办企业的优势与核心技术。创业者首先必须很清晰地表达出这家企业是经营什么的,有什么优势,有什么卖点,主要盈利点在哪儿等。

(2)投资者的角度。创业者应该试图用投资者的眼光去考察企业的生产经营,特别是计划中的核心优势、盈利增长点及财务预算计划等。如果创业者不具有基本的财务分析与预测的能力,在这一部分就很难考虑周全,防范经营风险。

(3)市场的角度。创业者必须以用户的眼光来审视企业的经营运作,应该采取一种以顾客为导向的市场营销策略。这就需要创业者进行大量的市场调查工作,充分了解顾客的需求和市场发展的前景。这也是企业创办和生存的基础。

3.信息搜集

正式撰写创业计划书之前,应该根据创业企业的目标搜集相关的信息资料。信息的渠道来源多种多样,特别是现在互联网络非常方便,可以为创业者快速提供大量有价值的信息资料。

(1)市场信息。产品或服务的潜在市场信息对创业者尤其重要。为了判断市场规模,创业者需要明确地定义企业的目标市场。目标市场的确定将会使新创办的企业的市场规模和市场目标比较容易地确定,也能够比较客观地评估市场的发展潜力与前景。这些资料可以来源于相关领域组织机构发布的调研报告,也可以通过自己的市场调查来获得。此外,为了获得更丰富.真实的市场信息,创业者需要花费较多的资源和时间去进行市场调查。

(2)运营信息。对企业运营管理需要涉及的各方面信息如下:地点。创业计划书中应确定企业的经营地点，地点的选择应考虑到企业的业务需要，是否方便顾客，是否方便供应商或经销商，是否便于开展销售，价格是否合理，当地的有关政策与法律法规等。生产。例如，创办的是生产型企业，为了保证企业生产的正常运行，企业需要拥有或掌握哪些技术，需要购买的机器设备，同时也应该明确具体的工序是由企业自己完成还是分包给其他企业等。原料。生产产品需要哪些原材料，这些原材料由谁提供以及原材料的价格，原材料的供给有没有保障等。设备。需要哪些生产设备，设备是购买还是租赁，设备的维护与保养怎么解决等。员工。需要什么样的工人，工人的能力要求、基本薪资等。其他。经营企业可能涉及的其他各项投入与开支，如日常办公支出、业务开支、缴纳税款等。这些信息是反映企业正常运作所必需的，在创业计划书中应该加以明确说明。

(3)财务信息。创业者必须对企业的资金需求、资金周转、盈利能力有一个全面的评价。这些信息可以帮助创业者更好地理解企业运作的命脉——资金的需求与管理，帮助企业更好地提升资金运作的效率，有效防范资金运作的风险。同时，可以更有效地向投资者展示企业的发展前景与盈利预测。这些信息主要包括以下几方面。

1)资金的需求与来源。创办这家企业需要多少资金，为什么需要这么多资金，创业者自己准备出资多少，不够的资金计划如何解决。

2)未来的销售状况。未来三年企业能实现多少销售额及相应的费用开支，何时开始盈利，盈利情况如何。

3)企业的投资收益。企业每年的盈利状况，投资回报率如何，投资回报预期有多长。

4)风险资本的退出。如果引入风险投资，风险资本将在何时以何种方式退出。

三、编制创业计划书的原则

在制定创业计划书的过程中，创业者必须思考和分析创业企业在创建和运行初期的各个方面，并准备有效的策略去应对会出现的不确定性。从某种意义上说，一个好的创业计划书能够帮助创业者避免或减少今后企业在运作中的失败。

要使投资者或潜在的投资者对一个新的创业项目充满信息，并非创业计划书写得如何复杂，而在于计划书是否能够提供准确的分析、周密的实施方案和步骤、可行的管理办法和技术、理念和管理上的创新点。一般情况下，一个没有创新的、重复别人的经营项目是不会得到投资者的关注的。通常编制创业计划书需遵循下述原则。

(1)创新性原则。要求立题新颖,富有创意。一个成功的创业计划往往与新颖的立题密切相关,尤其是以大学生为创业主体的创业者,掌握和了解最新技术的发展动态、代表着知识青年的时尚追求。传统经济学存在着一个普通规律,那就是边际收益递减规律,即随着投资的增加,获得的边际收益将减少。21 世纪是知识经济的时代,在知识经济社会出现了一个新的重要规律,那就是收益递增规律,即提高智力资源效率的投资越多,获得的边际效益越多。尤其作为大学生创业,要注意"知识资本"的使用,这是树立新颖的、独树一帜的创业项目的源泉,一个新颖独特的项目往往会更容易引起投资者的注意力。

(2)简洁性原则。创业计划书的编制要注意条理清晰、简明扼要,过多赘述、庞大篇幅的创业计划书是不可取的。要达到计划书编制简明扼要的目的,其最好的方法是将计划书分成几个层次,每个层次中都要有明确描述概括性信息的主题,一些详细的计算过程或分析步骤可以放在计划书的附录中。这样可以使读者能够尽快地掌握创业计划书的基本要点,了解支持创业主题成立的要素。

(3)结合性原则,即战略性和战术性决策分析相结合。对于任何一个创业项目,通常都有对创业项目相关背景的详细介绍,也有目标市场和今后应用前景的分析。由于创业计划实质上是创业实践活动的路线图,因此,在创业计划编制时要求有不同时间段不同职能决策分析和实施计划,尤其在市场营销、投资与财务管理、人力资源等方面,既要有战略性的决策分析,又要有战术性的决策分析。

在创业计划书的编制过程中,这些战略战术决策的分析,可以避免使计划书成为一个"内部文件"。从不同的角度对创业计划进行远期和近期、内部和外部、潜在与显在、整体与局部的策划分析,会使读者和投资者感觉到创业计划实施成功的可能性增大,也使创业者能够全面、充分地思考那些阻碍创业成功的问题。

(4)目标原则。要求计划书目标明确,重点突出。创业计划书一般是以某个创业公司为创业主体而撰写的,其主要目的是为潜在的投资者描述一个完整的企业蓝图,使他们对新的风险和企业有所认识,对新创公司的项目充满信心。因此,在创业计划书中,应有创业公司明确的经营目标,包括远期的和近期的,例如,市场份额、生产和经营规模、投资回报率等财务和非财务指标。企业目标的确定要求创业者对企业类型及竞争环境要有相当充分的了解,目标应该具体、明确，应该是可度量的，也是可控制的。重点突出表现在两个层面：一是整个创业计划有鲜明的特点；二是创业计划书中的主要构成部分要有明确的重点，计划书的编写具有分明的层次。

(5)盈利性原则。通常投资者都是以投资回报或者潜在回报来评价创业计划书的。因此，计划书中的财务决策数据要经过慎重考虑和精心准备。对于特定环境下不确定性导致的营运预算结果，要进行专门的讨论。在营运评估中，不仅要进行财务数据的预测，还要进行非财务数据的预测。

除此之外，创业者还要关注政府和行业近期和未来可能的政策导向和发展战略，关心国家和地区的产业结构和经济发展趋势，并将自己的创业计划融入这些大环境，使创业计划能够成功实施。

四、创业计划书的基本要素

创业计划书的编制形式有多种，但以下几种基本要素是一定要具备的。

(1)人员。人员指组织和经营创业企业的人，也称创业团队。一份创业计划书应有每位创业企业管理层人员职责的描述，这些管理人员应具备某一方面(技术或管理上)的专长，最好创业团队成员由互补型人员组成，并要求团队成员具备良好的协作精神和对创业公司的高度忠诚。在创业计划书的附录中，最好有创业团队主要成员的基本情况介绍，包括工作经历、接受教育程度、具备的专业特长等。

(2)机遇。在进行投资项目评估时，投资人最关注的就是创业企业的产品、技术和服务能够在多大程度上解决现实生活中的问题？市场份额是多少？企业的竞争对手是谁？企业控制了什么资源，它们的优势和劣势是什么？等等。创业计划书要对以下问题进行回答：你们新创企业的竞争对手是谁；你们可控制的资源有哪些；你们的优势和劣势是什么等。每一个机遇都有成功和失败两种可能，创业计划书中要实事求是地阐明各种机遇的可能，并提出相应的应对措施。

(3)环境。环境指不可避免发生的周围各种情况变化，但创业者又无法左右的环境因素。例如，法律法规、利率变化、人口发展趋势、通货膨胀以及其他因素等。一份创业计划书中应有创业企业所处环境情况的介绍，对不利环境所采取的措施和有利环境的积极作用都应给予详细的说明。

(4)风险和回报分析。风险和回报分析指创业者对各种可能变化因素的评估，创业团队面对可变因素所采取的措施，以及对收益进行定量和定性的分析。高科技、高成长的创业项目在很大程度上会获得风险投资家的投资。大学生创业项目中有许多是以科研成果转化为主题的,所以对可能发生的技术风险、知识产权风险、财务风险和管理风险等都要进行详细的分析。对创业项目的投资回报率、项目的投资回收期和风险投资的退出机制分析是创业计划书必不可少的部分,这往往是投资者和潜在投资者在关注风险之前首先关注的问题。

五、创业计划的要点

创业计划书的编写水平是获得风险投资或者创业投资成败与否的重要因素,如果你的创业计划中所描述的企业给人的感觉只是勉强维持,或者说你对新创企业的论证依据不够充分的话,那么你的创业计划很难获得成功。

创业计划书可以是创业者自己编写,也可以委托他人编制。创业者在自己编写创业计划时,应组织创业团队一起起草。由于创业者熟悉自己的任务和职责,又非常了解自己产品和服务的特征,在充分考虑投资环境和外部市场等重要因素的情况下,自己编写出来的创业计划书更具有可操作性。

编写创业计划需注意的主要要点:

(1)计划书应适当简洁。创业计划书除了要求对创业计划的目的、过程和结果进行表面描述外,还要求简洁,尽量避免长篇幅的赘述。

(2)创业计划书的结构要有逻辑性,并需要进行适当的包装。创业计划书中的目录、执行摘要、正文、图表和附录等部分要有连贯性和逻辑性,前后内容要相互呼应,不能相互矛盾。计划书的装订要进行适当的包装,体现庄重、大方的风格。

(3)计划书中的关键数据要面向未来,避免夸大。计划书应说明创业企业的趋势,指出创业企业未来将实现的数量指标。这些未来将实现的预测数据的提供要有根据,令人信服,防止夸大其词,对重大风险应有足够的估计。

(4)提供创业团队取胜的证据。创业团队关键人物的技能和团队人员之间的互补功能对创业企业取胜至关重要。通常,投资家审查创业计划书时,非常重视创业团队的人员构成。

(5)确定目标市场,避免过度多样化。为了说明创业企业产品或者服务的销路,计划书中要明确强调目标市场,充分说明商业机会,避免试图创造多样化的市场或者多种投资,因为一个企业开办初期应首先集中力量开拓明确的目标市场。

(6)起草计划书要使用合适的人称。通常参加创业大赛是创业团队亲自参加,这时的计划书中使用的称谓通常是“我”“我们”等第一人称。若创业计划书是委托他人编制，而且该计划书不是以竞赛形式递交，最好以“他”“他们”第三人称角度措辞。无论使用何种称谓，都要避免使计划书带有个人色彩，努力做到内容客观、公正。

在编写创业计划书时，要确信在创业计划书中已尽可能地回答了以下问题：

(1)你的管理团队拥有什么类型的业务经验？

(2)你的管理团队中的成员有成功者吗？

(3)每位管理成员的动机是什么？

(4)你的公司和产品如何进入行业？

(5)在你所处的行业中，成功的关键因素是什么？

(6)你如何判定行业的全部销售额和成长率？

(7)对你公司的利润影响最大的行业变化是什么？

(8)和其他公司相比，你的公司有什么不同？

(9)为什么你的公司具有很高的成长潜力？

(10)你的项目为什么能成功？

(11)你所预期的产品生命周期有多长？

(12)是什么使你的公司和产品变得独特？

(13)当你的公司必须和更大的公司竞争时，为什么你的公司会成功？

(14)你的竞争对手是谁？

(15)和你竞争对手相比，你具有哪些优势？

(16)和你的竞争对手相比，你如何在价格、性能、服务及保证方面和他们竞争？

(17)你的产品有哪些替代品？

(18)如果你计划取得市场份额，你将如何行动？

(19)在你的营销计划中，最为关键的因素是什么？

(20)你的广告计划对产品的销售会是怎样的影响？

(21)你认为公司发展的“瓶颈”在哪里？

(22)可供投资人选择的退出方式有哪些？

(23)为什么投资人应该投资贵企业而不是别的企业？

(24)管理团队有哪些优势与不足之处？

(25)公司的人才战略与激励制度如何？

六、创业计划的编制流程与内容

创业计划书的编制需要较多的时间，而且对于大多数创业者来说，还涉及困难的学习过程。完成创业计划书，大致而言，可以由以下步骤循序渐进地进行。

第一阶段：准备阶段

创业计划书的编写涉及到的内容较多，因而制定创业计划前必须进行周密安排。主要有如下一些准备工作：1.确定创业计划的目的与宗旨；2.组成创业计划小组；3.制定创业计划编写计划；4.确定创业计划的种类与总体框架；5.制定创业计划编写的日程安排与人员分工。

第二阶段：资料准备阶段

以创业计划总体框架为指导，针对创业目的与宗旨，搜寻内部与外部资料。包括创业企业所在行业的发展趋势、产品市场信息、产品测试、实验资料、竞争对手信息、同类企业组织机构状况、行业同类企业财务报表等。资料调查可以分为实地调查与收集二手资料两种方法。实地调查可以得到创业所需的一手真实资料，但时间及费用耗费较大；收集二手资料较易，但可靠性较差。创业者可根据需要灵活采用资料调查方法。

第三阶段：文档制作

在文档中主要突出以下内容：

(1)计划摘要。创业计划书的第一部分一般是对整个创业计划的总体概述，它是浓缩了的创业计划书的精华。计划摘要一般要包括以下内容：公司介绍；主要产品和业务范围；市场概貌；营销策略；销售计划；生产管理计划；管理者及其组织；财务计划；资金需求状况等。在介绍企业时，首先，要说明创办新企业的思路、新思想的形成过程以及企业的目标和发展战略。其次，要交代企业现状、过去的背景和企业的经营范围。最后，还要介绍一下创业者自己的背景、经历、经验和特长等，创业者的素质对企业的成绩往往起关键性的作用。计划摘要要尽量简明、生动，特别要详细地说明自己创办企业的与众不同之处以及企业获得成功的关键市场因素。

(2)公司简介。公司简介是对公司的整体情况进行介绍，包括公司经营内容、宗旨、战略、产品、技术、团队等各个方面，重点阐述公司的整体优势与经营目标。例如，公司的宗旨和目标、产品优势、技术优势、核心管理团队等。

(3)市场分析。这部分介绍公司即将进入的目标市场的整体情况，包括市场的现状与规模、市场发展趋势，以及目标市场的客户需求分析等。市场分析是编写创业计划书最重要也是最困难的部分，如果不重视对这部分内容的编写，你的创业计划就有可能会成为最糟糕的计划。

如果企业准备推出新的产品或服务，或者开拓新的市场，需要仔细对市场进行分析和预测。创业者首先要对需求进行预测：市场是否存在对这种产品或服务的需求？需求的大小能否给企业带来利润？需求未来的发展趋势如何？影响需求的因素有哪些？其次，创业者需要对市场情况进行分析：主要竞争对手有哪几家？他们的综合实力如何？他们的竞争优势在哪？本企业能达到的市场占有率是多少？本企业的进入会对竞争带来何种变化？企业有没有相关的措施来应对？是否存在有利于企业的市场空间等等。计划中的这部分内容应该包括：市场现状分析、竞争对手分析、目标客户分析、目标市场分析、本企业产品或服务的市场定位、市场特征等。为做好市场分析工作，创业者必须深入市场调查研究，尽量扩大信息的搜集范围，重视对宏观环境和微观环境的预测，采用科学的预测手段和方法。

在这部分，你要指出你在哪个行业和市场领域展开竞争？市场特点与性质怎样？你是如何划分市场格局的？这些市场格局与营销研究中心的分析或与投资分析有何不同？以上问题你要具体说明。如果市场属于新开发的，那么你如何建立自己的预测来证明你的正确性？市场分析包括：市场介绍、目标市场、需求分析。

(4)营销策略。企业产品做得好，更重要的是还要能拥有市场，这样才能创造利润，因此，营销是企业经营中最富有挑战性的环节。对创业企业来说，由于产品和企业的知名度低，很难进入其他企业已经稳定的销售渠道中去，因此企业不得不暂时采取高成本低效益的营销战略。而对二次创业企业来说，一方面可以利用原来的销售渠道，另一方面也可以开发新的销售渠道以适应企业的发展。

(5)产品(服务)介绍。在进行投资项目评估时，投资人最关心的问题之一是，创业企业的产品、技术或服务能否解决现实生活中的问题，或者创业企业的产品(服务)能否帮助顾客节约开支、增加收入。因此，产品介绍是创业计划书中必不可少的一项内容。通常，产品介绍应包括以下内容：产品的概念、性能及特性，主要产品介绍，产品的市场竞争力，产品的研究和开发过程，发展新产品的计划和成本分析，产品的市场前景预测，产品的品牌和专利等。

(6)内部组织与管理。内部组织与管理是对公司内部管理的各方面工作进行说明。例如，公司组织结构、公司管理制度、人力资源计划、内部激励方案等。

(7)财务计划。对于创业企业筹集到的资金,创业者打算怎样来支配?这恐怕也是投资者和其他合作方关心的问题。他们要了解创业者会有怎样的一个财务计划;这些钱会用在哪里?他们什么时候,会以什么方式收回投资?只有这样,也许投资者才敢把资金交给创业者去经营。财务规划需要花费较多的精力来做具体分析,其中包括现金流量表、资产负债表以及损益表的制作。为了显示公司的财务健康状况和"魅力",必须把前面几个部分收集的数据整理成一个五年计划。这个计划包括以下三个部分:资金预算、项目的资产负债表和收入预测。

(8)风险分析。投资人还会重点关心的问题是投资的风险有多大,创业者是否在创业计划书中对这一问题进行了细致的思考与分析,有没有提出系统的风险应对计划等。一般来说,创业计划书中的风险及其对策应该包括以下内容:市场风险、技术风险、经营风险、财务风险、人力资源风险及其他不可预见的风险等,并针对所提出的各种风险逐项进行风险应对分析。

第四阶段:修改完善阶段

创业计划小组在这一阶段对创业计划进行广泛调查并征求多方意见,进而提出一份较为满意的创业计划方案。

第五阶段:创业计划定稿

进行定稿,并印制成正式创业计划文本。

第三章 创业团队与公司的组建

第一节 创业团队

一、创业团队的内涵

无论是在传统的制造业、服务业，还是在现代的高科技产业中，由团队创业创立的企业要比个人创业的企业多很多。特别是在当前高速发展的高科技产业中，创业所要求的能力涵盖管理、技术、营销、财务等各个方面，远不是单个创业者自己力所能及的。大量的实证研究表明，团队创办的企业在存活率和成长性两方面都显著高于个人创办的企业。因此，为了成功地创办一个企业并使其健康成长，团队创业就显得非常重要。

管理学家斯蒂芬·P·罗宾斯认为：团队就是由两个或者两个以上的，相互作用，相互依赖的个体，为了特定目标而按照一定规则结合在一起的工作集合体。他通过成员的共同努力能够产生积极的协同作用，团队队员努力的结果导致团队绩效远远大于个体绩效之和。

创业团队是一种特殊的团队。关于创业团队的定义，多位学者从不同角度对创业团队给出了自己的定义。

从所有权角度分析，创业团队指两个或两个以上参与公司创立过程并投入一定比例资金的个体的集合体。从人员构成角度分析，创业团队应该包括对战略选择产生直接影响的个体的集合体，也就是应该把董事会尤其是占有一定股权的创投业者包括在内。创业团队是参与且全身心投入公司创立过程，并共同克服创业困难和分享创业乐趣的全体成员。从参与时间角度分析，创业团队指在公司成立之初执掌公司的人或是在公司营运的头两年加盟公司的成员，但不包括没有公司股权的一般雇员。

综上所述，狭义的创业团队指有着共同目的、共享创业收益、共担创业风险的一群经营新成立的营利性组织的人，他们提供一种新的产品和服务，为社会提供新增价值。广义的创业团队不仅包含狭义创业团队，还包括与创业过程有关的各种利益相关者，如风险投资商、供应商、专家咨询群体等。

二、创业团队的重要性

许多研究和实践都证明了团队工作方式能够有效提高企业绩效。Venture杂志对100家在IPO前三年表现最好的企业做调查，发现其中有56％是创业团队创业，且团队成员都还在，其余的44％不是由个人创业就是只剩下一个团队成员。研究发现创业团队比非团队创业来的成功，包括在股价的表现，尽管在营收、净利并未达到显著差异的水准。

罗宾斯(Robbins)认为，在企业中采用团队形式至少有以下几方面的作用。

(1)能促进团结和合作，提高员工的士气，增加满意感。

(2)使管理者有时间进行战略性的思考，而把许多问题留给团队自身解决。

(3)提高决策的速度，因为团队成员离具体问题较近，所以团队决策的速度比较迅速。

(4)促进成员队伍的多样化。

(5)提高团队和组织的绩效。

很多研究报告也显示，创业投资公司都认为创业团队在创业的过程中是很重要的。针对投资者的调查显示，有将近一半没有成功的投资案是因为创业团队的关系。越来越多的证据表明，一个好的管理团队对于风险企业的成功起着举足轻重的作用，是企业通向成功的桥梁。在新型风险企业的发展潜力(以及其打破创始人的白有资源限制，从私人投资者和风险资本支持者手中吸引资本的能力)与企业管理团队的素质之间有着十分密切的联系。

新创立的公司既可能是一个仅仅为创始人提供一种替代就业方式，为几个家人和几个外人提供就业机会的公司，也可能是一个具有较高发展潜力的公司。两者之间的主要不同点之一在于是否存在一支高素质的管理团队。一个团队的营造者能够创建出一个组织或一个公司，而且是一个能够创造出重要价值并有收益选择权的公司。当然，并不是说没有团队的风险企业注定会失败，但可以说要建立一个没有团队而仍然具有高成长潜力的风险企业却极其困难。

总之，一个好的团队对于创业企业的成功具有重要影响，主要表现在以下几方面。

(1)所有的风险投资家都十分重视团队的作用。一个创业企业要吸引风险资金的投入，就必须要有一个好的创业团队。正如赛伯乐(中国)创业投资管理有限公司董事长朱敏在被问及“在行业、团队、技术、商业模式等多种要素中，最看重被投资对象的哪些因素”时，毫不犹豫地回答：“团队肯定放在第一位。”有了风险资金的投入，创业企业的生存率会大大提高。那些快速成长的创业企业，一般都有一个好的创业团队。创业企业的发展不仅与团队的存在与否有关，而且与团队素质的好坏有重要关联。风险投资家们不仅越来越重视团队的素质，而且还积极参与创业团队的建立和创业团队的改进。

(2)在企业的创业过程中，创业者经常面临各种各样的压力，有时会感到孤独，有时还会觉得紧张，有问题时找不到合适的人商量等。为此，合适的团队成员在创业企业的发展过程中能够起到积极的作用，这些团队成员在一起不仅能够减轻互相之间的创业压力，而且有助于促进对创业企业发展进程中各种深层次问题的思考。中国有句俗语“三个臭皮匠顶个诸葛亮”，讲的也是这个道理。前面已经讲到，风险投资家十分看重创业团队及其团队成员的素质，这些潜在投资者的态度十分明确，他们认为创业企业的管理质量是他们决定在一个新企业投资与否的唯一重要因素，而企业的管理质量取决于创业团队的素质。

(3)由于创业团队往往拥有各种不同专业知识和不同实践经验的人才，能够满足创业企业对多种人员的需求，所以一支好的创业团队比一个企业家更能够增强创业企业的优势。一支创业团队的存在，能够保证创业企业管理的连续性，因为一个创业企业如果只有唯一的创业企业家，那么他的离开将会对这个创业企业产生破坏性的影响，甚至可能导致企业的倒闭。但是，一个创业企业如果有一个创业团队的话，那么某位团队成员的离开对创业企业产生的影响就不会那么大。再者，一个强有力的创业团队能够使创业企业的理念得到充分发挥，俗话说“众人划桨开大船”，集体的智慧是无穷的，一支好的创业团队，它的团队成员会努力从各个不同角度、不同方面去诠释企业的理念，让企业的员工、顾客、潜在投资者和银行家等能够更好地去理解企业的发展理念，从而把大家的力量积聚起来，共同为企业的发展服务。

三、成功创业团队的特征

成功的创业团队需要在目标、理想、理念、文化、价值观等方面有共同的语言，并能取得默契，从而形成一个利益共同体，其具有下述特征。

(1)团队具有明确的目标。团队成员清楚地了解所要达到的目标，以及目标所包含的重大现实意义。

(2)成员具有相关的技能。团队成员具备实现目标所需要的基本技能，并能够良好合作。

(3)成员相互间信任。每个人对团队内其他人的品行和能力都确信不疑。

(4)团队成员具有共同的信念。这是团队成员对完成目标的奉献精神。

(5)成员之间沟通顺畅,信息交流充分。团队成员间拥有畅通的信息交流。

(6)成员具有谈判的技能。高效的团队内部成员间角色是经常发生变化的,这要求团队成员具有充分的谈判技能。

(7)团队具有公认的领导。以身作则、身先士卒、凡是以团队利益重;具有较强的协调与激励他人的能力;懂得有效授权。

(8)团队具备内部与外部的支持条件。既包括内部合理的基础结构,也包括外部给予必要的资源条件。

英国剑桥产业培训研究部前主任贝尔宾博士和他的同事们经过多年在澳洲和英国的研究与实践,提出了著名的贝尔宾团队角色理论。他认为有 8 种团队角色。

(1)实干家(Company Worker):特征:保守,顺从,务实可靠。优点:有组织能力和实践经验;工作勤奋;有自我约束力。缺点:缺乏灵活性;对没有把握的主意不感兴趣。

(2)协调员(Coordinator):特征:沉着,自信,有控制局面的能力。优点:对各种有价值的意见不带偏见地兼容并蓄,看问题较客观。缺点:在智能以及创造力方面并非超常。

(3)推进者(Shaper):特征:思维敏捷,开朗,主动探索。优点:有干劲,随时准备向传统、低效率、自满自足挑战。缺点:好激起争端,爱冲动,易急躁。

(4)智多星(Planter):特征:有个性,思想深刻,不拘一格。优点:才华横溢,富有想象力,智慧,知识面广。缺点:高高在上,不重细节,不拘礼仪。

(5)外交家(Resource Investigator):特征:性格外向,热情,好奇,联系广泛,消息灵通。优点:有广泛联系人的能力;不断探索新的事物;勇于迎接新的挑战。缺点:事过境迁,兴趣马上转移。

(6)监督员(Monitor Evaluator):特征:清醒,理智,谨慎。优点:判断力强,分辨力强,讲求实际。缺点:缺乏鼓动和激发他人的能力;自己也不容易被别人鼓动和激发。

(7)凝聚者(Team Worker)特征:擅长人际交往,温和,敏感。优点:有适应周围环境以及人的能力;能促进团队的合作。缺点:在危急时刻往往优柔寡断。

(8)完成者(Finisher)特征:勤奋有序,认真,有紧迫感。优点:理想主义者,追求完美,持之以恒。缺点:常常拘泥于细节,容易焦虑,不洒脱。

四、创业团队的类型

一般说来,创业团队大体上可以分为3种类型:星状创业团队、网状创业团队和虚拟星状创业团队。

对于星状创业团队,一般在团队中有一个核心主导人物,充当了领军的角色。这种团队在形成之前,一般是核心主导人物有了创业的想法,然后根据自己的设想进行创业团队的组织。因此,在团队形成之前,核心主导人物已经就团队组成进行过仔细思考,根据自己的想法选择相应人物加入团队,这些加入创业团队的成员也许是创业者以前熟悉的人,也有可能是不熟悉的人,但其他的团队成员在企业中更多时候是支持者角色。

网状这种创业团队的成员一般在创业之前都有密切的关系,比如同学、亲友、同事、朋友等。一般都是在交往过程中,共同认可某一创业想法,并就创业达成了共识以后,开始共同进行创业。在创业团队组成时,没有明确的核心人物,大家根据各自的特点进行自发的组织角色定位。因此,在企业初创时期,各位成员基本上扮演的协作者或者伙伴角色。

虚拟星状这种创业团队是由网状创业团队演化而来的。基本是前两种的中间形态。在团队中,有一个核心成员,但是该核心成员地位的确立是团队成员协商的结果,因此核心人物某种意义上说是整个团队的代言人,而不是主导型人物,其在团队中的行为必须充分考虑其他团队成员的意见,不像星状创业团队中的核心主导人物那样有权威。

五、创业团队组建原则

创业团队的组建应遵循下述原则。

1. 目标原则

所谓目标性原则是指创业团队组织中人员的质量、数量及结构必须由创业的目标决定。作为创业主体的人员,应围绕目标的实现而组成。如果创业项目关系重大,必须配备训练有素的人员参加,如果是一般性质创业,可以让一些新手锻炼一下。

2. 互补性原则

所谓互补性原则是指通过科学的配备和组合,使创业小组各成员之间素质上相互补充,在整体上符合创业的综合要求,达到最佳的结构状态。不同的人有不同的优势和不足，要使创业群体发挥最大的能量，必须按照科学的方法组织创业群体，使不同的人员之间取长补短、各尽所长。创业团队的每一个成员的挑选都应该是十分谨慎的，他们不仅要符合一定的素质要求，而且还要能形成包括性格、能力、性别等各方面互补的结构。创业团队的人员则应在各有专长的基础上，善于从思想上、行动上紧密结合，确保内部协调一致。

3. 对等性原则

所谓对等性原则是指创业队伍的组成以及分工使创业人员的能力、特长与其在创业中的角色、地位以及对方队伍的组成相适应，分工明确，权责分明，使他们的才能得到充分的发挥。创业团队每一个人都要有明确的分工，担任不同的角色。每个人都有自己特殊的任务，不能工作越位，角色混淆。遇到争论不能七嘴八舌争先恐后发言，该谁讲谁讲，要有主角和配角，要有中心和外围，要有台上和台下。创业队伍要分工明确、纪律严明。当然，分工明确的同时要注意大家都要为一个共同的目标而通力合作。

4. 有效性原则

所谓有效性原则是指在组织创业团队时，应该以效率为目标通过科学的配备组合，保证创业高效的完成预期目标。过于庞杂和精简的群体都不符合有效性原则。创业队伍的组成应该利益至上，屏弃各种庸俗关系，以下几种人员不宜充当创业人员：正好没事干的人；专业不对口的；各种庸俗关系的照顾对象等。

第二节　创业公司的组建

一、创业公司选址

据香港工业总会和香港总商会的统计，在众多开业不到两年就关门的企业中，由于选址不当所导致的企业失败数量占据了总量的50%以上。面对复杂的市场状况，如何科学合理地进行选址就变得非常重要。也有人指出，创业者在研究公司地址时投入的越多，找到最适合公司发展的场所的概率越高。由此可见，虽然地址不是创业成功的内因，但创业地址的选择对创业有非常重要的影响。创业选址是创业前期准备工作中一项最艰巨的任务。不论创立何种类型的企业，地点的选择都是决定成败的　大要素，尤其是以门式为主的零售，餐饮等服务业，店面的选择，更是成败的关键，店铺未开张，就先决定了成功与否的命运。可以说，好的选址等于成功的一半。

(一)选择区域

哪些地区最适合新创企业的发展，这是创业者首先应当考虑的，特别是当直接选择城市会出现某些障碍时。在地区层面上选址要求创业者必须在最广泛的层面上进行，即考虑所有应当考虑进去的因素。一般来讲，地区选址应当考虑以下主要因素。

1.政府的服务水平

政府的服务意识、服务水平，是否为企业发展创造一流环境，对企业的长期发展具有重要的意义。维护良好的营商环境，强化市场监督，加大社会治安综合治理力度，简化审批，提高效能，尽可能地为企业减轻负担的政府服务环境有利于新创企业的成长壮大。

2.地区发展趋势

一般国家会以地区为单位来制定发展战略和政策，市场的规律也会使得发展的界限突破城际的范围而扩展至其他地方。所以在地区的选择上要综合考虑哪个地区是正在快速发展的地区并且有最大可能发展起来。

主要包括如下指标：①人口状况，包括人口总数量、人口密度、人口增长的速度、人口的增长结构如何。②居民收入增长，即居民可支配收入是否一直在增加。③本地区的投资增加情况，本地区的投资增加值以及有哪些类型的企业打算在本地投资建厂或建设其他类型的场地。④本地区的商业氛围如何。

3.接近市场的程度

当运输成本相对成品价值较高时，选择接近目标市场的厂址对生产型企业就至关重要了。接近顾客是保持竞争力的必要条件。服务型企业往往发现接近顾客对公司是必不可少的。假如企业从事修理某一特定行业的机械设备，就应该靠近该行业集中的地方。企业越是专业化，或者向消费者运输产品的成本越高，在选址决策中，接近市场就越有可能显得至关重要。

4.接近原料产地

在考虑体积或重量因素的情况下，接近供应商可以加速物流速度和减少仓储成本。成品和原材料的价值、运输成本及其独特功能这三个因素相互作用，共同决定企业到底需要离原材料供应地多近。

5.选择劳动力供给充足的地方

创业者在选址时要知道本地区有多少潜在的劳动力以及有多少劳动力符合本企业的知识和技能要求。具有特殊技能要求的公司是公司要重点考虑的因素，这些劳动力需要公司花费更大的成本和精力才能够获取。一些地方为了招商引资的需要，而夸大宣传本地区的劳动力供给状况，创业者要避免受到倾向性的招商资料的影响。

(二)零售商与服务商的选址

零售和服务企业成功的基础是拥有稳定的客流量，因此，这些企业在选址时，必须考虑目标消费者的便利和偏好。以下是零售和服务企业在选址时需要考虑的重要因素。

1. 顾客的数量和质量

通过商圈调查，对商圈内顾客的消费能力和商业动向予以分析。零售商与服务商考虑潜在经营场所时最为重要的标准也许就是在营业时间内经过该地段的潜在的消费者的数量。商圈内家庭和人口的消费水平是由其收入水平决定的，因此，商圈人口收入水平对地理条件有决定性的影响。家庭人均收入可通过人户抽样调查获取。企业在选择立地时，应以处于青年和中年层顾客，社会经济地位较高，可支配收入较多者居住区域作为优先选址为佳。

2. 交通状况

商场选址必须调查交通情况，要考虑距离车站的远近、道路状况、车站的性质、交通联结状况、搬运状况及流动人员的数量和质量等。一些高档的消费场所也需要调查物业当中及周边是否包含足够数量的停车位，这也是很多消费场所失去顾客的无奈因素。

3. 周边的商业氛围

在选址时也需要考虑周边地区是否有同类或配套的消费场所，有时候消费场所共同扎堆就形成了一个圈子，能够利用集群的优势来吸引大批量的顾客，而配套的消费场所的存在则是方便消费者的重要因素，这也正是大型购物中心的优势所在。当然，也有某些消费场所需要与其他竞争者进行隔离以创造另外的消费环境，这都是根据消费的类别来进行安排的。

二、公司命名

公司名称对一个企业将来的发展至关重要，因为公司名称它不仅关系到企业在行业内的影响力，还关系到企业所经营的产品投放市场后，消费者对该企业的认可度。

(一)公司取名方法

给公司起一个响亮的名字非常重要，一个内涵丰富、魅力四射的名字必然会为公司以后的业务开展增光添彩。公司的名称要具有鲜明的个性和一定的文化内涵。对一个公司来说，名称是“品牌”的先锋，好名称是公司最好的推销员。新创办公司的取名既要追求传播效果，利用宣传借以扩大知名度；又要讲求市场效应，利用营销增加顾客对本公司的好感。名称取得好听、好看、好读、好记，在使人感觉朗朗上口、过目不忘的同时，无形中能激发顾客的购买欲望。

企业名称的取名方法很多，常用的起名方法有：以经营者本人的名字命名；以经营团队命名；结合汉字原理命名；以地域文化及五行学说命名；以典故、诗词、历史轶事命名；以英文的谐音命名。企业取名时的注意事项：自己应该比较喜欢这个名称；企业的名称要适合目标顾客群的品位；企业的名称应有积极意义；企业名称的字数不应太多；企业名称中应尽量避免字母和数字；企业的名称应易读易写。

(二)公司名称登记

公司名称即公司的名字、字号，是公司区别于其他公司和市场主体的标志，公司都必须有名称。公司营业执照上载明的公司名称是公司的法定名称，是确认公司权利义务归属的依据。依照《中华人民共和国公司法》设立的有限责任公司，必须在公司名称中标明有限责任公司或者有限公司字样。依据国家工商行政管理总局发布的《企业名称登记管理规定》和《企业名称登记管理实施办法》，公司名称一般由四部分依次组成：行政区划＋字号＋行业特点＋组织形式。例如：“创业市天腾科技有限公司”。

1.行政区划

行政区划是指本企业所在地县级以上行政区域的名称或地名。

2.字号

字号是商家在经营或服务中借以与其他商家相区别的人格化、特定化的名称和标志。字号是企业名称的重要组成部分，字号往往就是企业名称的简称。企业名称中的字号应当由两个以上汉字组成，行政区划不得用做字号，但县以上行政区划地点具有其他含义的除外。企业名称可以使用自然人投资人的姓名做字号。

3.行业特点

企业名称中的行业表述应当是反映企业经济活动性质所属国民经济行业或者企业经营特点的用语，一般要求公司名称准确显示营业种类，同时对其营业规模也有所体现。名称中的行业特点应与企业的主营行业相一致，如主要从事计算机软硬件的开发，那么名称应以信息技术或电脑科技为行业特点；如主营百货销售，则应当以商贸或经贸或销售为行业特点；企业经济活动性质分别属于国民经济行业不同大类的，应当选择主要经济活动性质所属国民经济行业类别用语表述企业名称中的行业。

4.组织形式

依据《中华人民共和国公司法》、《中华人民共和国合资经营企业法》、《中华人民共和国合作经营企业法》、《中华人民共和国外资企业法》申请登记的企业名称,其组织形式为有限公司(有限责任公司)或股份有限公司。依据其他法律法规申请登记的企业名称(如合伙企业、个人独资企业等),组织形式不得申请为"有限公司(有限责任公司)"或"股份有限公司"。非公司制企业可以申请用"厂、店、部、中心"等作为企业名称的组织形式。

三、企业形式的选择

创业者在有了充分的思想准备之后,经过酝酿决定启动创业计划,接下来要考虑的是要创建一个什么样的企业。企业的类别很多,法律形式也不一样。对于首次创业者来说,选择合适的企业形式非常重要。

创业者新创办的企业一般都是小型企业,从工商部门的统计数据来看,个体工商户、个人独资企业、合伙企业、有限责任公司四种法律形式是我国当前创办企业最常见的企业法律形式。对于大学生创业,登记注册的企业法律形式基本上也是以上四种。

1.个体工商户

公民在法律允许的范围内,依法经核准登记,从事工商业活动的为个体工商户。个体工商户的字号名称在申请登记管辖机关范围内同一行业中不得重名。个体工商户的字号名称一般应体现所属行业,字号名称前冠以区县地点,直接冠市名的须经市级工商行政管理部门核准后方可使用。

个体工商户可以个人经营,也可以家庭经营。个人经营的,以个人全部财产承担民事责任;家庭经营的,以家庭全部财产承担民事责任。除以上形式外,个体工商户也可以以个人合伙形式经营,即由两个以上公民自愿组成,共同出资,共同劳动经营,但从业人数不得超过8人。

2.个人独资企业

个人独资企业是指依照《个人独资企业法》,在中国境内设立,由一个自然人投资,财产为投资人个人所有,投资人以其个人财产对企业债务承担无限责任的经营实体。

3.合伙企业

合伙企业是指依照《中华人民共和国合伙企业法》在中国境内设立的,由各合伙人订立合伙协议,共同出资、合伙经营、共享收益、共担风险,并对合伙企业债务承担无限连带责任的营利性组织。

合伙企业是一种古老而富有生命力的共同经营方式，它以自身的特点和优势大量存在于世界许多国家的诸多行业之中，有许多国际知名的大企业在创业阶段甚至已经成长为大规模企业后都采用了合伙企业的组织形式。

4. 有限责任公司

有限责任公司是指股东以其出资额为限对公司承担责任，公司以其全部资产对公司的债务承担责任的法人企业。股份有限公司由于注册资本要求较高且需经省级政府部门的批准，不为一般的创业者所采用。合伙或个人独资公司因创业者须承担无限责任，选择这两种企业形式的也较少。有限责任公司内部的法律关系界定得比较清楚，规范起来也相对容易，企业以注册资本对外承担责任，投资者不负连带责任。因此，有限责任公司是绝大多数创业者所乐于采用的组织形式。

四、企业的注册登记

在企业创办之前，必须先注册，企业从事的是一般性经营活动，必须先到工商行政管理部门进行登记手续，领取营业执照，如果企业从事的是特殊性质的经营活动，还必须有相关部门的批准文件。在企业注册之前需了解企业法人注册的相关法律条例，如《中华人民共和国企业法人登记管理条例》等法规。

企业在设立之后，还必须进行税务登记，要了解企业应该上交的税种，如企业所得税、增值税等，还需了解税务相关的一些法规常识。企业注册登记大致有以下流程。

(1)工商注册登记。进行工商注册登记是开办企业的法定程序。创业者应当主动到当地工商行政管理部门办理工商注册手续。只有严格按照法定程序进行工商登记注册，企业经营活动才是合法的，才能受到法律的保护。

(2)银行开户。企业开立银行账户是与银行建立往来关系的基础。依据法律规定，每个独立核算的经济单位都必须在银行开户，各单位之间办理款项结算，除现金管理办法规定外，均需通过银行结算。银行账户包括基本账户、一般账户、专用账户、临时账户等。企业设立之初，需要先开设一个临时账户，临时账户是为了完成现金出资和验资而开立的银行账户，该账户必须注明临时用途。企业获得营业执照后，该账户原则上转为基本账户，也可以被申请注销，另开基本账户。

(3)税务登记。创业者必须在营业执照核发后 30 日内，携带需要提供的全部相关证件和资料分别到国税局和地税局领取并填写《申请税务登记表》。税务机关自收到证件、资料和填报的税务登记表之日起 30 日内审核完毕，符合规定的，予以登记并发《税务登记证》及其副本、购领发票凭证等证件、资料。

(4)社会保险登记。现在通常说的社会保险对企业员工而言是所谓“五险一金”，五险即：养老保险、医疗保险、失业保险、生育保险和工伤保险；一金即住房公积金。各类企业、企业化管理的事业单位，均应按属地管理的原则，到纳税地所管辖社会保险经办机构办理社会保险登记手续。新成立的单位应在单位批准成立之日起 1 个月内办理登记手续。参保单位必须为与其发生事实劳动关系的所有人员办理社会保险。新创企业应先办理单位社会保险登记手续。办理单位社会保险登记应到企业所属地方税务局办理。流程如图 3－1 所示。

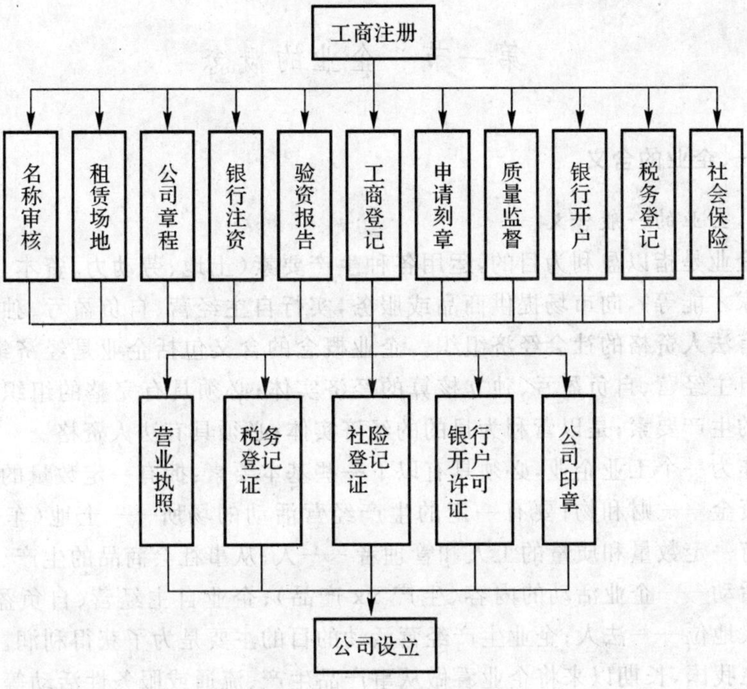

图 3－1　公司登记流程图

第二篇 创业管理

第四章 初创企业的组织管理

第一节 企业的概念

一、企业的含义

1. 企业的一般含义

企业是指以盈利为目的,运用各种生产要素(土地、劳动力、资本、技术和企业家才能等),向市场提供商品或服务,实行自主经营、自负盈亏、独立核算的具有法人资格的社会经济组织。企业概念的含义包括企业是经济组织;是一个自主经营、自负盈亏、独立核算的经济实体;必须具有完整的组织机构和完备的生产要素;是以营利为目的的经济实体;必须具有法人资格。

作为一个工业企业,必须具有以下一些基本要素:拥有一定数量的生产设备和资金——财和物;要有一定的生产经营活动的场所——土地(车间和厂房);有一定数量和质量的工人和管理者——人;从事社会商品的生产、流通等经济活动——企业活动的内容(生产 xx 产品);企业自主经营、自负盈亏,具有法人地位——法人;企业生产经营活动的目的主要是为了获得利润。

在我国,长期以来将企业看做从事产品生产、流通或服务性活动等实行独立核算的经济单位。从法律的角度看,凡是经合法登记注册、拥有固定地址而相对稳定的经营组织,都属于企业。企业具有下述特征。

(1)盈利性。或者说,从经济角度看,企业是从事商品生产和经营活动的盈利性的经营实体。企业有别于行政机关和事业单位,后者是靠财政拨款,非赢利单位;而企业只有在生产经营过程中获得利润,才能生存和发展。实现利润最大化是企业管理首先要解决的问题。

(2)社会性。从系统论观点看,企业自身是一个系统,按照自身的规律有序地运行，同时它还是社会大系统中的子系统，企业的供、产、销不仅仅是经济问题，同时还受政治、法律、道德、心理、社会等因素的制约和影响。企业直接向社会提供商品或劳务，满足社会的需要，同时对社会发展、政治进步、文化繁荣产生重大影响，发挥重要作用。企业的目标不仅是追求利润，还要承担一定的社会责任。

当今世界出现了一种崭新的企业新概念，即企业已不再被看做只是为拥有者创造利润和财富的工具，它还必须对整个社会的政治、经济发展负责。

(3)独立性。法人：自然人的对称，是依法成立并能以自己的名义行使权利和义务的组织，如公司、社团等。具有法人资格的相对独立的企业，至少应具备以下 3 个条件：一是必须在工商行政管理部门登记注册（验资、名称、场所、组织和经营范围等）；二是独立核算，在银行设立帐户，独立行使财产支配权；三是独立自主地进行生产经营活动并严格按照法律规定行使权力和履行义务。从法律的角度说，企业是自主经营、自负盈亏，依法独立享有民事权利，并承担民事责任的从事经营活动的法人组织。

(4)自主性。在市场经济体制下，企业是独立的商品生产者和经营者，必须使企业成为开放的经营系统，创造完善的市场环境和秩序。让企业自主经营、自由进出市场（自由化和市场化）、公平竞争、追求可持续发展的长期效益。这就要求减少对企业的干预，特别是行政干涉。

2.初创企业的含义

初创企业是指处于创业初期的企业，其一般形式为小企业，是由创业者通过创建企业的方式将其发现的信息、资源、机会或技术等转化成财富的过程。初创企业的一般成长期为 0～42 个月，即 3 年半，超过 42 个月的企业一般可以认为是进入成熟期的企业。

二、企业的目标

企业的目标有两个：

第一是获利。企业首先要考虑的是在激烈的市场竞争中求得生存和发展，因为企业职工的生活要有保障，就要有很好的经济收入；企业要扩大生产规模，就要追加投资，这一切都要求企业通过生产经营活动实现一定的利润，以保证企业生存和发展目标的实现。

第二是满足社会需要。企业不仅是一个经济组织，具有经济的功能，而且是一个社会性组织，是社会责任的承担者。

(1)企业是吸收社会劳动者就业的的场所，是社会劳动力与其他劳动要素结合的场所，是实现人的价值，创作社会财富的场所。

(2)作为社会物质与文化产品的生产者，企业最大的社会价值是不断地生产和提供人们需要的物质和文化产品，不断提高社会大众的生活水平和生活质量，促进人类的文明与进步。

(3)作为社会经济活动的实体，企业是国家乃至社会引导、调节和管理经济的最终执行者。国家和社会有关经济的政策、法规、计划等最终要落实到企业执行，企业在维护社会经济秩序、营造良好的经济运行环境、促进社会和经济协调发展方面具有重要的功能。

三、企业的类型

企业作为一个生态有机体，有着多种属性与复杂形态。因此，可以按照不同的标准将企业划分为以下多种类型。

(1)根据企业的财产组织形式可分为个体企业、合伙企业、合作制企业和公司制企业。

(2)根据企业组合方式可分为单一企业、多元企业、经济联合体、企业集团、连锁企业。

(3)根据所有制形式可分为全民所有制企业、集体企业、私营企业、混合所有制企业、外商投资企业(包括中外合资经营企业、中外合作经营企业和外商独资企业)。

(4)根据企业的行业性质可分为工业生产企业、商品经营企业、服务企业。

(5)根据企业生产经营领域可分为工业企业、商业企业、生产型企业、流通型企业、服务型企业和金融型企业。

(6)根据企业规模可分为：大型企业、中型企业、小型企业。

初创企业一般是指创立时间较短、正在起步阶段的企业，初创企业通常都是中小企业，而中小企业并没有绝对的概念，是相对于大型企业而言的。所以，从一般意义上说中小企业是指在规模上相对较小的企业，关于具体界定，我国以企业职工人数、销售额、资产总额等指标并结合行业特点来规定。

第二节　企业的组织构成

一、组织的相关概念

1.组织的概念

组织是为了达到某些特定目标经由分工与合作及不同层次的权力和责任制度,而构成的人的集合。

这一概念包括3层含义:组织必须具有目标;组织内部必须有分工与合作;组织要有不同层次的权力与责任制度。

2.管理幅度与组织层次的概念

管理幅度也称为管理跨度,它是指一个管理者能有效地直接管理下属的人数。

组织的最高主管因受到时间和精力的限制,需委托一定数量的人分担其管理工作。委托的结果是减少了他必须直接从事的业务工作量,但与此同时,也增加了协调委授人之间关系的工作量。因此,任何主管能够直接有效地指挥和监督的下属数量总是有限的。在组织中,逐级委托,直至授托人能直接安排和协调组织成员的具体业务活动,由此形成组织中最高主管到具体工作人员之间的不同组织层次。显然,组织层次要受到组织规模和管理幅度的影响。

一般来说,组织规模越大,组织成员越多,则组织层次就越多。在组织规模一定的条件下,管理幅度越大,组织层次越少;反之,管理幅度越小,组织层次越多。

管理层次与管理幅度的反比关系决定了两种基本的管理组织结构形态:扁平型结构和锥型结构。

扁平型结构是指在组织规模已定,管理幅度较大,管理层次较少的一种组织结构形态。这种形态有以下优点。

(1)信息传递速度快。由于组织层次少,可以使高层管理者尽快地发现信息所反映的问题,并及时采取相应的措施。

(2)信息保真度高。由于信息传递经过的层次少,在传递过程中失真的可能性也较小。

(3)有利于下属主动性和创造性的发挥。较大的管理幅度,使主管人员对下属不可能控制得过多,这有利于下属在工作中发挥聪明才智。

扁平型结构的局限性是不能对每位下属进行充分、有效的指导和监督;从下属获得的众多信息可能将最重要的、最有价值的信息淹没，从而可能影响信息的及时利用等。

锥型结构是管理幅度较小，管理层次较多的金字塔形态。其优点和局限性与扁平型结构相反：较小的管理幅度可以使每位主管仔细地研究从每个下属那儿得到的信息，并对每个下属进行详尽的指导；但过多的管理层次，不仅影响了信息从基层传递到高层的速度，而且由于经过的层次太多，每次传递都被各层主管加进了许多自己的理解和认识，从而可能使信息在传递过程中失真；同时，过多的管理层次，可能使各层主管感到自己在组织中的地位相对渺小，从而影响其积极性的发挥；最后，过多的管理层次往往容易使计划的控制工作复杂化。

3.影响管理幅度的因素

有效的管理幅度受到诸多因素的影响，其主要因素有以下四方面。

(1)工作能力：管理者的工作能力。如果主管的综合能力、理解能力、表达能力强，就可以迅速地把握问题的关键，对下属的请示提出恰当的指导建议，并使下属明确理解，从而可以缩短与每一位下属在接触中占用的时间，在一定时间内处理的事物就多，则管理幅度就大。

下属的工作能力。如果下属具备符合要求的能力，受过良好的系统培训，则在很多事情上可以结合组织的要求，根据自己的判断去解决问题，这就减少了事事向上级请示、占用上级管理者时间的次数，使管理者有更多的时间处理其他事物，管理幅度就可适当宽些。

(2)工作内容和性质：主管所处的管理层次。管理系统中不同层次的管理者的工作重点有很大不同，因而其管理幅度也就各不相同。高层管理者的主要工作是决策，用于指导和协调下属的时间就少，因此，管理幅度就相对较小。而基层管理者的主要工作就是指导和监督下属工作，管理幅度相对较大。

下属工作的相似性。下属从事的工作内容和性质越是相近，则对每个人的指导和监督越是容易，管理幅度就大。

计划的完善程度。如果计划制定得详尽周到，下属对计划的目的和要求就能非常明确，并认真去执行计划，就不需要主管过多地指导，只需要进行适当的监督，从而使管理幅度增大。

非管理事务的多少。主管为非管理事务所占用的时间越多，所能从事管理工作的时间就越少，管理幅度就会相应减少，否则就会影响管理的有效性。

(3)工作条件：助手的配备情况。如果给主管配备了必要助手，由助手与下属进行一般性的联络，并直接处理一些不太重要的问题，则可以大大减少主管的工作量，增加其管理幅度。

信息手段的配备情况。信息是管理的前提，先进的信息手段不仅可以帮助主管全面、快速地掌握下属的工作情况，而且还能及时地对下属工作进行指导和监督，从而使管理幅度增大。

工作地点的相近性。不同下属的工作岗位在地理上的分散，会增加下属与主管以及下属之间的沟通困难，从而会影响主管直接指导和监督下属的人数。

(4)工作环境：组织环境的稳定程度会影响组织活动内容和政策的调整频度与幅度。环境变化越快，变化程度越大，组织中遇到的新问题越多，下属向上级的请示就越多，则管理幅度就越小。

二、企业的组织结构

组织结构是指组织内部各构成部分及各部分之间确立的相互关系形式。

从实现组织目标的过程来看，组织结构是组织将它的工作划分为具体的任务，并且在这些任务当中实现合作的方式。组织结构不仅静态地描述了组织的框架体系，而且动态地描述了这个框架体系是如何在分工与合作的过程中把个体和群体结合起来去完成工作任务的。

亚当·斯密在《国富论》中就指出：分工可以提高专业化熟练程度，使每道工序的生产效率提高；分工的同时必然需要协作，否则将导致混乱，而使整个产品的生产效率下降；协作过程即组织过程。企业的组织结构主要有下述几种形式。

1. 直线制

直线制是一种最早也是最简单的组织形式。它的特点是企业各级行政单位从上到下实行垂直领导，下属部门只接受一个上级的指令，各级主管负责人对所属单位的一切问题负责。厂部不另设职能机构，一切管理职能基本上都由行政主管自己执行。直线制组织结构的优点是：结构比较简单，责任分明，命令统一。其缺点是：它要求行政负责人通晓多种知识和技能，亲自处理各种业务。这在业务比较复杂、企业规模比较大的情况下，把所有管理职能都集中到最高主管一个人身上，显然是难以胜任的。因此，直线制只适用于规模较小、生产技术比较简单的企业，对生产技术和经营管理比较复杂的企业并不适宜，如图 4－1 所示。

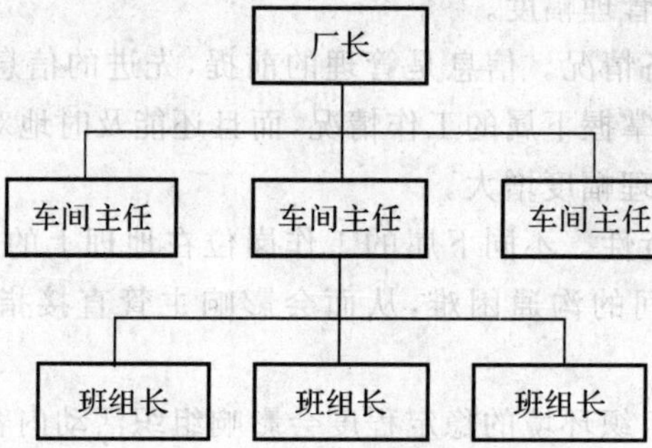

图 4-1　直线制组织架构

2.职能制

职能制组织结构，是各级行政单位除主管负责人外，还相应地设立一些职能机构，如在厂长下面设立职能机构和人员，协助厂长从事职能管理工作。这种结构要求行政主管把相应的管理职责和权力交给相关的职能机构，各职能机构就有权在自己的业务范围内向下级行政单位发号施令。因此，下级行政负责人除了接受上级行政主管人指挥外，还必须接受上级各职能机构的领导。

职能制的优点是能适应现代化工业企业生产技术比较复杂，管理工作比较精细的特点；能充分发挥职能机构的专业管理作用，减轻直线领导人员的工作负担。但缺点也很明显：它妨碍了必要的集中领导和统一指挥，形成了多头领导；不利于建立和健全各级行政负责人和职能科室的责任制，在中间管理层往往会现有功大家抢，有过大家推的现象；另外，在上级行政领导和职能机构的指导和命令发生矛盾时，下级就无所适从，影响工作的正常进行，容易造成纪律松弛、生产管理秩序混乱。由于这种组织结构形式的明显的缺陷，现代企业一般都不采用职能制，如图 4-2 所示。

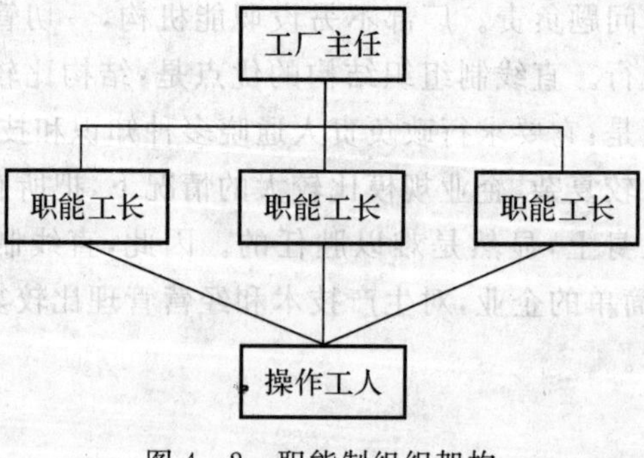

图 4-2　职能制组织架构

3. 直线—职能制

直线—职能制，也叫生产区域制或直线参谋制。它是在直线制和职能制的基础上，取长补短，吸取这两种形式的优点而建立起来的。目前，绝大多数企业都采用这种组织结构形式。这种组织结构形式是把企业管理机构和人员分为两类，一类是直线领导机构和人员，按命令统一原则对各级组织行使指挥权；另一类是职能机构和人员，按专业化原则，从事组织的各项职能管理工作。直线领导机构和人员在自己的职责范围内有一定的决定权和对所属下级的指挥权，并对自己部门的工作负全部责任。而职能机构和人员，则是直线指挥人员的参谋，不能对直接部门发号施令，只能进行业务指导。

直线—职能制的优点是：既保证了企业管理体系的集中统一，又可以在各级行政负责人的领导下，充分发挥各专业管理机构的作用。其缺点是：职能部门之间的协作和配合性较差，职能部门的许多工作要直接向上层领导报告、请示才能处理，这一方面加重了上层领导的工作负担；另一方面也造成办事效率低。为了克服这些缺点，可以设立各种综合委员会或建立各种会议制度，以协调各方面的工作，起到沟通作用，帮助高层领导出谋划策，如图 4-3 所示。

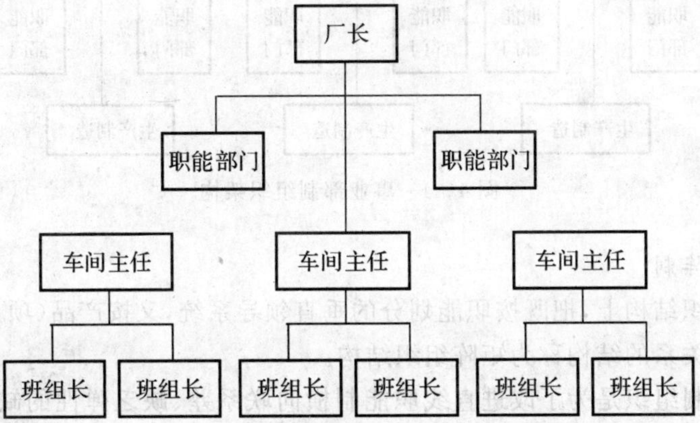

图 4-3　直线职能制组织架构

4. 事业部制

事业部制最早是由美国通用汽车公司总裁斯隆于 1924 年提出的，故有“斯隆模型”之称，也叫“联邦分权化”，是一种高度集权下的分权管理体制。它适用于规模庞大、品种繁多、技术复杂的大型企业，是国外较大的联合公司所采用的一种组织形式，近几年我国一些大型企业集团或公司也引进了这种组织结构形式。

事业部制是分级管理、分级核算、自负盈亏的一种形式，即一个公司按地区或按产品类别分成若干个事业部，从产品的设计、原料采购、成本核算、产品制造，一直到产品销售，均由事业部及所属工厂负责，实行单独核算，独立经营，公司总部只保留人事决策、预算控制和监督大权，并通过利润等指标对事业部进行控制。也有些事业部只负责指挥和组织生产，不负责采购和销售，实行生产和供销分立，但这种事业部正在被产品事业部所取代。还有的事业部则按区域来划分。如图 4－4 所示。

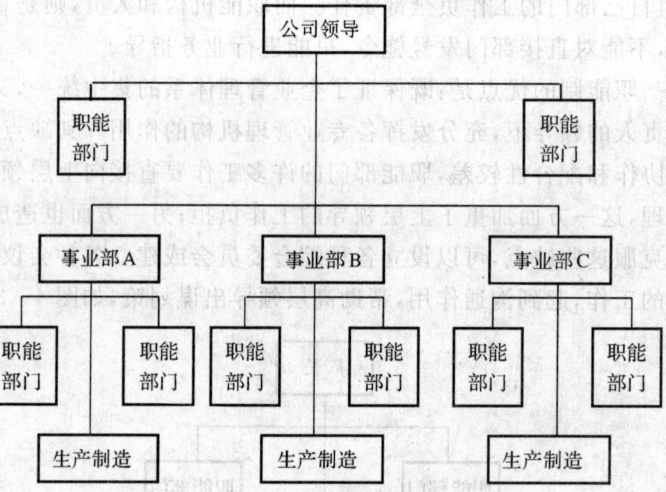

图 4－4　事业部制组织架构

5. 矩阵制

在组织结构上，把既按职能划分的垂直领导系统，又按产品（项目）划分的横向领导关系的结构称为矩阵组织结构。

矩阵制组织是为了改进直线职能制横向联系差、缺乏弹性的缺点而形成的一种组织形式。它的特点表现在围绕某项专门任务成立跨职能部门的专门机构上，如组成一个专门的产品（项目）小组去从事新产品开发工作，在研究、设计、试验、制造各个不同阶段，由有关部门派人参加，力图做到条块结合，以协调有关部门的活动，保证任务的完成。这种组织结构形式是固定的，人员却是变动的，需要谁，谁就来，任务完成后就可以离开。项目小组和负责人也是临时组织和委任的。任务完成后就解散，有关人员回原单位工作。因此，这种组织结构非常适用于横向协作和攻关项目。

矩阵结构的优点是：机动、灵活，可随项目的开发与结束进行组织或解散；

由于这种结构是根据项目组织的，任务清楚、目的明确，各方面有专长的人，都是有备而来。因此，在新的工作小组里，能沟通、融合，能把自己的工作同整体工作联系在一起，为攻克难关、解决问题而献计献策，由于从各方面抽调来的人员有信任感、荣誉感，使他们增加了责任感，激发了工作热情，促进了项目的实现；它还加强了不同部门之间的配合和信息交流，克服了直线职能结构中各部门互相脱节的现象。

矩阵结构的缺点是：项目负责人的责任大于权力，因为参加项目的人员都来自不同部门，隶属关系仍在原单位，只是为"会战"而来，所以项目负责人对他们管理困难，没有足够的激励手段与惩治手段，这种人员上的双重管理是矩阵结构的先天缺陷；由于项目组成人员来自各个职能部门，当任务完成以后，仍要回原单位，因而容易产生临时观念，对工作有一定影响。

矩阵结构适用于一些重大攻关项目。企业可用来完成涉及面广、临时性的、复杂的重大工程项目或管理改革任务。特别适用于以开发与实验为主的单位，如科学研究，尤其是应用性研究单位等。如图 4－5 所示。

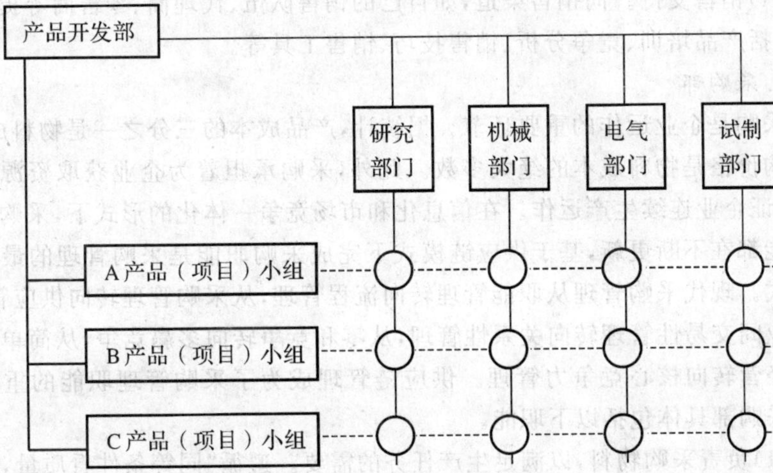

图 4－5 矩阵制组织架构

三、企业主要部门及职责

无论企业是什么组织结构，营销部、采购部、制造部、财务部、人力资源部等部门是最基本和最重要的部门之一。这些部门职能的完成情况和它们之间的相互协作情况基本上决定了整个企业的绩效。

1.营销部

企业的利润是由销售收入带来的,销售实现是企业生存和发展的关键。而销售订单的取得依赖于市场营销的力度。随着市场竞争的加剧,企业的销售工作越来越难,人们发现单靠销售部门努力去推销很难实现企业的目标。必须靠营销结合才能不断推动企业的销售工作,实现企业的战略目标。市场营销主要包括以下职能。

(1)产品开发。负责公司新产品的发展战略,即根据市场的需要,决定未来几年企业向市场提供什么有价值的新产品,其工作重点是发现创新的源泉,完成新产品的需求定义。

(2)市场开发。负责现有产品的定位和市场推广战略,包括产品定位和价格策略,要给市场明确的信息:我们的产品与竞争对手相比其价值体现在哪里。

(3)市场宣传。负责新老产品的具体宣传活动,如广告、促销、产品介绍等,它的作用是树立品牌,激发市场需求,与市场有效地沟通。

(4)销售支持。向销售渠道,如自己的销售队伍、代理商、零售商等提供支持,包括产品培训、竞争分析、销售技巧、销售工具等。

2.采购部

采购是企业运作的重要环节。据统计,产品成本的三分之一是物料成本,而采购价格是物料成本的绝大多数。此外,采购承担着为企业获取资源的责任,保证企业连续生产运作。在信息化和市场竞争一体化的形式下,采购理念和职能都在不断更新,基于供应链模式下完成采购职能是采购管理的最有效的方式。现代采购管理从职能管理转向流程管理,从采购管理转向供应管理,从企业间交易性管理转向关系性管理,从零和竞争转向多赢竞争,从简单的多元化经营转向核心竞争力管理。供应链管理成为了采购管理职能的重要内容。采购部具体包括以下职能。

(1)负责采购物料,以满足生产任务的需要。遵循“同等条件看质量,同等质量看价格,同等价格看信誉,同等信誉看远近”的比价原则,适当、适量、适质、适价、适地提供企业所需要的物料。

(2)负责采购物资的验收入库、储存、防护和交付投产。

(3)组织评价合格供方,建立合格供方名单,与供应商建立长期协作关系。

(4)建立合格供方质量记录,对供方实施动态管理,发挥供方的参与作用,确保采购产品质量受控。

3. 制造部

生产制造是企业价值创造的主要承担者，承担企业产品形成的功能。现代企业的生产要求及时、快速地生产出市场需要的产品，而且成本要求越来越低，质量要求越来越高，生产管理在方法上不断创新，ERP，JIT，全面质量管理以及ISO9000质量管理体系在企业生产管理中得到广泛应用，生产制造部门承担的职责不断强化，计划的准确性不断提高，企业精细化集成管理时代已经到来。生产制造部门主要有以下职责。

(1)生产计划管理。根据市场的订单需要制定企业的产品、零部件生产计划，做好生产进度安排和生产能力的平衡调度，保证按时提供市场需要数量的产品。

(2)负责质量控制和管理，保证企业产品的质量。

(3)控制生产过程成本要素，最大限度降低生产成本。

(4)做好生产设施的更新改造，保证生产能力能够满足生产的需要。

此外，生产制造部门通常还承担着安全、保卫和现场管理等职能，是企业资源使用最多、管理最复杂的部门。

4. 财务部

财务部包括企业财务和会计的职能，是企业资金运转和利用效率的管理者。财务部门的主要职责包括以下几方面。

(1)资金的筹集、管理，做好现金预算，管好、用好资金。

(2)企业日常收支和各项费用的记账、核算，特别是生产成本数据的收集、分类整理和计算。

(3)财务报表和财务分析、经营成果分析。给决策者提供企业经营的经济效果以及问题的相关数据信息，促进企业改善管理方法，提高资源利用效率，达到整个企业经济效益的提高。

5. 人力资源部

人力资源是企业最重要的竞争资本。人力资源的管理也成为现代企业管理最重要的方面，人力资源管理职能体现在以下几方面。

(1)建立并执行合理的人事管理制度，特别是绩效考评制度，激发员工的积极性，提高员工的绩效，为企业的发展提供动力。

(2)倡导积极向上的企业文化，构建和谐的工作环境，为员工发挥才能提供良好的环境。

(3)挖掘员工的才干，不断为员工能力的提高提供学习环境和机会。

6.信息部

信息部是企业收集内部动态、市场、客户、竞争对手，以及国家即将推行的各种行业相关政策等信息的部门，信息的重要性在这个互联网时代已经不言而喻，谁能预先得到有价值的信息，谁就离成功更近一步。信息部的职能主要包括以下几方面。

(1)收集企业内部资金、原料、生产等信息，以供股东及时掌控企业发展情况与企业发展方向。

(2)收集市场信息，以及客户的意见、需求，还有竞争对手的产品服务信息，以便企业制定战略。

(3)收集政府即将出台的与行业相关政策，以便及时改变发展战略。

7.技术部

企业技术部主要是为企业研发新产品、开发产品新功能，维护企业内部信息化设备、企业生产设备、计算机、局域网络等通信设施等的技术类部门。

四、企业的主要岗位职责

1.总经理岗位职责

岗位名称：总经理。直接上级：董事会。下属岗位：各部门经理。

管理权限：受董事会的委托，行使对公司经营工作全面指导、指挥、监督、管理的权力，并承担执行各项规章制度的义务。

管理责任：全面主持公司经营工作，对所承担工作全面负责。

岗位要求：热爱本公司，具有德、勤、能、诚的品格；具有较强的综合管理能力和工作协调能力；具有企业经营管理知识，熟悉企业行业业务；擅长组织、带领班子成员团结、努力工作；较强的沟通能力与协调能力。

主要职责：总经理是公司的最高负责人，行使公司最高决策权。总经理既是所有决策的最终确定人，同时也是公司经营好坏的第一责任人。具体来说，总经理主要履行以下职责：

(1)执行董事会决议，主持全面工作，保证经营目标的实现，及时、足额地完成董事会下达的利润指标。

(2)组织实施经董事会批准的公司年度工作计划和财务预算报告及利润分配、使用方案。

(3)领导制定公司的市场运营、发展战略及经营规划。

(4)批准公司的财务预算，审查批准计划内的经营、投资、改造、基建项目和流动资金贷款、使用的可行性的报告。

(5)决定组织体制和人事编制，决定各职能部门负责人的任免、报酬、奖惩，建立健全公司统一、高效的组织体系和工作体系。

(6)领导公司建立各级组织机构，并按公司战略规划进行机构调整。

(7)领导公司制定各种规章制度，并深入贯彻实施。

(8)决定各职能部门主管的任免、报酬、奖惩。

(9)加强企业文化建设，搞好社会公共关系，树立公司良好的社会形象。

(10)决定对成绩显著的员工予以奖励、调资和晋级，对员工处分，甚至辞退。

(11)搞好员工的思想政治工作，加强员工队伍的建设，建立一支作风优良、纪律严明、训练有素的员工队伍。

(12)坚持民主集中制的原则，发挥"领导一班人"的作用，充分发挥员工的积极性和创造性。

(13)负责召集主持总经理办公会议，检查、督促和协调各部门的工作进展。

(14)负责对各部门经理工作布置、指导、检查监督、评价和考核管理工作。

(15)加强企业文化建设，搞好社会公共关系，树立公司良好的社会形象。

2.人力资源经理岗位职责

岗位名称：人力资源经理。直接上级：总经理。下属岗位：人力资源部人员。

管理权限：为管理者提供人力资源管理服务和支持，在国家有关企业人力资源管理的政策法规和企业人力资源政策的指引下，领导人力资源部建立和健全人力资源开发和管理体系，组织实施人力资源管理的各项工作。

管理责任：全面主持公司人力资源部工作，对所承担工作全面负责。

岗位要求：了解国家有关人事管理的各项政策；熟悉人力资源管理、组织管理的有关知识与操作技能；具有较强的综合管理能力和工作协调能力；较强的沟通能力与协调能力。

主要职责：建立和规范公司人力资源管理体系；规范公司的行政、后勤、总务管理运作系统，以最低成本为各部门及全体员工提供工作、学习、生活的优质服务；依据公司的年度经营目标及经营计划，拟定公司年度人力资源及行政后勤管理目标与年度工作规划，编制并控制部门年度财务成本预算，配合公司的"目标管理责任制"，确保人力资源规划目标及行政后勤管理目标的达成；根据本部门的年度人力资源及行政后勤管理目标与年度工作规划，拟定并实施部门的工作计划，每月准时提交本部门的工作计划与工作总结给总经理；主导全公司“目标管理”绩效考核的推行，与财务部及各相关职能部门完成对各部门、各岗位、各员工的工作业绩量化考核；督导人力资源专员及时收集各部门及各岗位与“目标管理”绩效考核有关的年、季、月、周、日度报表，发现问题及时向总经理汇报；依据公司的经营目标及经营计划，主导设置企业组织机构，进行全公司各岗位的定岗、定员、定编，进行职位分析与岗位描述，明确各岗位权、责、利及任职资格要求；建立并执行公司的薪资、福利制度；依公司经营发展战略的人力需求，开发短、中、长期人力资源，合理调配公司的人力资源；建立规范化的招聘系统，并实施各类管理、技术人员的招聘工作；建立并实施培训系统及编制、实施培训计划，协助帮助员工建立职业生涯规划；人事政策制定与修改、人事规章制度的规划、制定、检讨与修订，使员工的管理有章可循；深化与宣传公司企业文化，将企业文化落实到企业管理制度与管理规范中；建立积极向上、团结友爱、协作忠诚的企业文化氛围，建立学习型企业。

3.研发经理岗位职责

岗位名称：研发经理。直接上级：总经理。下属岗位：研发部人员。

管理权限：全面主持公司研发部门工作，行使公司技术引进、新产品开发砌究、新技术推广应用、技术标准制定、技术指导与监督、协调、管理的权利。

管理责任：对所承担的研发部门工作全面负责。

岗位要求：具有较全面的专业技术水平和技术管理知识；有较强的技术业务能力和工作协调能力；虚心好学，积极进取，有较强的工作责任心和事业心；技术上不自满、不保守、易于接受新技术，勇于技术革新和创新；敢于坚持科学原则，具有科学、求学、开拓创新精神和品格。

主要职责：

(1)在总经理领导下，负责主持本部的全而工作，组织并监督全部人员全面完成本部职责范围内的各项研发任务。

(2)贯彻落实本部岗位责任制和工作标准，密切与生产、质量、营销、人事等部门的工作关系，加强与有关部门的协作配合工作。

(3)负责组织制定公司技术管理制度和技术工艺标准。

(4)负责公最新技术引进和产品开发工作计划、实施，确保产品品种扩大。

(5)负责组织抓好新产品的开发和研究工作，及时组织新产品的试制工作。

(6)负责及时指导、处理协调和解决研发生产过程中出现的技术问题，保证生产经营工作的正常进行，确保公司研发生产计划的按时完成。

(7)负责及时组织编制公司技术开发计划，按时上报公司领导及计划部门。

(8)负责组织和编制公司技术发展规划、长远技术发展和技术措施规划，并组织规划的拟定、修改、补充、实施等一系列技术组织和技术管理工作。

(9)抓好公司技术管理队伍建设工作，抓好人员的技术培训和提高工作。

(10)有权向主管领导提议下属人选，并对其工作考核评价。

4.营销经理岗位职责

岗位名称：营销经理。直接上级：总经理。下属岗位：营销部人员。

管理权限：负责公司的整体市场营销工作。

管理责任：对所承担的营销部门工作全面负责。

岗位要求：具有良好的语言表达能力及人际沟通能力；具有团队合作精神，性格开朗；具有丰富的客户管理，市场营销，大项目销售经验；具有较强的市场分析与推广能力。

主要职责：

(1)参与制定公司营销战略，根据营销战略制定公司营销组合策略和营销计划。

(2)定期对市场营销环境、目标、计划、业务活动进行核查分析，及时调整营销策略和计划，制定预防和纠正措施，确保完成营销目标和营销计划。

(3)协调企业内外部关系，对企业市场营销战略计划的执行进行监督和控制。

(4)完成公司营销目标以及其他任务，对营销思想进行定位。

(5)培训市场调查与新市场机会的发现。

(6)新项目市场推广方案的制定。

(7)销售队伍的建设与培养。

(8)根据市场及同业情况制定公司新产品市场价格。

(9)负责重大营销合同的谈判与签订。

(10)制定营销系统年度专业培训计划并协助培训部实施。

5.生产经理岗位职责

岗位名称：生产经理。直接上级：总经理。下属岗位：生产部人员。

管理权限：全面负责公司生产制造部门工作，负责生产组织管理工作，生产计划和生产作业计划编制、落实；生产现场管理、生产调度、工序质量管理，完成公司下达的各项生产工作任务，根据销售计划按时完成订单产品的交付。

管理责任：对所承担的生产制造部门工作全面负责。

岗位要求：具有良好的沟通能力与较强的协调能力；了解产品的加工工

艺，对各类生产设备非常了解，操作熟练；具有合理安排生产、有效控制成本的综合能力。

主要职责：①编制生产计划和生产作业计划，按时完成各项生产制造任务；②依据生产实际情况和客户需求变化，制定临时生产作业计划；③负责工序生产质量管理，负责设备状态、检测、维护、保养管理工作；④负责直接下属人员的业绩考评和业务指导，对下属人员的工作业绩完成情况负责。

6.财务经理岗位职责

岗位名称：财务经理。直接上级：总经理。下属岗位：财务部人员。

管理权限：全面负责公司财务管理工作，行使公司财务会计工作的指挥、指导、协调、监督和管理的权力，并承担执行公司规程及工作指令的义务。

管理责任：对所承担的财务部门工作全面负责。

岗位要求：具有会计专业技术职称；熟悉国家财经法律、法规、章程和方针、政策，掌握本行业业务知识；有较强的综合协调能力和组织管理能力；虚心好学，积极进取，有较强的工作责任感和事业心；坚持原则，廉洁奉公。

主要职责：

(1)在总经理领导下，负责主持本部的全面工作，组织并督促部门人员全面完成本部职责范围内的各项工作任务。

(2)贯彻落实本部岗位责任制工作标准，密切与生产、营销、计划等部门的工作联系，加强与有关部门的协制配合工作。

(3)负责组织公司财务管理制度、会计成本核算规程、成本管理会计监督及有关的财务专项管理制度的拟定、修改、补充和实施。

(4)组织领导编制公司财务计划、审查财务计划，拟定资金筹措和使用方案，全面平衡资金，开辟财源，加速资金周转，提高资金使用效果。

(5)组织领导本部门按上级规定和要求编制财务决算工作。

(6)负责组织公司的成本管理工作，进行成本预测、控制、核算、分析和考核，降低消耗、节约费用，提高监管水平，确保公司利润指标的完成。

(7)负责建立和完善公司财务稽核、审计内部控制制度，监督其执行情况。

(8)审查公司经营计划及各项经济合同，并认真监督其执行，参与公司技术、经营以及产品开发、技术改造和其他项目的经济效益的提议。

(9)参与审查工资、奖金及财务收支的各种方案。

(10)组织考核、分析公司经验成果，提出可行的建议和措施。

(11)负责财会人员的业务培训，规划会计机构、会计专业职务的设置和会计人员的配备，组织会计人员培训和考核，坚持会计人员依法行使职权。

(12)负责向公司总经理汇报财务状况和经营成果,定期或不定期汇报各项财务收支和盈亏情况,以便领导及时进行决策。

(13)有权向主管领导提议下属人选,并对其工作考核评价。

第五章 战略管理

第一节 战略与战略管理

一、战略与战略管理的概念

自20世纪初叶以来，随着科学技术的发展和经济全球化的进展，围绕企业管理工作的中心，企业管理经历了几次管理主题的演变，由19世纪末20世纪初开始的以生产管理为中心，转变到20世纪30年代开始的以营销管理为中心，再转变为20世纪50年代开始的以战略管理为中心。随着中国加入WTO，企业战略管理成为企业管理的重要内容。在管理理论中，由于对战略解释的侧重点不同，企业战略理论可以归纳为竞争战略学派、资源配置战略学派和目标战略学派。

在企业的经营管理中战略一词用来描述一个组织计划如何实现其目标和使命。企业战略是企业面对激烈变化、严峻挑战的环境，为求得长期生存和不断发展而进行的总体性谋划。

战略学家波特曾经提出过一个“10年以上周期”的时间概念，认为只有持续时间超过10年的战略，才是真正的战略。中国古话有云：人无远虑，必有近忧。这对于战略来说一样适用，企业的发展不能是就现在而发展，应该是为未来而发展，必须有一个长期的目标，不管这个目标能否实现，但它必需是至少5～10年，在中国目前的市场至少要5年。而目标不仅只是利润、销售额等“数字层面”的目标，而是必须是大胆而且成熟的战略性目标，甚至是可望而不可及的。

企业战略管理是企业为实现战略目标，制定战略决策，实施战略方案，控制战略绩效的一个动态管理过程。战略渗透并指引着现代市场经济条件下企业经营管理的全过程。目前企业战略问题已经成为决定企业竞争成败的关键与核心。

二、企业战略的特点

企业战略具有以下特点：

(1)全局性。指经营战略具有全局性的特征。它指以企业全局为研究对象,来确定企业的总体目标,规定企业的总体行动,追求企业的总体效果。

(2)长远性。指企业战略的着眼点是企业的未来而不是现在,是为了谋求企业的长远利益而不是眼前利益。

(3)纲领性。指经营战略所确定的战略目标和发展方向是一种原则性和总体性的规定,是对企业未来的一种粗线条设计,是对企业未来成败的总体谋划,而不是纠缠于现实的细枝末节。

(4)竞争性。指企业在竞争中为战胜竞争对手,迎接环境的挑战而制订的一整套行动方案。

(5)风险性。指战略考虑企业的未来而未来具有不确定性,因而战略必然具有风险性。

三、战略管理要素

安索夫把企业战略管理要素概括为 4 方面,即产品与市场领域、成长方向、竞争优势和协同效应。他认为这 4 种要素可以在企业中产生一种合力,形成企业的共同经营主线。所谓共同经营主线是指企业目前的产品与市场组合和未来的产品与市场组合之间的关联。企业在制定战略时,应当从产品、技术以及市场营销等方面的类似性,为企业确定出一条共同经营主线。

1.产品与市场领域

企业战略管理的第一步是确定企业的产品与市场领域。这里产品与市场领域不仅包括企业现在所从事的事业活动(即企业"正在做什么"),而且还包括企业将来的事业活动范围(即企业"应该做什么"),以便于企业具有十足的成长空间。

2.成长方向

成长方向是指在上述产品与市场领域,企业的经营活动应该向什么方向发展。安索夫根据企业现有的产品、市场和将来发展的新产品、新市场的组合。

3.竞争优势

竞争优势是指在特定的产品与市场领域中,企业具有比竞争企业优势的特征和条件。它常常表现为企业所拥有的资源与竞争企业相比,在数量上或质量上形成的有利差别。

4.协同效应

这是指若干因素的有效组合可以比各个因素单独作用产生更大的效果，也就是可以取得“1+1>2”的效果。企业中的这种协同效应可以表现在多个方面：销售协同效应；生产协同效应；投资协同效应；管理协同效应等。

四、企业战略管理的流程任务

(1)提出公司的战略展望，指明公司的未来业务和公司前进的目的地，从而为公司提出一个长期的发展方向，清晰地描绘公司将竭尽全力所要进入的事业，使整个组织对一切行动有一种目标感。

(2)建立目标体系，将公司的战略展望转换成公司要达到的具体业绩标准。

(3)制定战略、达到期望的效果。

(4)高效、有效地实施和执行选择的公司战略。

(5)评价公司的经营业绩，采取完整性措施，参照实际的经营事实、变化的经营环境、新的思维和新的机会，调整公司的战略展望、公司的长期发展方向、公司的目标体系、公司的战略以及公司战略的执行。如图5-1所示。

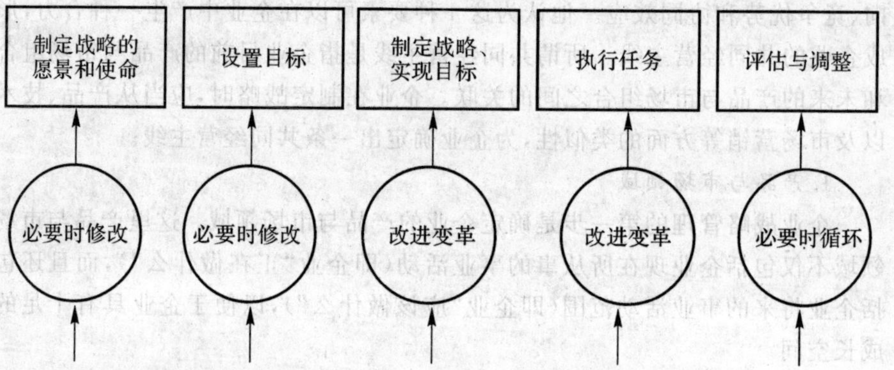

图5-1 企业战略管理的任务

五、战略管理过程

战略管理过程包括战略分析、战略制定与战略实施3个环节。在一般教科书中，这3个环节是按直线列示的，即战略分析之后是战略制定，战略制定之后是战略实施。但实际上,很可能各环节之间是互相联系的,评价战略时就开始实施战略了,因此战略选择和战略分析就会重叠,战略分析也可能是一个持续的过程,这样战略分析就与战略实施也会重叠。所以,战略管理过程的3个环节是相互联系、循环反复、不断完善的一个过程。

1.战略分析

战略分析是指对影响企业现在和未来生存和发展的一些关键因素进行分析,这是战略管理的第一步。战略分析主要包括外部环境分析、内部环境分析和战略目标的设定三方面。

2.战略制定

战略分析为战略制定提供了坚实的基础。战略制定主要包括四部分内容:公司战略、竞争战略、职能战略以及战略方案的选择。

3.战略实施

企业战略方案一经选定,管理者的工作重心就要转到战略实施上来。战略实施是贯彻执行既定战略规划所必需的各项活动的总称,也是战略管理过程的一个重要部分。显而易见,如果精心选择的战略而不付诸实施,或不认真地组织实施,则以前的努力则付诸东流;反之,不但可以保证好的战略取得成功,而且还可以克服原定战略的某些不足,使之趋于完善,同样获得成功。战略实施主要包括战略实施以及战略控制两部分内容。

六、初创企业战略的意义与价值

明智的战略选择是以企业实际经营状况为核心的企业战略帮助企业形成稳定、持久的竞争优势,战略对初创企业有下述意义。

(1)平稳渡过困难的起步期。初创企业在起步期的利润较少,增长缓慢,为了使企业能够面对生存考验,安全渡过起步期,创业者必须选择好企业发展生存的战略。

(2)对现有业务进行调整和巩固。现代企业经营的实质,就是在复杂多变的内外部环境条件下,解决企业外部环境、内部条件与经营目标之间的平衡问题。在创业之初,只有确立了合理的事业内容,企业才能得到进一步的发展,在企业发展的过程中,还必须对企业的事业内容有正确的理解,对原先的业务进行调整,减少一些业务,将重点放在长期发展的业务上,形成企业的持续发展。

(3)提炼出企业的核心竞争力。核心竞争力是某一组织内部一系列互补的技能和知识的组合体,当这些资源被组合到业务中时,其复杂性使竞争对手难以模仿,因而使企业产生了竞争力,核心竞争力的选择、形成都要建立在合理选择、确立企业事业内容的战略基础上。

(4)确保或取得市场领导地位。在某些产业或利基市场上销量名列前茅的企业就是市场领导,许多企业以实现生产的规模经济,努力达到市场领导地位,成为领袖品牌,作为市场领袖,还能帮助企业获得消费者、优秀员工、商业伙伴。

(5)增强企业影响力和生存能力。大型企业比小企业拥有更大的影响力,它拥有大量的主要客户和生产资源渠道,拥有行业权威,这是小企业不可比拟的。

(6)满足关键客户的需求增加。关键客户的增加,能够增加企业的知名度和稳定的销售关系。

(7)吸引和留住优秀员工。一个优秀的员工能够帮助企业发生战略性的改变,留不住关键员工会妨碍企业的发展。初创企业战略能够给企业带来价值,使企业在起步期的发展更加顺利,减少经营风险。

第二节 战略分析

一、战略环境分析的层次

企业在制定战略方案之前,也必须进行严密的战略环境分析。战略分析主要包括外部环境分析与内部环境分析两部分。通过外部环境分析,企业可以很好地明确自身面临的机会与威胁,从而决定企业能够选择做什么;通过内部环境分析,企业可以很好地认识自身的优势与劣势,从而决定企业能够做什么。一般而言,企业的战略分析遵循以外部再内部,以宏观再微观的分析逻辑。假定企业位于一个圆圈的中心,按照由外向内的顺序,企业的外部环境主要包括宏观环境、产业环境、竞争环境等。如图 5-2 所示。

由图可以看出,外部评估是考虑、评估、分析机会和威胁;内部评估是分析优势和劣势。二者相结合便是威胁机会、优势劣势。这就是“SWOT 分析方法”。“SWOT”就是优势(strength)、劣势(weakness)、机会(opportunity)、威胁(threat)英文字头的缩写。

SWOT 分析是一种经典的、比较简单的分析方法。哈佛商学院从 20 世纪 60 年代起开始使用,现在仍然在分析中扮演很重要的角色,它希望通过找到机会和威胁,找到企业在行业中获得成功的关键因素,自己分析内部的优势和劣势，最终找到自己的核心能力。根据分析形成的战略，在形成的战略方案和评估中间有一方面是社会责任，一方面是管理价值。

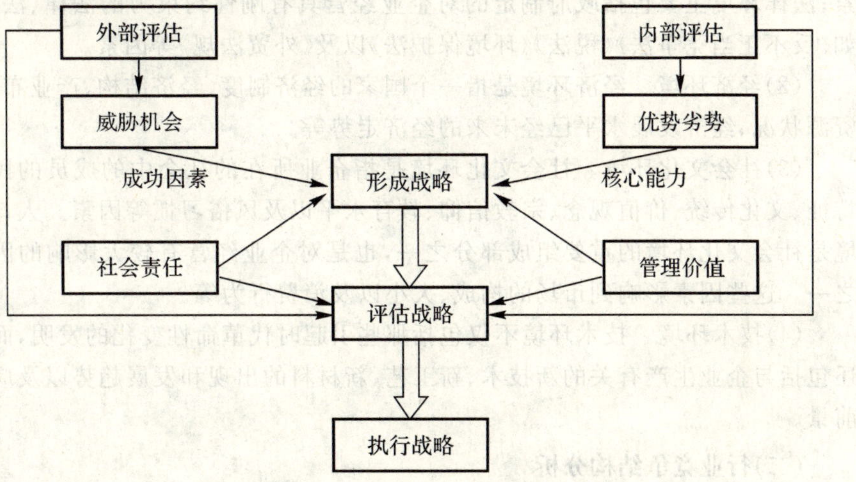

图 5－2　战略环境分析的层次

(1)社会责任是考虑到利益相关群体，对社会的一种回报。目前讲环境，讲环境管理，不仅是考虑公司内部，更多的是考虑对社会、对一般大众的一种保护。

(2)在价值方案可能有若干个，其中的哪一个受到高层管理人员的价值理念的影响？管理价值对战略作用的影响是非常大的。

根据这两个方面，就可以评估战略，形成战略最后付诸于实施。

二、外部环境分析

(一)关键的外部因素

在外部因素中，一般涉及到经济、法律、政府、环境、人口、政治、文化、社会、技术等等这样一系列因素的影响。这些因素中，一些重，一些轻，但总的来讲，对企业的发展都起到一定的影响作用。其分析的意义在于评价这些因素对企业战略目标和战略制订的影响。应强调的是，企业宏观环境虽然比较“大”，但对企业战略的影响却是“实实在在”的，所以，在思想上绝不能对此有所忽视。为了更好地从总体上把握宏观环境分析的概貌，一个常用的工具就是 PEST 分析模型。

(1)政治法律环境。政治法律环境是指对企业经营活动具有实际与潜在影响的政治力量和有关的法律法规等因素。具体来说，政治环境主要包括国家的政治制度与体制，政局的稳定性以及政府对企业的外来企业的态度等因素；法律环境主要包括政府制定的对企业经营具有刚性约束力的法律、法规，如《反不正当竞争法》《税法》《环境保护法》以及《外贸法规》等因素。

(2)经济环境。经济环境是指一个国家的经济制度、经济结构、产业布局、资源状况、经济发展水平已经未来的经济走势等。

(3)社会文化环境。社会文化环境是指企业所在的社会中的成员的民族特征、文化传统、价值观念、宗教信仰、教育水平以及风俗习惯等因素。人口环境是社会文化环境的重要组成部分之一，也是对企业经营有较大影响的因素之一。这些因素影响到市场的构成、大小以及消费行为等。

(4)技术环境。技术环境不仅包括那些引起时代革命性变化的发明，而且还包括与企业生产有关的新技术、新工艺、新材料的出现和发展趋势以及应用前景。

(二)行业竞争结构分析

除了宏观以外，企业所从事的那个行业是最直接的环境。这个环境是企业成长于此、竞争于此的一个环境，所以对它的分析更为重要。从竞争的角度进行分析，有以下几个思路。

(1)寻找行业中最主要的经济特性：哪些是它的特性？怎样抓住这些特性，为企业服务。

1)市场规模：市场整体规模有多大，这个规模是受人口、顾客、顾客群影响的。例如做时装，严格地讲，时装意义只是用于展出的服装，而不是大批量的生产线生产的服装。

2)竞争的范围：是在当地，还是在某一地区？是在全国，还是国际性、全球性的？这个企业必须明确，否则判断失误，就找不着你的竞争对手在什么地方。

3)市场增长的速度：是每年以1%的递增速度，还是10%的递增速度？它们带来的吸引力是不一样的。这个行业处于什么样的生命周期？是初期发展阶段、快速成长阶段、成熟的早期阶段、饱和阶段，还是下一个阶段？每个行业是不同的，例如火柴，这个行业在衰退，至少处于饱和衰退，没人愿意去投资再进行生产。

4)在行业中竞争的厂商、产业的数量，以及它们相对的规模：也就是说这个行业是被众多的小公司细分，还是被几家大公司垄断，这就是市场结构问题，就是垄断和竞争的问题。

5)供应者和购买者各自的数量和相对的规模:例如购买者数量很多,企业知道最终消费者就是那些直接消费者,那么可能选择的余地就比较大。否则企业就比较难做,因为大家都不买你的。

6)行业里前向整合和后向整合的程度:前向整合和后向整合,或者纵向整合中的向前整合和向后整合,实际内容是一样的。无非是供应、生产、销售,在这样3个环节中,哪个环节向哪个环节进行整合,以达到规模效益的问题。

7)企业中分销渠道的类型:生产经营中所遇到的基本上是市场、渠道、竞争力、垄断和竞争等等这样一些问题。企业可以按其所在的行业,看一下它到底表现出什么样子。例如,市场规模比较小,只局限于当地某一县城,像有些香烟、化肥,由于某种保护,只能用本地的产品。化肥很典型,外来的进不去,但一旦离开本地的环境,它也不能生存。

(2)找到行业发挥重要作用的竞争力量:在行业中,有不同的竞争力量,哈佛商学院波特教授把它归结为5种竞争力量,每一种竞争力量在行业中的表现是不一样的(见图5-3所示)。

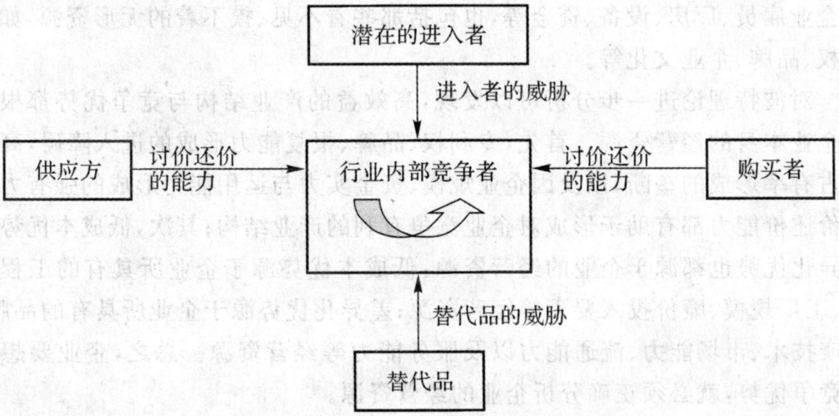

图5-3　波特的五力模型

(3)要考虑到行业中变革的驱动因素:行业是不断地发展变化的,市场的价值会发生变化,这个变化受到行业的影响,是什么因素驱动它变化,这也是值得考虑的方面。

(4)要考虑你的位置:在行业中,存在竞争力最强的企业和竞争力最弱的企业,你介乎两者之间还是在别的什么位置,这要有一个准确判断。

(5)要考虑行业下一步的竞争行动是什么,会带来什么影响。

(6)决定竞争成败的关键因素是哪些。

(7)最后一个就是行业吸引力:也就是行业的增长力,这个行业在不断增长,这对于行业内部从事经营活动的企业来讲,就有吸引力,对外部来讲,它也有吸引力。一看这个行业搞得火爆,有人就要进入,也想分一杯羹,但能不能进来,则是另外一回事。当一个行业经营得非常成功,行业的吸引力很高,即它的增长力非常高的时候,会有很多企业想进入到里面,或者已经开始进入。前者叫做潜在的进入者,后者叫新进入者,这对于行业中现有的企业来讲,就构成了进入威胁。企业在考虑进入的时候,也要考虑退出。所以,要考虑竞争的进入障碍和退出障碍。

三、内部环境分析

(一)经营资源分析

1.经营资源的概念

经营资源是企业竞争优势的根本源泉。经营资源可以理解为能够给企业带来竞争优势或劣势的任何要素,它既包括那些看得见、摸得着的有形资源,如企业雇员、厂房、设备、资金等,也包括那些看不见、摸不着的无形资源,如专利权、品牌、企业文化等。

对波特理论进一步分析可以发现,高效益的产业结构与竞争优势都根源于企业本身的经营资源。首先,专利权、品牌、报复能力形成的进入障碍,高市场占有率形成的垄断,以及因企业规模、资金实力与运用能力形成的强有力的讨价还价能力都有助于形成对企业竞争有利的产业结构;其次,低成本优势和差异化优势也都源于企业的经营资源:低成本优势源于企业所具有的工程技术、工厂规模、廉价投入要素等经营资源;差异化优势源于企业所具有的品牌、生产技术、市场能力、流通能力以及服务能力等经营资源。总之,企业要想获得竞争优势,就必须正确分析企业的经营资源。

2.价值链分析

对企业经营资源进行分析的一个常用工具是迈克尔·波特教授提出的价值链。所谓价值链是一个公司为顾客创造价值的主要活动和相关的支持活动的总和。通过价值链分析,可以揭示公司内部开展的各项活动和功能的优劣,及各环节的成本。在此基础上进行标杆学习和绩效分析,可以找出与竞争对手的差距,降低公司各环节经营成本,提高绩效,优化价值链,提高公司运营管理水平,形成并增强公司的核心竞争能力(见图5-4)。

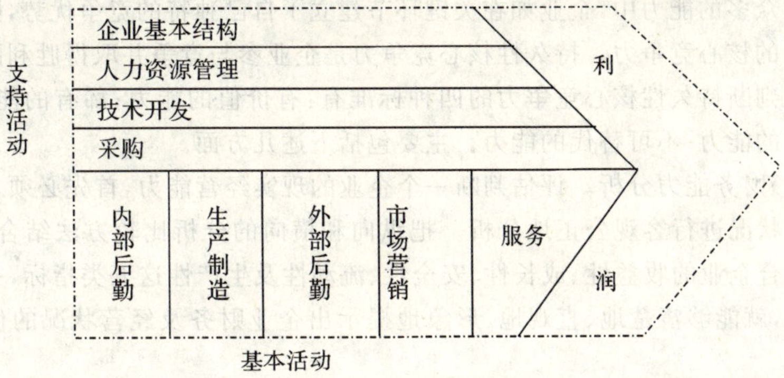

图 5-4　价值链示意图

价值链概念的提出基于如下基本逻辑关系：经营资源—价值活动—竞争优势。在市场经济条件下，一个企业的竞争优势最终是由其产品或服务的价值体现并由消费者接受与否以及接受程度决定，而消费者是否接受的关键则在于他们对企业提供产品或服务与其他竞争者的价值判断，也可以说，他们对公司设计、生产、销售、供货及支持活动完成方式的价值评价。当他们寻找到真正渴望得到的价值并愿意为此支付价格时，企业便在市场上实现了产品或服务的价值，从而在产品或服务的竞争中建立起自己的竞争优势，反之亦然。所以，企业要想在竞争中获得优势，就必须把自己的经营资源通过各种活动创造为顾客价值。也就是说，企业内部的各种活动都应该是创造价值的活动，由于这些活动在企业内部犹如一条链条，因而称为“价值链”。

价值链分析的重点在于价值活动分析。价值活动可以分为两大类：基本活动和辅助活动。基本活动是涉及产品的物质创造及其销售、转移给买方和售后服务的各种活动；辅助活动是辅助基本活动并通过提供外购投入、技术、人力资源以及各种公司范围的职能以相互支持。价值链图中的虚线反映了基本活动与辅助活动之间的相互联系以及共同支持整个价值链。

3. 核心能力分析

美国密执安大学的普拉哈拉德和哈莫尔教授在 20 世纪 90 年代提出，企业在考虑竞争的时候，要树立自己的核心能力，也就是核心竞争力。他们认为，20 世纪 80 年代判断高级管理人员的标准，是对公司进行重组、集合和精简的能力，到了 20 世纪 90 年代则是判断、识别、培养和探索使公司增长的核心能力。也就是说，怎样调动现有资源，创造新的资源，形成独具特色的核心能力。

在众多的能力中，企业如在关键环节建立了自己独特的竞争优势，则能形成企业的核心竞争力。持久性核心竞争力是企业参与竞争并取得胜利的重要法宝。判断持久性核心竞争力的四种标准有：有价值的能力；稀有的能力；难于模仿的能力；不可替代的能力。主要包括下述几方面。

(1)财务能力分析。评估判断一个企业的现实经营能力，首先必须对企业的财务状况进行客观公正地分析。把纵向和横向的分析比较方法结合起来，计算综合企业的收益性、成长性、安全性、流动性及生产性这五类指标，并画出雷达图，就能够清楚地、直观地、形象地提示出企业财务及经营状况的优势和劣势。

(2)营销能力分析。企业营销能力可以分解为产品竞争能力、销售活动能力、新产品开发能力和市场决策能力等，这 4 种能力虽然自成系统但相互联系，相互影响，在一定的市场环境下共同决定着企业经营成果的优劣，影响着企业存亡兴衰。因此，营销能力分析通常都离不开对这 4 种能力的分析评估。

1)产品竞争能力：反映一个企业产品竞争能力的指标包括产品的市场地位、收益性、成长性、竞争性与结构性。

2)销售活动能力：经过产品竞争能力的分析，我们已经了解了企业产品的市场竞争能力，发现了优势产品和销路不畅产品。接着，我们还要对优势产品和劣势产品进行销售能力分析，即通过分析其销售组织、渠道、业绩和促销等方面，找到销售活动中的问题和原因、优势和劣势。

3)新产品开发能力：新产品开发能力分析是在现有产品的市场竞争力分析的基础之上，着重从新产品开发组织、开发效果、开发过程和开发计划等四个方面进行分析。其目的在于提高新产品开发的效果，改进企业的产品组合，增强企业的应变能力。

4)市场决策能力：市场决策能力分析是以前述产品的市场竞争力分析、销售活动能力分析以及新产品开发能力分析的结果为依据，对照企业的经营方针和经营计划，指出企业在市场决策中的不当之处，探讨企业的中、长期市场营销课题和应采取的市场战略，以提高企业经营领导层的决策能力和决策水平，使企业获得持续的发展。

(3)组织效能分析。一个良好组织至少要体现以下 4 项原则：有效性原则；统一指挥原则；合理管理层次和幅度原则；责权对等原则。

组织效能分析的主要问题：有了良好组织的 4 项原则作为基准以后，我们就可以对管理组织所涉及的多方面问题进行分析。可以从分析职务体系入手，看看管理岗位设置、人员配备及其素质是否对完成职能管理有保证；可以从分析岗位责任制入手，看看职权与职责对等性如何；也可从分析管理层次和管理幅度入手，看看管理职能的分工是否有效合理；还可以从人员素质、管理体制等其他角度入手进行分析。当然，最重要的是对组织内管理的层次和幅度状况以及职权对等匹配情况进行分析。

(4)企业文化、业绩与问题分析

1)企业文化分析：企业文化是一种客观存在的文化现象。自20世纪80年代初西方组织文化理论出现以来，企业文化已受到日益广泛的重视。企业文化是指一个企业的全体成员共同拥有的信念、期望值和价值观体系。在企业内部环境分析中，必须对企业文化进行分析，尤其是以下几点内容尤应注意：文化特征；文化建设过程；文化与目标、战略的一致性；文化的环境适应性等。

2)企业业绩分析：从企业过去一段时期的经营业绩中，可以总结成功的经验和失败的教训，发现企业的优势和劣势。这方面的分析主要包括如下内容：目标的完成情况；战略的执行情况；成绩与经验；失败与教训等。

3)企业现存问题分析：任何企业在任何时候都存在着一定的问题，这是前进中的困难，是在制定未来目标和战略时必须认真研究和解决的。分析的主要内容包括：现存问题的内容；现存问题的重要程度；解决问题的可能性等。

核心能力不可能永久不变，不可能永远不被别人模仿。企业对核心能力要有分析，正确对待。核心能力相对稳定，但也要有不断的发展。企业不见得只有一个核心能力，可能有几个核心能力。在实践中，多项的核心能力能够使企业获得更好的优势，但一些企业往往是过分地追求多元化，或多种化经营，而忽略了自己的核心能力、核心业务，盲目地追求多元化。这可能不仅是盲目的问题了，而是对企业的市场环境没有充分地认识。

一个企业不可能只分析外部环境而不考虑自己的内部资源，同样，也不可能只分析内部资源，而忽略了外部环境。战略管理的思路，是从资源到能力，从能力到核心，然后形成竞争优势。在充分分析产业环境的情况下，企业一定要认识自己的资源(见图5-5)。

四、目标设定

(一)愿景

企业愿景是企业的战略家对企业的前景和发展方向的一个高度概括的描述，这种描述在情感上应能激起员工的热情。愿景由核心理念和对未来的展望两部分组成。核心理念由核心价值观和核心目的构成。核心价值观是企业最根本的价值观和原则。核心目的是企业存在的根本原因。愿景必须考虑的问题:市场和顾客,是企业战略中必须考虑的问题,没有一个很好的市场,没有顾客的需求,再好的远景也是没有用处的。未来展望由未来 10 年到 30 年的远大目标和对目标的生动描述构成。远大目标必须用生动形象的语言加以描述,才能激起员工的热情和激情,才能得到员工的认同,才能使员工完全地投入。

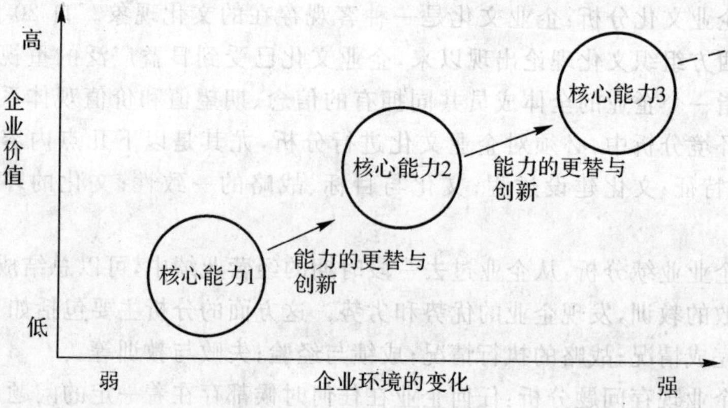

图 5-5　核心能力的管理

(二)使命

企业使命是对企业的经营范围、市场目标等的概括描述,它比企业的愿景更具体地表明了企业的性质和发展方向。企业使命为企业发展指明方向,是企业战略制订的前提,是企业战略行动的基础。它回答这样的问题:我们到底是什么样的企业?我们想成为什么样的企业?谁是我们的客户?我们应该经营什么?企业只有非常明白自己的经营领域和客户群才能把握住发展的大方向,才不至于误入自己不熟悉的领域,才能避免脱离自己的客户群。战略目标是企业使命的具体化,是企业追求的较大的目标。比如,市场份额、利润率、客户服务、创新、生产率等。企业使命表述的原则有:市场导向原则;可行性原则;鼓动性原则等。

企业使命表述的三方面内容。

1. 企业生存目的

决定企业经营什么的应该是顾客,是顾客愿意购买产品或服务才能使资源变为财富。虽然顾客所购买的是实实在在的产品,但顾客认为有价值的却从来不是产品,而是一种效用,是一种产品或服务给他带来的满足程度。因此,我们必须把企业经营看作一个顾客满足的过程,而不是一个产品生产过程。

2.企业经营哲学

企业经营哲学是对企业经营活动本质性认识的高度概括，是包括企业的基础价值观、一致认可的行为准则及共同信仰等在内的管理哲学。它主要通过企业对外界环境和内部环境的态度来体现，对外可以包括企业在处理与顾客、社区、政府等关系的指导思想，对内可以包括企业对其投资者、员工及其他资源的基本观念。

3.企业形象

企业形象是指企业以其产品和服务、经济效益和社会效益给社会公众和企业员工所留下的印象，或者说是社会公众和企业员工对企业整体的看法和评价。对公众形象的重视反映了企业对环境影响及社会责任的认识。

(三)战略目标

战略目标是企业为完成其使命所要达到的预期结果，它的时限通常为5年以上。战略目标是企业战略的核心，它反映了企业的经营思想，表达了企业的期望，指明了企业今后较长时期内的努力方向。

1.目标的特征

(1)可接受性：是指战略目标必须易于被企业的利益相关者所理解和接受；

(2)可检验性：是指战略目标应该是具体的，是可以给予准确衡量的，是可以在事后予以检验的；

(3)可分解性：是指战略目标必须是可分解的，能够按层次或时间进度进行分解，构造成一个战略目标体系，使企业的每个战略单位甚至每个员工都能明白自己的任务和责任；

(4)可实现性：是指战略目标必须适中，可行，既不能脱离实际定得过高，也不可妄自菲薄定得过低。

2.战略目标的制定过程

(1)制定战略目标的基本要求

1)目标的制定必须有科学的依据。

2)目标必须明确和具体，并规定出完成期限。

3)目标必须具有挑战性，并切实可行。

4)目标应突出重点。

5)目标应形成一个完整的体系。

(2)战略目标的制定过程

1)企业最高管理层宣布开始。

2)确定企业使命的长期战略目标。

3)把长期战略目标分解。

4)各战略单位建立长期或短期目标。

5)职能部门制定长期和短期目标。

6)自上而下从企业整体直至个人。

(3)战略目标的内容

战略目标的内容应包括:利润、产品、市场、竞争、发展、福利、社会责任等。

(4)公司层战略目标

1)赢利水平:通常以资金利润率和销售利润率来表示。

2)产品开发:包括产品品种、产量、质量及更新换代规划等。

3)竞争地位:通常以市场占有率和总销售收入、设备更新率等表示。

4)技术水平:如机械化、自动化程度、新技术、新工艺、新材料的采用和推广,重大科研项目的安排、专利申报规划等。

5)人力资源开发:包括对企业领导干部、技术人员、管理人员和技术工人的培训,以及他们的政治、技术、文化素质提高的水平和程度。

6)职工福利水平:包括职工福利设施的建设、生活条件的改善、平均工资的增长率等。

第三节　战略的制订

一、战略的制订

(一)战略的制订程序

战略的制订程序一般有以下几个步骤。

(1)识别与鉴定现行战略是否完善。价值发生转移以后,企业的现有战略不适合市场的需求了,需要考虑改变现行战略;如果现行战略适合要求,就可以继续执行现行战略。

(2)分析企业外部的竞争环境,由于战略需要变化,企业的环境也需要重新界定和分析。

(3)测定与评估企业自身的素质。这个素质就是企业所具有的条件,拥有的资源。

(4)积极准备战略方案,评价和比较战略方案。

(5)最后确定新战略。

(二)战略的制订方法

战略制订的方法基本上有四方面。

(1)自上而下的方法。这是相对集权式的组织所采取的方法,这个方法对企业员工的积极性调动不高,往往是由上面考虑好了以后推行的。

(2)从下而上的方法。能够调动积极性,但可能对上面的精神领会不足。

(3)上下结合的方法。上面的思想、理念和下面的理念能够达到一种吻合,双方有一种共识,有一种沟通。比较容易执行,也容易取得比较好的效果。

(4)战略小组的方法。很多公司成立了战略研究中心,战略发展中心,或战略研究室,都是通过专门部门来研究公司的总体发展战略,帮助领导做出决策,或提供决策的依据。

企业可以根据内部的不同条件分别采取适用自己的方法。

(三)怎样选择适合的战略

怎样选择适合自己企业的战略,有以下几方面的因素需要考虑。

(1)过去战略的影响:过去的战略对现在的战略,以及未来的战略都会有巨大的影响,这是个一贯性的问题。

(2)外界对企业的影响:特别对外部环境的依赖程度。

(3)企业对风险态度的影响:特别是高层管理人员对风险的态度。是规避,还是积极进取?企业的各种管理人员的类型是不同的,所采取的对风险的态度也是不同的。

(4)时间因素的影响:战略的时机是否成熟?企业制订一个战略,如果没有组织保证,不符合企业原有文化,就很难推进,需要等待一段时间,达成共识。

(5)竞争反应的影响:主要是同行内竞争的反应、潜在进入者的反应、替代品的反应、以及供应者和购买者的反应,同行的反应可能更重要。

(四)企业要制订发展战略要考虑的

(1)公司的业务:多元化还是单一化。

(2)服务的顾客:宽泛还是专一。

(3)产品线:宽还是窄。

(4)追求的竞争优势:低成本还是差别化的产品和服务,还是追求特殊的能力。出发点不一样,制订战略时考虑的角度也不一样。

(5)制订战略时要考虑的几个如何:

如何对消费者偏好的变化做出反应?

如何面对同行业的竞争？

如何对新的市场环境，或者市场条件做出反应？

如何在一个长期或相对长的时间内，在业务上获得发展？

如何实现绩效目标？

如何让企业的利润增长，或者如何增加你的业务？

如何取悦顾客？

如何面对竞争对手？

如何对变化的市场做出反应？

如何去确定业务的定位，获得能力？

(五)战略的变化

在分析这些因素后，企业还要分析战略的变化。战略的变化包括：原有的战略是什么样子？是常规变化还是非常规变化？战略不仅仅是计划，有时也是一种适应，这种适应就是战略的变化。一般讲常规的变化，指修修补补，在整个战略管理过程中进行适当地改进，它是一种有限的变化。有时，需要彻底的变化，战略已经不能适应市场的需要，价值已经被转移到别人那里去了，就需要做出一种彻底的变化，甚至企业需要做出一种转向，完全离开所经营的业务。从原有战略到企业彻底转向是两个极端，企业可以在这两个极端间，做出各种各样的选择。

二、公司战略

战略选择就是要明确“企业向何处发展”，包括四个组成部分：制定战略选择方案、评估战略备选方案、选择战略和战略政策和计划。战略评价要考虑3个问题：适用性，可行性，可接受性。在此仅介绍总体战略和竞争战略，其他不再论述。

(一)总体战略

企业战略类型多样，形式各异，各个企业都有自己的一套适合企业自身条件与所处环境及发展要求的独特的战略体系。企业总体战略可以划分为下述3种。

1. 稳定型战略(防御型战略或维持型战略)

稳定型战略是指企业不改变其生产性质、主要产品和为社会提供的服务，在一定时期内企业也并不准备扩大生产规模的一种战略。其核心主要以提高企业现有生产条件下的经济效益为目的。

它的优点是风险小,失败的可能性也小,企业的内部经营机制得到完善,企业的产品结构、组织结构及其他各项工作合理化,可以提高企业对外界环境变化的应变能力及抗干扰能力;缺点主要是长期采用此战略,企业发展缓慢,在稳定战略实施中,企业领导者往往把眼光放在企业内部结构调整上,而对于企业外部环境的变化及提供的机遇容易忽略,在当今行业竞争剧烈的市场中也容易被竞争者击败。

稳定型战略一般适用于外部环境和内部条件暂时处于劣势或市场不稳定,经营中既无突出优势,又无明显有利因素的企业(或者在资金、技术、原料供应或销售渠道存在较大困难的企业)。

2.增长型战略(扩张型战略或发展型战略)

增长型战略是企业在现有基础水平上向更高一级的方向发展。它是指企业扩大生产规模,并在保持原有主要产品的同时,增加新的产品的生产,挖掘企业的潜力,提高销售量,扩大市场占有率,降低成本,提高赢利能力,超过竞争对手,使经济技术指标超过或达到同行业的先进水平,在提高产品质量、降低物耗、增加经济效益上有大幅度提高的一种战略。其核心是发展壮大。企业为了发展,就必须采取扩张型战略。扩张型战略面临的风险较大,管理者也缺乏对扩大后的企业进行良好管理的经验。因此,采用扩张型战略的企业家一般都是开拓型的,敢于承担风险。而且研究战略发展的可行性是制定战略扩张的重要环节,要对企业现有的实力与应付扩张战略可能带来的风险作出正确估计。分为赶超型发展战略和开拓型发展战略。

增长型战略一般适用未来阶段宏观环境和行业微观环境较好,企业比较容易获得这些资源。另一方面,需求幅度将会有相应的增长,同时公司必须有能力获得充分的资源来满足增长型战略的要求。

3.紧缩型战略(或退却型战略)

紧缩型战略是指企业缩小生产规模,或取消某些产品的生产,减少企业的投入,封存或出卖部分设备的一种战略。其核心是通过紧缩战略来摆脱企业生存所面临的困境,使财务状况好转,否则企业可能面临倒闭破产的境地。

这种战略一般适用于经济不景气、需求紧缩、资源有限、产品滞销、内部矛盾重重、财务状况恶化以及在原经营领域中处于严重不利竞争地位的情况。分为整顿战略(以退为进),先暂时从现有的水平往后退,等到条件成熟后再前进;削减战略(抽资战略),减少对某一经营领域的投入,只投入最低限度的经营资源;放弃战略,就是将经营资源从某一经营领域中抽出;清理战略(清算战略),就是企业由于无力偿还债务,通过出售或转让企业的全部资产,以偿还债务或停止全部经营业务(只有当其他战略全部失灵时才采用此战略)。

(二)企业的竞争战略

公司的竞争战略主要有下述3种。

1.低成本的战略

低成本的战略要求企业必须建立起高效、规模化的生产设施,全力以赴地降低成本,严格控制成本、管理费用及研发、服务、推销、广告等方面的成本费用。为了达到这些目标,企业需要在管理方面对成本给予高度的重视,确保总成本低于竞争对手。

企业选择低成本战略的好处有:可以定出比经营对手更低的价格,面对对价格比较敏感的顾客时,会获得竞争优势;在竞争中,企业不必通过降价来竞争。

(1)如何实现低成本

靠低成本来提高企业的利润率,从而提高企业总的利润和总的投资回报率,这样的优势在于比竞争对手能更有效地开展内部价值链的活动。要做低成本,企业需要:注重价值链各个环节的活动,加强对各个环节的管理,改造公司的价值链,省略或跨越一些高成本的价值活动。

(2)如何控制成本

控制成本,可以从9个方面,即9种成本控制驱动因素入手。

1)规模经济:价值链上某项具体活动,例如营销或服务,会受到规模经济的约束。如果企业的规模较大,成本就较低,这样就会盈利。否则,就会出现亏损。所以企业要考虑,如何简化产品线、降低成本、提高标准化、缩短产品生产周期、把销售队伍组建得更合理等等。

2)学习曲线或经验曲线的效益:所谓学习曲线或经验曲线是指,随着企业对产品加工的累计数量的增加,加工的熟练程度提高,单位成本下降。

3)关键资源投入的成本:关键是人工投入的资本、与供应商谈判能力等。例如沃尔玛,通过利用它们采购方面谈判的能力,从供应商那里获得比较低价格的物品,形成自己低成本的一个优势。

4)企业中或行业价值链中其他的活动因素:企业自己的价值链中,有些活动是受到另外一些活动的影响,这样要降低一项活动成本就需要相关活动也降低成本。例如计算机的主机提高了质量,那么配件也要相应地提高质量,这是相辅相成的,否则会使得成本加大。所以包装、材料的处理等等这些方面都会影响到整体的活动。企业在一个方面的活动,需要另外一个方面相互支持,这里有一个协同作用的问题。

5)协同作用:企业内其他业务单位如何分享知识,也涉及到协同作用。

6)加强垂直一体化或纵向整合:纵向整合是对外部资源的整合,实现纵向整合也是降低成本的重要资源。

7)机会优势:当一个市场还没有被开发,首先进入这个市场的人,就是机会领先者,他会享受到机会优势。企业最先进入这个市场,还是跟进这个市场,都会有一个成本问题,这就需要考虑市场进入的时机问题。

最先进入市场能够树立形象和声誉;能够较好地接触原材料的供应者、新技术和分销渠道,产生成本优势;能够形成很高的顾客忠实度。这时进入市场,企业就会形成机会优势。在很多市场进入方面,率先会带来很多的优势。但率先也有率先的劣势:最新进入的,由于对当地的文化和政策不熟悉,往往会使进入当地的成本过高,由此导致企业败退。

8)生产能力的利用率:这是价值链中的一个很大的成本驱动因素,因为生产能力本身就带来了巨大的固定成本,生产利用率的提高可以使承担的折旧成本和其他的固定费用生产量扩大,从而降低单位的固定成本。

9)战略选择和经营运作的决策:企业内部各种管理决策,也可以使公司的成本降低,或者上升。例如如何提高或减少产品或品种的数量;如何增加或减少为顾客服务;如何使产品的性能和质量特色有所增加或减少;如何支付更高或更低的工资和附加福利;如何增加或减少产品分销渠道的数量,缩短或延长供货时间等。这些方面都是降低成本的驱动因素。企业需要在降低成本的时候,改造价值链的原有结构,使之更加符合价值链的需要。

(3)如何保持低成本优势

保持低成本优势的方法主要有以下几方面。

1)比竞争对手更有效地执行价值链活动:就是找到价值链中,哪些方面、哪些活动可以降低成本。

2)修补价值链:修补价值链,增加或减少一些能使成本和生产相适应的活动。如果企业的价值链过高,那么要对它修补,或者分离出去。

3)产品低程度的差别化:产品不是绝对没有差别,需要有一个不是增加企业成本的差别化。

4)进行有限的市场细分:这里需要第一考虑的仍然是竞争对手的价格问题。要做好成本优势,就要有效地开展内部价值链的活动,使相互有关的不同业务部门的战略达成一种默契。

2.差异化的战略

差异化的战略是将公司提供的产品或服务差异化,树立起一些全产业范围中具有独特性的东西。实现差异化战略可以有许多方式,如设计名牌形象,保持技术、性能特点、顾客服务、商业网络及其他方面的独特性等。最理想的状况是公司在几个方面都具有差异化的特点。但这一战略与提高市场份额的目标不可兼顾,在建立公司的差异化战略的活动中总是伴随着很高的成本代价,有时即便全产业范围的顾客都了解公司的独特优点,也并不是所有顾客都将愿意或有能力支付公司要求的高价格。

(1)差别化的战略选择

产品差别化的实行:通过质量、创新、顾客的回应、以及顾客心理需求来实行高程度的产品差别化。无论时装、电子产品、家电产品、以及轿车在这方面都有所体现。

通过众多的利己市场形成特殊的差别化:像高档时装,只做很小一块市场;高档奔驰也只做很小的一块市场。

通过研发、市场营销上的特殊能力获得竞争优势:就是寻求与众不同。每个企业都希望与众不同,但是不是能够在市场上得到认可?而不是价格与众不同,但产品的性能或顾客的偏好程度却一般。

(2)差别化战略的优势和劣势

差别化战略的优势是易于实现品牌忠实,日常用品,人们都有一个基本的品牌忠实,照相机是用什么样的牌子,很多人心里有一个固定的品牌,这就是一个品牌忠实度。

差别化战略劣势是成本高、价格高,消费者能不能承受。竞争对手推出类似产品,企业或考虑推出更有差别的产品,或考虑退出。

3.重点集中的战略

还有一种战略就是重点集中战略,有人译作聚焦战略。就是把经营战略的重点放在一个特定的目标市场上,即前面细分的利己市场上,为特定地区或特定购买群体提供特殊的产品和服务。低成本与差异化战略都是要在全产业范围内实现其目标,重点集中战略的前提思想是:公司业务的专一化能够以较高的效率、更好的效果为某一狭窄的战略对象服务,从而超过在较广阔范围内竞争的对手。公司或者通过满足特殊对象的需要而实现了差异化,或者在为这一对象服务时实现了低成本,或者二者兼得。这样的公司可以使其赢利的潜力超过产业的平均水平。

竞争优势是所有战略的核心,企业要获得竞争优势就必须作出选择,必须决定希望在哪个范畴取得优势。全面出击的想法既无战略特色,也会导致低于水准的表现,它意味着企业毫无竞争优势可言。

第四节 战略的实施

一、战略实施的5个模型

战略制订完了就要考虑实施。实施有以下5个模型。

(1)指挥型:指在简单组织里一种家长式的管理。一个人说了算,当然有的体制条件下,例如军事组织中必须存在集权,战争中必须服从命令。但在企业管理中,要看在什么样的情况下实施。

(2)变革型:就是实施中不断追求变革。实施的理念是追求变革,希望战略的实施能够更好地适应变革的需求。

(3)合作型:指在战略实施中,改变过去单纯命令指挥型的做法,希望上下进行合作,使战略得到圆满的实施。

(4)文化型:比较好的一种类型就是文化型。它先构筑企业内部的文化,或者在原有企业文化的基础上形成新的增长点,使大家达成共识来积极贯彻战略。

(5)增长型:它的目的是追求企业的增长,战略实施的一切方面都围绕企业的增长服务,在这样一个类型中,企业调动资源也好,改变组织结构也好,改变权力分配结构也好,都要考虑到企业的增长。

二、战略实施

(一)战略实施的步骤

(1)战略认同为战略实施提供群众基础和根本动力。要确保战略目标,加强力度固然重要。在战略制定及实施过程中,应尽可能地让实施战略的领导者和全体员工深入参与,确保公司上下对战略目标及措施的高度认同和充分拥护,从而为推进战略实施奠定良好的群众基础和思想基础。

(2)实施计划为战略实施提供行动依据。发展战略的本质揭示了企业现在及未来存在的根本意义,要具体落实战略方案,还要具体制定实施计划,包括对企业总目标、总任务在时间上的分解,在各事业部和职能部门等空间上分战略及其措施的落实,关键的战略成功要素和重点指标的取舍,以及资源配置的优先顺序等。此时要深入考虑影响战略实施的领导风格、组织结构调整、企业文化、资源满足程度、管理变革支持等因素,以确保战略实施效果。虽然华润、中粮、中化三家企业的战略目标和发展路径各不相同,但它们都能根据发展战略进行战略实施的制度设计，进行快速而有效的业务重组、组织结构及人员调整、完善和强化管理体系等。只有详实周密的实施计划才能使战略目标的实现更为坚实可靠。

(3)战略评价机制为确保战略实施效果及战略调整创造条件。战略实施的效果如何，企业还需要建立跟踪和评价、考核机制。目前，在国内很多大型企业集团内部，也都采取了战略质询会议等方式定期检验战略实施情况，为发展战略调整和实现动态的战略管理创造了积极条件。当前，围绕核心业务制定出一个清晰明确的发展战略，对国内企业的成长和发展非常重要，但要真正在与战略目标明确、战略措施具体、战略优势明显的跨国公司的竞争中立于不败之地，保持企业的可持续竞争优势和持久发展动力，战略实施能力的提高就成为增强企业竞争力的关键要素。

(二)战略的控制

实施和控制是不可分割的，实施的过程中要不断地进行监控。战略的控制是企业对发生或即将发生战略问题的部门，以及重要的战略项目或活动所进行的控制。

1. 战略控制系统

一个有效的战略控制系统，它包括以下四方面。

(1)设定标准和目标。企业目标定了，战略也是根据目标制订的，但具体的标准是什么，还要根据战略控制的需要来制订相关的标准。

(2)建立一个衡量与监控系统。这个衡量是根据企业的标准来进行的，有的是计时监控，有的是在一定过程中进行监控，需要不断地设计和完善。

(3)比较实际的效益和目标。这在全面质量管理中体现得比较充分，企业实际做的结果、所形成的效益和预定目标是不是一致？如果不一致，就需要重新进行调整，使其吻合、达到或实现原定的目标。

(4)评估实现的结果，必要的时候采取行动。

2. 全面质量管理

全面质量管理是美国著名的管理学家戴明提出来的，是一个有效的控制系统。，他提出 PDCA 循环，这里 P——计划；D——执行；C——检查；A——运行。在这样一个不断循环的过程中，企业可以很好地运行，得到很好的控制。放在战略控制系统，也是这样一个思路，只不过是把当初企业的战略目标包括财务目标，作为一个基准，在运行的过程中不断地进行监控。“基准”，就是不仅是和企业预定的目标进行比较，同时要把竞争对手所出现的比自己更好的方面作为一个标准来进行比较。比较以后，再调整运行系统，以保持一个动态的状态。

3.战略管理中的监控

战略管理过程是一个动态的过程，一方面是企业在实施过程中保持一个运作的状态，另一方面是进行一个动态的监控。控制的因素有以下三方面。

(1)对人员进行控制。主要是对人员的行为所产生的效应进行监控。

(2)对组织进行监控。组织是保证战略实施的最基本的要素，这里的组织是指组织结构。

(3)对企业的文化进行监控。企业文化是战略实施的基础。

从人员、组织、文化这三个层面加强控制，能够使战略得到更好的实施。控制的层级：公司的管理者、业务部门的管理者、职能部门的管理者、基层单位的管理者。这四个方面到底控制到什么程度，彼此之间如何控制，如何协调？讲控制的时候也要讲到协调，从管理者到运行人员，也就是员工，这些方面都需要考虑。当然，控制的重点，公司战略控制要公司管理层面来考虑，而业务方面的战略，也就是竞争战略可以让业务部门考虑，包括企业分厂的管理人员、市场营销人员。

4.战略的监督、评估和纠正

战略管理实际上是一个动态过程管理，战略的监督、评估和纠正，是一个系统工程。如何去保证复杂系统的正常运转，这需要一个监督评估和纠正的过程。这是一个无终点的循环，在循环的过程中不断地进行适当的调整，使战略过程是一个正常的过程。

三、组织建立

一个新的战略，就需要一个新的组织结构，这里的组织实际上是组织结构，用来推进新的战略实施。

(1)制订预算，将公司的资源分配给起关键作用的部门。

(2)建立对公司战略起着支付作用的政策和运作程序。

(3)鼓励公司的员工，引导他们努力为公司所建立的目标而奋斗，同时，如有必要，对他们的职责和工作行为进行修订，使其能更好地满足战略的成功实施所要求的必要条件。

(4)对组织进行调整。在很多情况下，当一个领导人提出新的战略的时候，由于组织上得不到保证，所以他需要对组织进行调整，希望能够在新的战略、新的基础上，得到圆满的实施。另外在战略实施中还需要考虑资源配置问题，怎么样能通过合理预算，将资源更好地分配给关键部门，实现战略。

(5)制订与战略相配套的政策、程序和体系

虽然有了一个很好的理念，但是如果相关政策不改变，也是难以实现的。例如我们国家加入WTO，但我们现在很多政策跟它不接轨，这就需要对某些政策予以调整。

四、管理的效能与效率

美国管理大师德鲁克20世纪50年代在《有效的管理者》中就提到的，一个是效能(Effectiveness)，一个是效率(Efficiency)。

效能——做正确的事情，这是很不容易的，怎么能选择一种正确的事情呢？在市场经济的条件下，哪些事情，哪些决策是正确的呢？你今天正确，在相当一段长的时间，能不能保证它仍然正确？这就需要我们考虑。如果做正确了，就是一个效能问题。

效率——正确地做事，很多部门只是一个执行部门，它考虑的是一个效率问题。提高效率的途径在于资源的有序分配。通过设立标准流程、操作规程、分工协作等规范化体系，以实现管理系统的良性运作。

管理就是正确地做事和做正确的事，效能需要你做正确的事情，而效率是要你正确地做事——就是领导说什么，你就做什么，而且很快做完。就像《拯救大兵瑞恩》(Saving Private Ryan)，派8个人去抢救一个人，值不值得的问题不需要去讨论，这是价值观念的问题，只要你去执行命令，有效地把他救过来。至于说，他所蕴涵的价值问题、对于母亲的一个回报的问题，则是一个效能问题，对个人影响的问题，也就是说向导问题，这两个方面是不同的。

在公司层面的战略中，它要考虑的是效能的问题——怎样做出正确的决策。而在经营单位层面上，或者在竞争战略层面上，很多考虑的是效率问题，特别是如果我们还有一个层面——职能战略。什么情况下，要考虑效率，什么情况下考虑效能？有一些企业过多地考虑效率也会带来负面影响，例如整天加班加点，看起来是一个效率问题，很快实现了目标，但是员工的疲劳程度过度，或者中层管理人员的疲劳程度过度，他没有精力去思考创新的问题，没有精力去考虑相关工作的问题，这对整个企业的发展，或者整个公司的发展，可能会在一定时间内是不利的，所以我们不能仅仅追求效率而忽略效能问题。

在考虑效率、效能和战略的关系时，还要考虑有不同的管理风格，这个风格又是由它的文化所形成的。不同的管理风格，即便考虑到效率和效能的问题，也还是会影响管理层次的。

第六章 产品管理

第一节 产品与产品组合

一、产品的概念

(一)产品的概念

菲利普·科特勒认为,“产品是指为留意、获取、使用或消费以满足某种欲望和需要而提供给市场的一切东西。”产品的本质是一种满足消费者需求的载体,或是一种能使消费者需求得以满足的手段。由于消费者需求满足方式的多样性所决定,产品由实体和服务构成,即“产品=实体+服务”。

(二)产品的整体概念

消费需求不断的扩展和变化,使产品的内涵和外延也不断扩大,从内涵看,产品从有形实物产品扩大到服务、人员、地点、组织和观念,从外延上看,产品从实质产品向形式产品、附加产品拓展。为此,我们应以发展的眼光,联系消费者需求和企业间的产品竞争,从整体上对产品进行研究,这就是产品的整体概念。如图 6-1 所示。

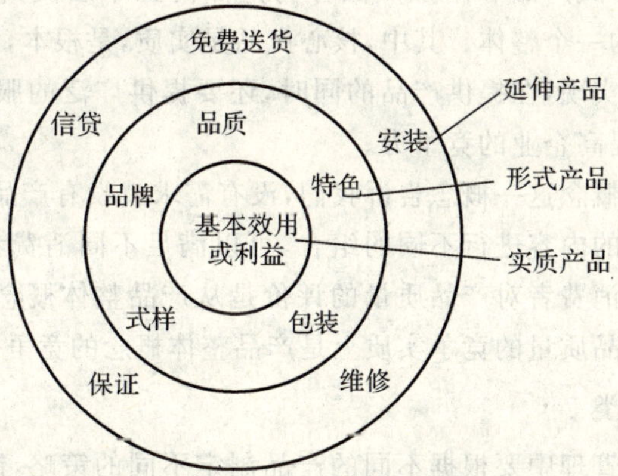

图 6-1 产品的整体概念

(1)实质产品。即向消费者提供产品的基本效用和性能,是指消费者需求核心部分,是产品整体概念中最主要的内容。消费者购买产品,并不是为了获得产品本身,而是为了获得满足自身某种需要的效用和利益。企业的产品生产或营销经营活动,首先考虑能为消费者提供哪些效用和功能,并且着眼于产品的这些基本效用和性能上。

(2)形式产品。是指产品的本体,是核心产品借以实现的各种具体产品形式,即向市场提供的产品实体的外观。而外观是指产品出现于市场时,可以为消费者识别的面貌,它一般由产品的质量、特色、品牌、商标、包装等有形因素构成。企业在产品设计时,应着眼于消费者所追求的基本利益,同时市场营销人员也要重视如何以独特的形式将这种利益呈现给消费者。因为形式产品的各种有形因素虽然不全部都直接进入产品的使用过程,但也间接影响消费者对产品的满足程度和评价。

(3)附加产品。是指消费者购买产品时随同产品所获得的全部附加服务与利益,它包括提供信贷、免费送货、安装调试、保养、包换、售后服务等。附加产品是产品整体概念中的一部分,是因为消费者购买产品就是为了需求得到满足,即希望得到满足其需求的一切东西。在现代市场经济中,特别在同类或同质产品中,附加产品有利于引导、启发、刺激消费者购买、重复购买和增加购买量。正如美国学者西奥多·莱维特所指出的:“新的竞争不是发生在各个公司的工厂生产什么产品,而是发生在其产品的能提供何种附加利益,如包装、服务、广告、顾客咨询、融资、送货、仓储以及具有其他价值的形式。”由此可见,企业要增强竞争优势,应着眼于比对手提供更多的附加产品。

实质产品、形式产品和附加产品作为产品的三个层次,构成产品整体概念,是不可分割的一个整体。其中,核心产品是实质,是根本,它必须转化为形式产品才能得以实现,在提供产品的同时,还要提供广泛的服务和附加利益,形成附加产品,提高企业的竞争力。

产品的整体概念这一概念告诉我们,没有需求就没有产品,通过对产品整体概念三个层次的内容进行不同的组合,可以满足不同消费者对同一产品的差异性的需求。消费者对产品质量的评价是从产品整体概念的角度进行的,因而不同企业产品质量的竞争实质上是产品整体概念的竞争。

(三)产品分类

在企业经营管理中要根据不同的产品制定不同的策略,制定科学有效的策略,就必须对产品进行分类。

1.按产品的用途划分

可划分为消费品和工业品两大类。

消费品是直接用于满足最终消费者生活需要的产品，工业品则由企业或组织购买后用于生产其他产品。消费品与工业品两者在购买目的、购买方式及购买数量等方面均有较大的差异。因此，对于这两类不同的产品，企业的经营策略必须进行区别对待。

2.按消费品的使用时间长短划分

(1)耐用品。该类产品的最大特点在于使用时间长，且价格比较昂贵或者体积较大。所以，消费者在购买时，都很谨慎，重视产品的质量以及品牌，对产品的附加服务要求较高。企业在生产此类产品时，应注重产品的质量、销售服务和销售保证等方面，同时选择有一定信誉较好的有名大型零售商进行产品的销售。

(2)半耐用品。如大部分纺织品、服装、鞋帽，一般家具等。这类产品的特点在于能使用一般时间，因此，消费者不需经常购买，但购买时，对产品的适用性、样式、色彩、质量、价格等基本方面会进行有针对性的比较、挑选。

(3)非耐用品。其特点是一次性消耗或使用时间很短，因此，消费者需要经常购买且希望能方便及时的购买。企业应在人群集中，交通方便的地区设置零售网点。

3.按产品之间的销售关系划分

(1)独立产品。即产品的销售不受其他产品销售的影响而影响。比如钢笔与手表、电视机与电冰箱等都互为独立产品。

(2)互补产品。即产品与相关产品的销售相互依存相互补充。一种产品销售的增加(或减少)就会引起相关产品销售的增加(或减少)。

(3)替代产品。即两种产品之间销售存在着竞争关系。也就是说一种产品销售量的增加会减少另外一种产品潜在的销售量。

二、产品组合

1.相关基本概念

(1)产品组合：是指企业生产或销售的全部产品的大类产品项目组合。产品组合不恰当可能造成产品的滞销积压，甚至引起企业亏损。

(2)产品线：指同一产品种类中具有密切关系的一组产品。他们以类似的方式起作用，或通过相同的销售网点销售，或者满足消费者相同的需要。

(3)产品项目：是指一类产品中品牌、规格、式样、价格所不同的每一个具体产品。

(4)产品组合的宽度:是指产品组合所包含产品大类的多少。

(5)产品组合的深度:指每个产品所包含花色、式样、规格的多少。

(6)产品组合的长度:指产品组合中所包含产品项目的总和。

(7)产品组合的关联性:指一个企业的各个产品线在最终使用、生产条件、分销渠道和其他方面相互关联的程度。

一般情况下,企业增加产品组合宽度,有利于扩大经营范围,发挥企业特长,提高经济效益,分散经营风险;增加产品组合的深度,可占领更多细分市场,满足消费者广泛的需求和爱好,吸引更多的消费者;增加产品组合的长度,可以满足消费者不同的需求,增加企业经济效益;而增加产品组合关联性,则可以使企业在某一特定领域内加强竞争力和获得良好声誉。

2. 产品组合策略

(1)拓展产品组合。企业可以充分利用资源和发展优势,分散企业的市场风险,增强竞争力。其渠道主要是扩大产品组合的宽度和加深产品组合的深度,即增加一条和多条生产线,拓宽产品经营领域和在原生产线的基础上增加新的产品项目。若企业现有的产品线销售和利润下降时,应及时扩大产品组合宽度,增加生产线;若企业需要进军更多的细分市场,满足更多不同需求的消费者,可以选择加深产品组合的深度,增加新的产品项目。实行这一策略其主要特点是降低企业的市场风险或平衡风险,但企业的投入将增加,成本提高,利润可能减少。

(2)缩减产品组合。与拓展产品组合策略相反,企业为了减少不必要的投资,降低成本,增加利润,必须对一些发展获利较多的产品线和产品项目。该策略的主要特点是集中企业优势发展利好产品,降低成本,但增加了企业的市场风险。

(3)产品线延伸。即企业根据市场的需求,重新对全部或部分产品进行市场定位。对产品线内的产品项目进行延伸。比如企业原来定位于低档产品市场,在原产品线内增加高档产品项目进入高档品市场,原因在于高档品有较高的利润率;反之,企业原定位于高档品市场,现增加低档产品项目,进入低档品市场,来弥补高档品增长缓慢,市场需求有限,竞争激烈的风险,通过高档品市场建立的形象和声誉,满足更多消费者的需求,吸引更多的消费者。

第二节　产品的市场生命周期

一、产品市场生命周期各阶段的特点和策略

(一)产品市场生命周期的概念

产品市场生命周期,是指产品从投放市场到被淘汰出市场的全过程,是指产品在市场上的存在时间,其长短受消费者需求变化,产品更新换代的速度等多种因素的影响。产品市场生命与产品的使用寿命概念不同,这里所研究的是产品市场生命周期。

(二)产品市场生命周期各阶段的特点

产品市场生命由于受到市场诸多因素的影响,生命周期内其销售量和利润额,并非是一条直线,不同的时期或阶段有着不同的销量和利润;因此,产品市场生命周期各个时期或阶段一般是以销售量和利润额的变化来衡量和区分的,如图 6-2 所示。

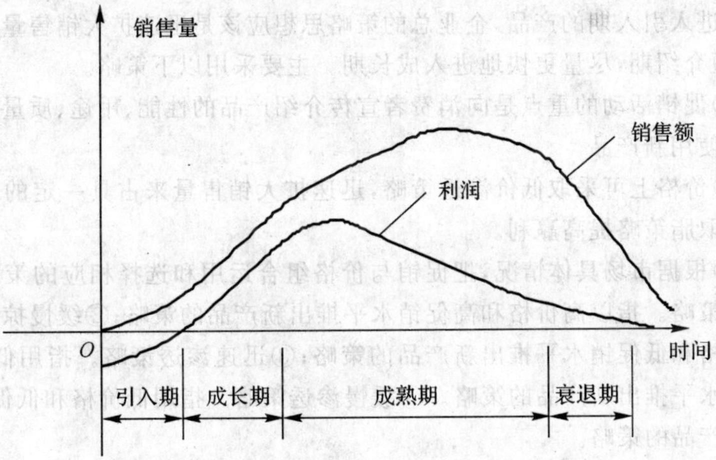

图 6-2　产品市场生命周期图

由图 6-2 可见,典型的产品市场生命周期包括四个阶段,即介绍期,成长期,成熟期和衰退期。其生命周期表现为一条"S"型的曲线,对于各阶段则体现出不同的特点。

(1)引入期又称介绍期,试销期,一般指产品从发明投产到投入市场试销

的阶段。其主要特点:①生产批量小,试制费用大,制造成本高;②由于消费者对产品不熟悉,广告促销费较高;③产品售价常常偏高。这是由于生产量小、成本高、广告促销费较高所致;④销售量增长缓慢,利润少,甚至发生亏损。

(2)成长期又称畅销期。指产品通过试销阶段以后,转入成批生产和扩大市场销售的阶段。其主要特征如下:①销售额迅速增长;②生产成本大幅度下降,产品设计和工艺定型,可以大批量生产;③利润迅速增长;④由于同类产品,仿制品和代用品开始出现,使市场竞争日趋激烈。

(3)成熟期又称饱和期,产品在市场上销售已经达到饱和状态的阶段。其主要特征:①销售额虽然仍在增长,但速度趋于缓慢;②市场需求趋向饱和,销售量和利润达到最高点,后期两者增长缓慢,甚至趋于零或负增长;③竞争最为激烈。

(4)衰退期又称滞销期,产品不能适应市场需求,逐步被市场淘汰或更新换代的阶段。其主要特点体现如下:①产品需求量、销售量和利润迅速下降;②新产品进入市场,竞争突出表现为价格竞争,且价格压到极低的水平。

(三)产品市场生命周期各阶段的企业策略

1.引入期的营销策略

对进入引入期的产品,企业总的策略思想应该是迅速扩大销售量,提高赢利,缩短介绍期,尽量更快地进入成长期。主要采用以下策略。

(1)促销活动的重点是向消费者宣传介绍产品的性能、用途、质量,使消费者尝试使用新产品。

(2)价格上可采取低价渗透策略,迅速扩大销售量来占具一定的市场,以及高价取脂策略提高赢利。

(3)根据市场具体情况,把促销与价格组合运用和选择相应的策略:①迅速掠取策略。指以高价格和高促销水平推出新产品的策略;②缓慢掠取策略。指高价格和低促销水平推出新产品的策略;③迅速渗透策略。指用低价格和高促销水平推出新产品的策略。④缓慢渗透策略。指用低价格和低促销水平推出新产品的策略。

2.成长期的营销策略

产品进入该时期,其销售额和利润都呈现出迅速增长的势头,故企业的策略思想尽可能延长成长期时间,并保持旺销的活力,其主要策略有以下几方面。

(1)为适应市场需求,集中企业必要的人财物资源,改进和完善生产工艺,改进产品质量,增加花色品种,扩大产品批量。

(2)进一步细分市场,扩大目标市场。

(3)改变广告宣传目标,由投入期提高知名度为中心转为树企业和产品形象,为产品争创名牌。

(4)建立高绩效的分销渠道体系。

3. 成熟期的营销策略

产品进入该时期,销售额和利润出现最高点。由于生产能力过剩,市场竞争加剧,销售增长速度缓慢甚至出现下降趋势,而此时期企业营销思想应尽量延长生命周期,使已处于停滞状态的销售增长率和利润率重新得以回升,其主要策略有以下几种。

(1)市场改革策略,即开发新的目标市场,寻求新顾客。其方式有:①发展产品的新用途,即不改变产品质量、功能而发掘产品新用途,用于其他领域,从而延长产品的生命周期;②寻求新市场,相对产品原市场而言,原市场在本地区、本省或本国,则其他地区、外省或外国就是新市场。

(2)产品改革策略,即通过对产品自身作某种改进,来满足消费者不同需要,从而为消费者寻求新用途,使销量获得回升。可以从产品的特性、质量、式样和附加产品等方面进行改革。

(3)市场营销组合改革策略,即对产品、定价、分销渠道和促销这四个因素加以改革,以刺激销售额的回升,通常做法如降价,增加广告,改善销售渠道,以及提供更多的售后服务等。

4. 衰退期的营销策略

该时期产品的销售和利润直线下降。其主要策略有以下几种。

(1)立刻改革策略。对于企业已准备好替代的新产品,或者该产品的资金可能迅速转移,或者该产品的存在危害,其他有发展前途的产品,应当机立断,放弃经营。

(2)逐步放弃策略。如果企业立该放弃该产品将会造成更大损失,则应采取逐步放弃的策略。

(3)自然淘汰策略。企业不主动放弃该产品,继续沿用以往营销策略,保持原有的目标市场销售渠道,直到产品完全退出市场为止。其中可以采用把企业人财物集中到最有利的细分市场获取利润的集中策略,以及把目标市场做出调整的转移策略。

如何放弃衰退期产品是企业最难做出的决策问题,首先必须能正确判断产品是否已进入衰退期;其次选择淘汰产品的最佳方式。而解决好这些问题的基础就是有健全的商情分析制度和确切的市场信息资料。

产品种类是指具有相同功能及用途的所有产品。产品型式是指同一类产品中，辅助功能、用途或实体销售有差别的不同产品。而产品品牌则是指企业生产与销售的特定产品。产品种类的生命周期要比产品型式、产品品牌长.有些产品种类生命周期中的成熟期可能无限延续。产品型式一般表现出上述比较典型的生命周期过程，即从介绍期开始，经过成长期、成熟期，最后是走向衰落期见表6-1。

表6-1　PLC各阶段的特点与营销目标

	引入期	成长期	成熟期	衰退期
销售量	低	剧增	最大	衰退
销售速度	缓慢	快速	减慢	负增长
成本	高	一般	低	回升
价格	高	回落	稳定	回升
利润	亏损	提升	最大	减少
顾客	创新者	早期使用者	中间多数	落伍者
竞争	很少	增多	稳中有降	减少
营销目标	建立知名度，鼓励试用	最大限度地占有市场	保护市场，争取最大利润	压缩开支，榨取最后价值

二、判断企业产品市场生命周期的方法

对于产品生命周期各阶段的划分是一种理论上的定性划分，其方法主要有以下两种。

(1)类比法，即参照相类似产品的生命周期曲线或资料来划分某一新产品生命周期阶段。如参照黑白电视机的资料来判断彩电的生命周期阶段及其市场发展趋势。

(2)销售增长率比值法，即以销售增长率来划分产品生命周期的各个阶段，若以ΔQ表示产品销售量的增量，以ΔT表示时间的增量，若$P=\Delta Q \backslash \Delta T$，按国际惯例，下述$P$值数据可供确定产品生命周期阶段参考，即

$0<P\leqslant 10\%$时属于引入期；

$P>10\%$时处于成长期；

$-10\%<P<10\%$时处于成熟期；

P＜－10％时处于衰退期。

三、产品市场生命周期的特殊表现形式

事实上，各种产品生命周期的曲线形状是有差异的。有的产品一进入市场就快速成长，迅速跳过引入期；有的产品则可能越过成长期而直接进入成熟期；还有的产品可能经历了成熟期以后，进入第二个快速成长期。

产品生命周期与产品定义的范围有直接关系。产品定义范围不同，所表现出来的生命周期曲线形状就不同。根据定义范围的大小，可分为种类、型式和品牌3种。

第三节 新产品开发

一、新产品的概念

（一）新产品的涵义

新产品涵义很广，除包含因科学技术在某一领域的重大发现所产生的科技新产品外，还有在生产销售方面，只要在功能或形态上比老产品有明显改进，或者是采用新技术原理，新设计构思，从而显著提高产品性能或扩大使用功能的产品，甚至只是产品从原有市场进入新的市场，都可视为新产品。

现代市场营销观念下的新产品概念是指凡是在产品整体概念中的任何一个部分有所创新、改革和改变，是能够给消费者带来新的利益和满足的产品，都是新产品。

（二）新产品的分类

按不同的划分标准，新产品可以分为不同的种类。

1.按产品研究开发过程划分

（1）全新产品。指应用新原理、新技术、新材料制造出前所未有，能满足消费者的一种新需求的产品。这类产品占新产品的比例为10％左右。

（2）改进型产品。指在原有产品的基础上进行改进，使产品在结构、品质、功能、款式、花色及包装上具有新的特点和新的突破的产品。改进产品有利于提高原有产品的质量或产品多样化，满足消费者对产品更高要求，或者满足不同消费者的不同需求。这类产品占新产品的比例为26％左右。

（3）模仿型产品。指企业对国内外市场上已有的产品进行模仿生产，形成

本企业的新产品。这类产品占新产品的比例为20%左右。

(4)形成系列产品。批在现有产品大类中开发出新的品种、花色、规格等，从而与原有产品形成系列，扩大产品的目标市场。它占新产品的比例为26%左右。

(5)降低成本型产品。批企业通过新科技手段，削减原产品的成本，但保持原有功能不变的新产品。这类产品占新产品的11%左右。

(6)重新定位型产品。指企业的老产品进入新的市场而被该市场称为新产品。该类产品占新产品的7%左右。

2.按地区、范围来划分

(1)世界性新产品。指世界上第一次试制成功，并生产和销售的产品。

(2)全国性新产品。指在国内试制生产并投入市场的产品。

(3)地区性新产品。指在其他地区已投入生产，但本企业所在地区是首次试制成功并投入市场的产品。

(4)企业新产品。指企业采用引进或仿制的方法首次生产和销售的产品。

二、新产品的发展趋势

随着市场经济的不断发展，消费者的需求水平不断的提高，消费领域也不断的扩大，因而新产品的生产也必须注重发展趋势。

(1)新产品的科技含量不断提高。企业必须在新产品开发中投入更多的科研力量，使之转化成更多的知识经济技术成果，确保新产品更加完美，更具有市场竞争力。

(2)新产品多样化。由于消费者的需求层次不同，喜好也不同，而且复杂多变，因而新产品开发应做到多样化，适应市场的发展趋势，以满足消费者多层次的需求。

(3)产品更美观，更舒适，更适用。消费者的物质文化生活水平不断提高，使得对产品的要求朝着舒适性、艺术性、功能更齐全的方面发展。

(4)"绿色产品"的发展。随着社会公众优化环境意识的提高，"绿色"消费迅速普及，因此，开发新产品时，除严格做到无污染外，还要注意保护环境，维护生态平衡。

三、新产品的开发程序

一个新产品从独立构思到开发研制成功，其过程主要经历8个阶段：创意产生、创意筛选、概念发展和试制、试验和鉴定、市场分析、产品开发、市场试销和商品化。

1.创意产生

即提出新产品的设想方案，产生一个好的新产品构思或创意是新产品成功的关键。企业通常可以从企业内部和企业外寻找新产品创意的来源。而寻求创意的主要方法有以下几种。

(1)产品属性列举法。指将现有产品的属性一一列出，寻求改良这种产品的方法。

(2)强行关系法。指列出多个不同的产品或物品，然后考虑他们彼此之间的关系，从中启发更多的创意。

(3)调查法。即向消费者调查使用某种产品时出现的问题或值得改进的地方，然后整理意见，转化为创意。

(4)头脑风暴法。即选择专长各异的人员进行座谈，集思广义，以发现新的创意。

2.创意筛选

采用适当的评价系统及科学的评价方法对各种创意进行分析比较，选出最佳创意的过程。在这过程中，力求做到除去亏损最大和必定亏损的新产品构思，选出潜在盈利大的新产品创意。

3.概念发展和试制

新产品概念是企业从消费者的角度对产品创意进行的详尽描述，即创意具体化，描述出产品的性能、具体用途、形状、优点、价格、提供给消费者的利益等。同时将筛选出的创意发展成更具体，明确的产品概念，试制转变成真正的产品，而试制一般包括样品试制和小批量试制。

4.试验和鉴定

新产品试制后，须进行全面鉴定，对新产品从技术和经济上做出评价。鉴定的内容主要包括：设计文件的完整性和样品是否符合已批准的技术文件；样品精度与外观质量是否符合设计要求，并进行有关试验；对质量、工艺、经济性评价、改进意见、编写鉴定书。新产品只有通过鉴定合格，才可进行定型，正式生产产品。

5.市场分析

即对新产品估计的销售量，成本和利润等财务情况，以及消费者满足程度，市场占有率等情况进行综合分析，判断该产品是否满足企业开发的目标。

6.产品开发

主要解决产品构思能否转化为在技术上和商业上可行的产品。它通过对新产品的设计、试制、测试和鉴定来完成。

7. 市场试销

将正式产品,投放到有代表性的小范围市场上进行试销,旨在检查该产品的市场效应,然后决定是否大批量生产。通过试销可为新产品能否全面上市提供全面、系统的决策依据,也为新产品的改进和市场营销策略的完善提供启示,有许多产品是通过试销改进后才取得成功,但并非所有的新产品都要经过试销,可根据新产品的特点及试销对新产品的利弊分析来决定。如果试销市场呈现高试用率和高再购率,表明该产品可以继续发展下去;如果市场呈现高试用率和低再购率,表明消费者不满足,必须重新设计或放弃该产品;如果市场呈现低试用率和高再购率,表明该产品很有前途;如果试用率和再购率都很低,表明该产品应当放弃。

8. 商品化

新产品试销成功后,就可以正式批量生产,全面推向市场。而企业在此阶段应在以下几方面作好决策。

(1)何时推出新产品。即在什么时候将产品推入市场最适宜,针对竞争者而言,可以做三种选择:首先进入、平行进入和后期进入。

(2)何地推出新产品。企业如何推出新产品,必须制定详细的上市计划,如营销组合策略、营销预算、营销活动组的组织和控制等。

(3)向谁推出新产品。企业把分销和促销目标面向最理想的消费者,利用他们带动其他消费者。

(4)如何推出新产品。即企业制定较为完善的营销综合方案。有计划地进行营销活动。

四、新产品的推广策略

人们对新产品的接受过程,存在一定的规律性,西方学者总结归为五个阶段,即"认识—说服—决策—实施—证实"。根据这些阶段的特点,在推广新产品时可以采取以下几种策略。

(1)市场导向策略。即新产品投放市场,促销活动重点应该是向消费者宣传和介绍产品的用途、性能、质量,其主要手段可采用报刊、杂志、广告、新闻媒体等,引导和说服消费者购买新产品。

(2)技术领先型策略。即企业以掌握的先进技术,生产出具有科技含量较高的新产品,推入市场时着重展示产品的技术含量。

(3)竞争性模仿策略。即新产品进入市场时可以采纳或模仿成功品牌经验。如外形、色彩、营销策略等。

(4)综合型策略。即新产品投入市场可采用市场导向、技术导向、竞争性模仿等策略相结合起来使用。

第四节　品牌与包装

一、品牌与品牌策略

(一)品牌的概念和特征

1. 品牌的概念

品牌、品牌与包装都是产品整体观念的重要组成部分。品牌又称为产品的牌子,它是制造商或经销商加在产品上的标志,是指用来识别卖者的产品或劳动的名称、符号、象征、设计或它们的组合所构成,用来区别本企业与同行业其他企业同类产品的商业名称。

品牌是一个集合概念,它包含品牌名称,品牌标志等概念。

品牌名称:指品牌中可以用语言来称呼和表达的部分。

品牌标志:指品牌中可被识别而不能用语言表达的特定标志。包括专门设计的符号、图案、色彩、文字等。

2. 商标的概念

商标是一个专门的法律术语,品牌或品牌的一部分在政府有关部门依法注册登记后,获得专用权,受到法律保护的,称为商标。经注册登记的商标有"R"标记,或"注册商标"的字样。

3. 商标的特征

(1)商标是商品或服务的标志。非商品上的图案、符号、标记都不是商标。

(2)商标是受到法律保护的产权标志,是经商标局核准注册而取得的特殊权利,具有独占性,不容他人或企业侵犯。

(3)商标是生产者或经营者的标志,区别于其他商品,它是企业声誉和评价的象征。

4. 商标与品牌的区别与联系

(1)两者的联系:商标的实质是品牌,两者都是产品的标记。

(2)两者的区别:并非所有的品牌都是商标,品牌与商标法可以相同也可以不同;商标必须办理注册登记,品牌则无须办理;商标是受法律保护的品牌,具有专门的使用权。

(二)商标的种类

现代商标根据的标准可划分为不同的种类,具体划分如下:

(1)根据商标的构成分:文字商标、符号商标、图形商标、组合商标、立体商标与非形象商标。

(2)根据用途划分:营业商标、等级商标和证明商标。

(3)根据使用者不同分:制造商标、销售商标、集体商标和服务商标。

(三)品牌策略

即企业如何合理地使用品牌,发挥品牌的积极作用的方法问题。具体有下述策略。

1.有品牌和无品牌策略

采用品牌对大部分产品来说可以起积极作用,但是并不是所有产品都必须采用品牌,由于采用品牌要发生一定的费用,可能会使使用品牌对促进销售的作用很小。

2.制造品牌与销售品牌策略

由于消费者对所要购买的产品并不具备充分的选购知识,所以消费者在购买产品时除了以产品的制造者的品牌作为选择依据外,还根据经销者的品牌,即在什么商店购买。当然消费者是希望购买具有良好信誉的商家出售的产品,因此产品制造者就需衡量品牌在市场上的声誉,在采用谁的品牌上做出选择。一般如果企业在一个新的市场上销售产品,或者市场上本企业的信誉不及其经销者的信誉,则适宜采用经销者的品牌,等到这种产品已为市场接受后,取得消费者信任,也可以转而使用制造者的品牌,或者同时使用经销者品牌和制造者品牌。

3.统一品牌和个别品牌策略

统一品牌,即企业对其全部产品使用同一个品牌。这种策略的好处是节省品牌的设计费用,有得于消除消费者的不信任感,壮大企业的声誉。但采用这种策略应注意以下几点:(1)这种品牌在市场上已有较好的声誉;(2)各种产品应具有相同的质量水平;(3)产品属于同一细分市场,否则会造成损害企业的信誉和品牌的错位。

而采用个别品牌,即对各种产品分别采用不同的品牌,如果企业的产品类型较多,产品线之间的关联程度较小,企业生产产品有较大差别,采用个别品牌的策略较为有别。统一品牌和个别品牌相结合,一个拥有多条生产线或者具有多种类型产品的企业可以考虑该策略。

4. 品牌质量策略

品牌质量是满足需求的程度，是反映产品耐用性、可靠性、适用性等价值属性的一个综合尺度。

企业首先决定其品牌的最初质量水平——低质量、一般质量、高质量、优质量。

其次，企业决定其品牌的最初质量水平(假设是高质量)以后，随着时间的推移，还要决定如何管理其品牌质量。在这个方面，企业有 3 种可供选择的决策：①提高品牌质量，以提高收益和市场占有率；②保持产品质量；③逐步降低产品质量。

5. 多品牌策略

多品牌策略即指企业在同类产品中同时使用两种或两种以上品牌。可以经企业带来几方面的利益：①可以增加品牌的陈列面积，增加零售商对产品的依赖性；②可以吸引喜好新牌子的消费者；③使组织内部直接产生竞争，有利于提高企业的工作效率和管理准备效率；④可以满足不同的细分市场的需要，为提高总销售量创造条件。其存在的风险：使用的品牌量过多，导致每种产品的市场份额很小，使企业资源分散，而不能集中到少数几个获利水平效高的品牌。

6. 品牌扩展策略

品牌扩展策略是指企业利用其成功品牌名称的声誉来推出改良产品或新产品，包括推出新的包装规格、香味和式样等。还有一种品牌扩展，即企业在其耐用品类的低档产品中增加一种式样过于简单的产品，以宣传其品牌中各种产品的基价很低。

7. 品牌重新定位策略

某一个品牌在市场上的最初定位即使很好，随着时间推移也必须重新定位。这主要是因为以下情况发生了变化：①竞争者推出一个品牌，把它定位于本企业的品牌旁边，侵占了本企业的品牌的一部分市场，使本企业的品牌的市场占有率下降；②有些消费者的偏好发生了变化。

(四)品牌命名与设计

1. 优秀品牌的特点

优秀品牌易于发音、拼读和辨认；独特新颖，不落俗套；提示特色；不触犯法律，不违反社会道德和风俗习惯。

2. 品牌命名的思路

品牌命名的思路有：产品效用；地名及名胜古迹；厂商字号即商号；某些词

汇；动植物名称或图形；神话、传说与传奇；数字；外文译名等。

3. 品牌设计

简洁明了，新奇独特。

易懂易记，启发联想。

形象生动，美观大方。

说明功能，方便传播。

(五)品牌的作用

(1)有利于广告宣传和树立企业以及产品形象。

(2)有利于产品组合的扩充。可以在品牌的产品线中增加新的产品项目，使新产品容易为消费者所接受。

(3)有利于扩大市场占有率。品牌的建立可以吸引消费者重复购买，也可以防止假冒伪劣产品的侵害，扩大市场份额。

(4)有利于监督、提高企业产品的质量。无论是创立名牌还是保住名牌，品牌都是公众监督产品质量的重要手段。

二、包装与包装作用

(一)包装的概念

包装是指产品的容器或外部包扎物，是产品策略的重要内容，有着识别、便利、美化、增值和促销等功能。是产品整体概念的重要组成部分。产品包装是一项技术性和艺术性很强的工作，通过对产品的包装可以达到多种效果；包装设计应适应消费者心理，显示产品的特色和风格，包装形状，大小应为运输、携带、保管和使用提供方便。

(二)包装的作用

作为商品生产的最后一道工序和产品的外衣，包装的作用主要体现下述几方面。

(1)保护商品。即保护商品质量安全和数量的完好无损，是商品包装的最原始、最基本的目的。商品在从生产领域向消费领域转移过程中，要经过多次运输和储存的环节。其中会出现震动、挤压、碰撞、日晒、变质等情况，造成一些不必要的损失。

(2)便于运输、携带和储存。产品的物质形态有气态、液态、固态、胶态等，它们的理化性也各异，可能是有毒的，有腐蚀性的或易挥发、易燃、易爆等，外形上可能有棱角、刃口等危及人身安全的形状，进行合理的包装，可便于商品的运输，从而节省流通时间及降低运输费用，经过合理包装的产品，便于储存和点检，有利于仓库作业，合理堆砌，保护商品品质，同时便于计数，有利于管理。

(3)便于使用。适当的包装可以起到便于使用和指导消费者的作用。

(4)美化商品，促进销售。产品采用包装后，首先进入消费者视觉的往往不是产品本身，而是包装。能否引起消费者的兴趣和激发购买动机，在一定程度上取决于产品的包装，因而包装成了“无声推销员”。产品经过包装，尤其加上装潢后，商品更加美化，一个好的包装还可以增加产品的价值，引起或刺激消费者的兴趣，从而促进产品的销售。

(5)增强竞争力。不同产品采用不同包装，或同类产品不同厂家，不同品牌，采用不同的包装，可以使消费者易于识别。同时，通过产品包装，企业可以与竞争者的同类产品有所不同，不易仿制和伪造，有利于维护企业信誉，增强企业竞争力，提高经济效益。

(6)增收节支。首先在运输过程中，包装能减少损坏、变质等情况，减少损耗，从而减少支出，增加利润；其次在销售中，由于可以刺激消费者的消费，使销售量增加，进而也增加利润。

(三)包装的策略

1.类似包装策略

类似包装，亦称产品线包装，即指企业所生产的各种不同产品，在包装上采用共同或相似的图案、形状或其他共同的特征，使消费者容易发现是同一家企业的产品。类似包装具有和采用统一品牌策略的好处，可以节省包装设计的成本，有利于提高企业的整体声誉，扩展企业声誉，特别新产品进入市场时，容易进入市场。但如果企业产品品质相差太大，不宜采用这种策略。

2.等级包装策略

即按照产品的价值、品质、分成若干等级，并实行不同的包装，使包装与产品的价值相称。比如优质包装与普通包装，豪华包装与简易包装等，有利于消费者辨别产品的档次差别和品质的优劣。它适用于产品相关性不大，产品档次、品质比较悬殊的企业，其优点是能实现产品的特点，并与产品质量协调一致；缺点是增加包装设计成本。

3.组合包装策略

指把使用时相互关联的多种商品纳入一个包装容器中，同时出售。比如家用药箱、针线包、工具包等。这种策略不仅有利于充分利用包装容器的空间，而且有利于同时满足同一消费者的多种需要，扩大销售。

4. 复用包装策略

指在原包装的产品使用完后，其包装物还可以作其他用途。这样可以利用消费者一物多用的心理，使他们得到额外的使用价值；同时，包装物在使用过程中，也可起到广告宣传的作用，诱发消费者购买或引起重复购买。

5. 附赠品包装策略

指在商品包装物内附赠给购买者一定的物品或奖券。

6. 更换包装策略

指对原商品包装进行改进或更换，重新投入市场以吸引消费者；或者原商品声誉不是太好，销售量下降时，通过更换包装，重塑形象，保持市场占有率，采取该策略，可以重塑产品在消费者心中的形象，改变一些不良影响，但对于优质名牌产品，不宜采用这种策略。

第七章 营销管理

第一节 营销管理概述

一、相关概念

(一)市场的概念

1. 经济学家从揭示经济实质角度提出对市场的定义

市场是一个商品经济范畴;是商品内在矛盾的表现;是供求关系;是商品交换关系的总和;是通过交换反映出来的人与人之间的关系。

2. 管理学家侧重从具体的交换活动及其运行规律去认识市场。

市场是供需双方在共同认可的一定条件下所进行的商品或劳务的交换活动。菲利普·科特勒(Philip Kotler)认为:"市场是由一切具有特定欲望和需求并且愿意和能够以交换来满足这些需求的潜在顾客所组成。"

3. 对市场的完整认识

市场包含3个主要因素:有某种需要的人、为满足这种需要的购买能力和购买欲望。用公式来表示就是:"市场=人口+购买力+购买欲望"。

构成市场的这3个要素是相互制约、缺一不可的,只有三者结合起来才能构成现实的市场,才能决定市场的规模和容量。所以,市场是上述3个因素的统一。

市场是指具有特定需要和欲望,而且愿意并能够通过交换来满足这种需要或欲望的全部潜在顾客。

(二)市场营销及其相关概念

1. 市场营销的概念

菲利普·科特勒认为,所谓市场营销就是识别并满足人类和社会的需要。

美国市场营销协会的定义:Marketing(Management) is the process of planning and executing the conception, pricing, promotion, and distribution of ideas, goods, and services to create exchanges that satisfy individual and organizational goals.

市场营销的内涵包含以下要点：

(1)市场营销的最终目标是“满足需求和欲望”。

(2)“交换”是市场营销的核心，交换过程是一个主动、积极寻找机会，满足双方需求和欲望的社会过程和管理过程。

(3)市场营销具有全程性、综合性、和发展性。

(4)从企业的角度理解6R营销，就是研究如何在适当的时间、适当的地点，将适合的产品以适当的价格和适合的促销方式让渡给一定的顾客。

(5)从顾客的角度理解营销具有形式、地点、时间、占有和数量效用。

(6)营销的范围包罗万象：商品（Goods）；服务（Service）；经历（Experiences）；事件（Events）；个人（Persons）；地点（Places）；财产权（Properties）；组织（Organizations）；信息（Information）；观念（Ideas）等。

(7)交换过程能否顺利进行，取决于营销者创造的产品和价值满足顾客需求的程度和交换过程管理的水平。

(8)市场营销并不等于销售。管理大师彼得·德鲁克(Peter F. Drucker)认为“可以设想，某些推销工作总是需要的。然而，营销的目的就是要使推销成为多余。营销的目的在于深刻地认识和了解顾客，从而使产品或服务完全适合顾客的需要而形成产品自我销售。”

2. 市场营销的相关概念

(1)需要、欲望和需求。需要是指人类与生俱来的基本需要。如人类为了生存必然对食品、衣服、住房、安全、归属、受人尊重等需要。

欲望是指想得到上述基本需要的具体满足品的愿望，是个人受不同文化及社会环境影响表现出来的对基本需要的特定追求。

需求是指人们有能力购买并愿意购买某个具体产品的欲望。需求实际上也就是对某特定产品及服务的市场需求。

(2)产品。产品是能够满足人的需要和欲望的任何东西。

(3)效用、费用。效用是消费者对产品满足其需要的整体能力的评价。

消费者通常根据这种对产品价值的主观评价和要支付的费用来作出购买决定。

(4)交换、交易和关系。交换是指从他人处取得所需之物，而以其某种东西作为回报的行为。人们对满足需求或欲望之物，可以通过：自产自用、强取豪夺、乞讨和交换等方式取得，只有交换方式才存在市场营销。

交换的发生，必须具备五个条件：至少有交换双方；每一方都有对方需要的有价值的东西;每一方都有沟通和运送货品的能力;每一方都可以自由地接受或拒绝;每一方都认为与对方交易是合适或称心的。

交易是交换的基本组成单位,是交换双方之间的价值交换。交换是一种过程,在这个过程中,如果双方达成一项协议,我们就称之为发生了交易。交易通常有货币交易和非货币交易。

关系营销是市场营销者与顾客、分销商、经销商、供应商等建立、保持并加强合作关系,通过互利交换及共同履行诺言,使各方实现各自目的的营销方式。与顾客建立长期合作关系是关系营销的核心内容。

(5)市场营销与市场营销者。在交换双方中,如果一方比另一方更主动、更积极地寻求交换,我们就将前者称之为市场营销者,后者称为潜在顾客。换句话说,所谓市场营销者,是指希望从别人那里取得资源并愿意以某种有价值的东西作为交换的人。市场营销者可以是卖方,也可以是买方。当买卖双方都表现积极时,我们就把双方都称为市场营销者,并将这种情况称为相互市场营销。

二、让渡顾客价值

1. 让渡顾客价值的含义

顾客总价值(Total Customer Value)。是指顾客购买某一产品与服务所期望获得的一组利益。

顾客总成本(Total Customer Cost),是指顾客为购买某一产品所耗费的时间、精神、体力以及所支付的货币资金等。

让渡顾客价值(Customer Delivered Value)是指顾客总价值与顾客总成本之间的差额。即:CDV=TCV－TCC。

2. 顾客总价值的构成

(1)产品价值(Product Value),是指由产品的功能、特性、品质、品种与式样等所产生的价值。它是顾客需要的中心内容,也是顾客选购产品的首要因素。

(2)服务价值(Service Value),是指伴随产品实体的出售,企业向顾客提供的各种附加服务,包括产品介绍、送货、安装、调试、维修、技术培训、产品保证等所产生的价值。

(3)人员价值(Personnel Value),是指企业员工的经营思想、知识水平、业务能力、工作效益与质量、经营作风、应变能力等所产生的价值。企业员工直接决定着企业为顾客提供的产品与服务的质量,决定着顾客购买总价值的大小。

(4)形象价值(Image Value),是指企业及其产品在社会公众中形成的总体形象所产生的价值。包括企业的产品、技术、质量、包装、商标、工作场所等有形形象所产生的价值,公司及其员工的职业道德行为、经营行为、服务态度、作风等行为形象所产生的价值,以及企业的价值观念、管理哲学等理念形象所产生的价值等。IV 与 PV,SV,PerV 密切相关,在很大程度上是上述三方面价值综合作用的反映和结果,即

顾客总价值=产品价值+服务价值+人员价值+形象价值

$$TCV=PV+SV+PerV+IV$$

3. 顾客购买的总成本

一般情况下,货币成本是构成顾客总成本的主要和基本因素。在货币成本相同的情况下,顾客在购买时还要考虑所花费的时间、精神、体力等。

(1)货币成本(Monetary Cost)。

(2)时间成本(Time Cost)。

(3)精神成本(Psychic Cost)。

(4)体力成本(Energy Cost)。

顾客总价值就为这些成本之合。即

$$TCC=MC+TC+PC+EC$$

4. 让渡顾客价值意义

CDV 受 TCV 与 TCC 两方面的因素的影响,企业在制定各项市场营销决策时,应综合考虑构成 TCV 与 TCC 的各项因素之间的相互关系。不同的顾客群体对产品价值的期望与对各项成本的重视程度是不同的,企业应根据不同顾客的需求特点,有针对性地设计和增加 TCV,降低 TCC。在市场营销实践中,不应片面追求 CDV 最大化。

三、市场营销管理哲学及其演进

现代市场营销学有强烈的"管理导向",即从管理决策的角度研究营销者(企业)的市场营销问题。市场营销管理哲学作为企业营销活动的基本指导思想,对企业经营成败具有决定性意义。

市场营销管理哲学(Marketing management philosophy),指企业对其营销活动及管理的基本指导思想。它是一种观念,一种态度,或一种企业思维方式。

市场营销管理哲学的核心是正确处理企业、顾客和社会三者之间的利益关系。

(一)以企业为中心的观念

以企业为中心的市场营销管理观念，就是以企业利益为根本取向和最高目标来处理营销问题的观念。

1. 生产观念(Production Concept)

时间：19 世纪末～20 世纪初。

背景与条件：卖方市场，市场需求旺盛，供应能力不足。

核心思想：生产中心论，重视产量与生产效率。

营销顺序：企业→市场。

典型口号："我们生产什么，就卖什么。"

生产观念认为，消费者总是喜爱可以随处买到和价格低廉的产品，企业应当集中精力提高生产效率和扩大分销范围，增加产量，降低成本。以生产观念指导营销管理活动的企业，称为生产导向企业。

2. 产品观念(Product Concept)

时间：19 世纪末～20 世纪初。

背景与条件：消费者欢迎高质量的产品。

核心思想：致力品质提高，忽视市场需求，致使营销近视症。

营销顺序：企业→市场

典型口号："质量比需求更重要"。

产品观念认为，消费者最喜欢高质量、多功能和具有某些特色的产品。因此，企业管理的中心是致力于生产优质产品，并不断精益求精。

产品观念和生产观念，也是典型的"以产定销"观念。由于过分重视产品而忽视顾客需求，这两种观念最终将导致"营销近视症"(Marketing myopia)。

3. 推销观念(Selling Concept)

时间：20 世纪 30～40 年代

背景与条件：卖方市场向买方市场过渡阶段，致使部分产品供过于求。

核心思想：运用推销与促销来刺激需求的产生。

营销顺序：企业→市场。

典型口号："我们卖什么，就让人们买什么"。

推销观念(或销售观念)认为，消费者通常有一种购买惰性或抗衡心理，不会大量购买本企业的产品，因而企业管理的中心是积极推销和大力促销。

在推销观念指导下，企业相信产品是"卖出去的"，他们致力于产品的推广和广告活动，以求说服、甚至强制消费者购买。推销观念也是建立在以企业为中心，同样是"以产定销"。

(二)以消费者为中心的观念

时间:20 世纪 50 年代。

背景与条件:买方市场→发现需求并满足需求。

核心思想:消费者主权论。

营销顺序:市场→企业→产品→市场。

典型口号:"顾客需要什么,我们就生产供应什么!"

四大支柱:目标市场(Target market)、顾客满意(Customer needs)、整合营销(Integrated marketing)和盈利能力(Profitability)。

以消费者为中心的观念,又称市场营销观念(Marketing Concept)。这种观念认为,企业的一切计划与策略应以消费者为中心,正确确定目标市场的需要与欲望,比竞争者更有效地提供目标市场所要求的满足。

买方市场条件下,要求企业改变以往单纯以卖主为中心的思维方式,转向认真研究消费需求,正确选择为之服务的目标市场,并以满足目标顾客的需要及其变动,不断调整自己的营销策略;要求企业营销管理贯彻"顾客至上"的原则,将管理重心放在善于发现和了解目标顾客的需要,并千方百计去满足它,使顾客满意,从而实现企业目标,见表 7-1。

表 7-1　推销观念与市场营销观念的比较

	出发点	中心	方法	目标
推销观念	厂商	产品	推销和促销	通过扩大消费者需求获取利润
营销观念	目标市场	顾客满意	整体营销	通过满足消费者需求创造利润

与推销观念从厂商出发,以现有产品为中心,通过大量推销和促销来获取利润不同,市场营销观念是从选定的市场出发,以顾客需求为中心,协调各种可能影响顾客的活动,通过满足消费者需求来获取利润。

(三)以社会长远利益为中心的观念

时间:20 世纪 70 年代

背景与条件:社会问题突出;消费者权益运动的蓬勃兴起。

核心思想:企业营销=顾客需求+社会利益+盈利目标

营销顺序:市场及社会利益需求→企业→产品→市场

企业生产经营不仅要考虑消费者需要,而且要考虑消费者和整个社会的长远利益。这类观念可统称为社会营销观念(Societal Marketing Concept)。

四、市场营销管理及其任务

1.市场营销管理的内涵

市场营销管理是指企业为实现其目标，创造、建立并保持与目标市场之间的互利交换关系而进行的分析、计划、执行与控制过程。

市场营销管理是一个分析、计划、执行与控制的过程。

市场营销管理的目标是达成期望的交易，满足各个方面的需求。

营销管理是对产品和服务的管理，实质是需求管理。

市场营销重视对 6R 的相互协调，以利于期望目标的实现。

营销管理的实质是需求管理，包括对需求的刺激、促进及调节。需求刺激，指依靠引人注目的产品设计、独特的促销手段、合理的价格以及其他战略来激发消费者购买企业产品的愿望。需求促进，是企业想方设法让顾客很容易购买到他的产品的过程。需求调节，指均衡全年的需求或减少某一产品/服务的营销(降低总需求)。

2.营销管理的任务

市场营销管理的基本任务：为达到企业目标，通过营销调研、计划、执行与控制，来管理目标市场的需求水平、时机和构成。

(1)负需求：如果市场中多数人都不喜欢该产品甚至宁可付钱回避时，该市场即处于负需求状态。在这种情况下，需要进行“扭转性营销”，即分析市场讨厌该产品的原因，研究能否借助产品的重新设计、价格降低或其他积极促销活动来改变消费者的态度。

(2)无需求：即目标消费者对该产品根本毫无兴趣。在这种情况下，需要进行“刺激性营销”，即设法将产品的优势与市场的需求和兴趣联系。

(3)潜在需求：即消费者对现有产品或服务均无法满足的某些事物有强烈的欲望。在这种情况下，需要进行“开发性营销”，即估计潜在市场的大小，并尽快开发能满足该项需求的有效产品和服务。

(4)衰退需求：即消费者对一项或多项产品逐步丧失兴趣。在这种情况下，需要进行“恢复性营销”，即分析市场衰退的原因，并研究是否可以通过发现新的市场，改变产品特色或创造更有效的沟通，来重新刺激需求。

(5)不规则需求：即需求随季节、日期甚至时辰而变动，这会导致企业产生生产能力闲置或不足。在这种情况下，需要进行“同步性营销”，即设法利用弹性定价、促销及其他诱因，促使消费者改变需求的时间模式。

(6)饱和需求：指当前的需求在数量和时间上与公司所希望而且能够满足

的需求数量达到一致。在这种情况下，需要进行"维持性营销"，即保持产品或服务的品质，并继续不断地监视消费者的满意程度，努力维持目前的需求水平。

(7)过度需求：即需求水平高于组织所能够或愿意满足的水平。在这种情况下，需要实行"反向营销"，即通过涨价、减少促销和服务等活动来暂时或永久地降低需求。

3. 市场营销计划

市场营销计划也叫品牌计划，是关于某个具体产品、品牌如何进行市场营销的安排和要求，是在某个市场实现产品目标的市场营销战略的具体化，见表7－2。

表7－2　市场营销计划

组成部分	内容
提要	简述市场营销计划的目标及建议
背景或现状	提供与市场、产品、竞争、分销以及现实环境有关的背景资料
机会和问题分析	概述主要的机会和威胁、优势和劣势，以及产品面临的问题
目标	确定财务目标和营销目标
营销战略	描述为实现计划目标而采用的主要营销方法
实施方案	说明每个营销环节做什么？谁来做？什么时候做？需要多少成本？即将营销战略具体化
损益预测	描述计划所预期的财务收益情况
控制	说明如何对计划进行监控

第二节　目标市场战略

一、分析市场

1. 评估当前需求

(1)市场总需要量调查估计分析。

(2)服务市场(served market)分析：服务市场是合格有效市场的一部分，是被公司选择的集中的几个细分市场。

(3)环境预测(environmental forecast):环境预测是公司销售预测的3个阶段的第一个阶段。环境预测通常包括通货膨胀率、失业率、利率、消费者支出与储蓄、企业投资额、政府支出额、净出口额等等。

(4)产业预测(industry forecast):产业预测是销售预测的第二阶段。产业预测以第一阶段环境预测出的结果作为根据做出预测。

(5)公司销售预测(company sales forecast):公司销售预测是销售预测的第三阶段,它以前一阶段产业预测的结果为根据,做出预测。

(6)购买概率量表(purchase probability scale):购买概率量表是调查消费者购买意图的一种列出。

(7)连锁比率法(chain ratio method):连锁比率法是一种估计市场总需求的方法,该法是将一个总数乘以若干个百分比加以调整。

2.评估未来需求

(1)专家意见法:专家意见法是指公司依赖外来专家,包括经销商、分销商、供应商、营销顾问以及产业公会等预测未来需求的方法。

(2)常见的销售预测方法:

1)先导指标法,就是与公司的销售同方向变动,并且比公司的销售更早变动的其他时间序列。公司可以利用一个或若干个这样的先导指标来预测销售额。

2)统计需求分析法,就是找出影响销售额的重要因素及其相对影响的一套统计步骤。通常这些因素包括价格收入、人口及促销活动等。

3)时间序列分析法,是指一种将一项产品以往销售额的时间序列分解成4个部分——T(长期趋势 trend)、C(周期变动 cycle)、S(季节变动 season)、E(偶发事件 erratic events),然后结合这四个部分来预测未来时期销售额的方法。

(3)市场试销法(test marketing):市场试销法是指无法确切做出未来需求预测时,可以直接在市场试销产品的方法。所谓试销,就是将产品和营销方案导入更真实的市场情境中。

(4)市场占有率:市场占有率是指公司所面对的现有市场上可以集中营销资源去争取的市场分额,并力求保持住的顾客群体。

(5)销售员意见综合法:销售员意见综合法是指公司的销售员对其销售地区做出估计,公司将每个销售员的估计综合成总销售预测以估算未来需求的方法。

二、市场营销调研

市场营销调研(Marketing Research),就是运用科学的方法,有目的、有计划系统地收集、整理和分析研究有关市场营销方面的信息,提出解决问题的建议,供营销管理人员了解营销环境,发现机会与问题,作为市场预测和营销决策的依据。

市场调研:有利于制定科学的营销规划;有利于优化营销组合;有利于开拓新的市场。

1. 营销调研的类型

市场营销调研按调研目的可分为以下几方面。

(1)探测性调研。企业在情况不明时,为找出问题的症结,明确进一步调研的内容和重点,需进行非正式的初步调研,收集一些有关的资料进行分析。

(2)描述性调研。在已明确所要研究问题的内容与重点后,拟定调研计划,对所需资料进行收集、记录和分析。一般要进行实地调查,收集第一手资料,摸清问题的过去和现状,进行分析研究,寻求解决问题的办法。

(3)因果关系调研。为了弄清市场变量之间的因果关系,收集有关市场变量的数据资料,运用统计分析和逻辑推理等方法,判明何者是自变量(原因),何者是因变量(结果),以及它们变动的规律。

2. 营销调研的步骤

营销调研步骤如图 7-1 所示。

图 7-1　营销调研的程序

3. 营销调研的方法

(1)确定调查对象的方法:①普查和典型调查。②抽样调查。

(2)收集资料的方法:

1)固定样本连续调查。用抽样方法,从母体中抽出若干样本组成固定的样本小组,在一段时期内对其进行反复调查以取得资料。

2)观察调查。由调查人员到现场对调查对象的情况,有目的有针对性地观察记录,据以研究被调查者行为和心理。

3)实验法。在给定的条件下,通过试验对比,对营销环境与营销活动过程中某些变量之间的因果关系及其发展变化进行观察分析。

4)询问调查。按预先准备好的调查提纲或调查表,通过口头、电话或书面方式,向被调查者了解情况,收集资料。

三、目标市场营销战略

(一)市场细分

1. 市场细分的概念

所谓市场细分就是以消费需求的某些特征或变量为依据,区分具有不同需求的顾客群体。目的是使同类产品市场上,同一细分市场的顾客具有更多的共同性,不同细分市场之间需求具有更多的差异性,以使企业明确有多少数目的细分市场及各细分市场需求的主要特征。

市场细分就是依据顾客需求差异“同中求异,异中求同”的过程。

2. 需要发展规律与市场细分战略的发展

需求层次理论(Maslow’s hierarchy of needs),亦称“基本需求层次理论”,是行为科学的理论之一,由美国心理学家亚伯拉罕·马斯洛于1943年在《人类激励理论》论文中所提出。随着社会环境的变迁,营销的方法手段也随之变化,市场细分战略的发展与需要发展规律相辅相成。具体变化见表7-3。

表7-3　市场细分与需要发展规律

需求层次	生理需要	安全需要	爱的需要	尊重需要	自我实现的需要
细分战略	大量营销阶段	产品差异化营销	目标营销	定制营销	自我营销

3. 市场细分的作用、标准

细分的主要作用是:有利于发现市场机会;有助于掌握目标市场的特点;有利于制定市场营销组合策略;有利于提高企业的竞争能力等。

市场细分的标准主要是国家、地区、城市规模、气候、人口密度等在内的地理环境因素;年龄、婚姻、职业、性别、收入、受教育程度、家庭生命周期、社会阶层等在内的人口因素;个性、购买动机、价值观念(Value)、生活格调(Life-style)等在内的心理因素以及购买时机、追求的利益、消费者进入市场的程度、使用频率、偏好程度、态度等在内的行为因素。

4. 市场细分有效性的标准

(1)衡量性。指细分市场的规模及其购买力的可衡量程度,细分的子市场间可有效区分。

(2)接近性。指能有效接触和服务细分市场的程度。

(3)盈利性。指细分市场的容量够大或其获利性够高,达到值得公司去开发的程度。

(4)实现性。指要以拟订有效营销方案以吸引和服务细分市场的程度。

在细分中往往是运用多个因素对市场进行复合细分,细分的程度要适度,不是分得越细越好,反对"超细分"。如在虚拟初创企业中的市场就应用地理以及心理因素划分为北京品质客户、上海经济客户、广州实惠客户等子市场。

(二)市场选择战略

1.目标市场战略

(1)无差异性营销战略。企业把整体市场看作一个大的目标市场,不进行细分,用一种产品、统一的市场营销组合对待整体市场,如图7-2所示。

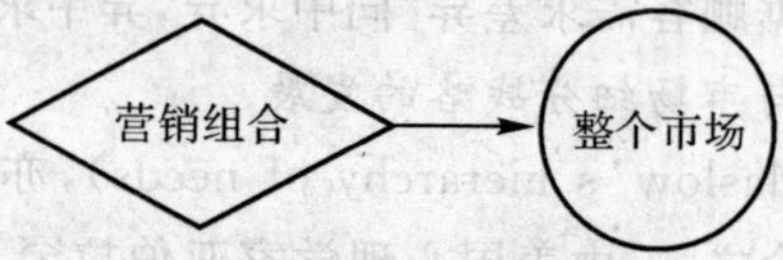

图7-2 无差异性营销战略

这种战略最大的优点是成本的经济性;最大的缺点是顾客的满意度低;适用范围有限。

(2)差异性营销战略。企业把整体市场划分为若干个需求与愿望大致相同的细分市场,然后根据企业的资源及营销实力选择不同数目的细分市场作为目标市场,并为所选择的各目标市场制定不同的市场营销组合策略,见图7-3所示。

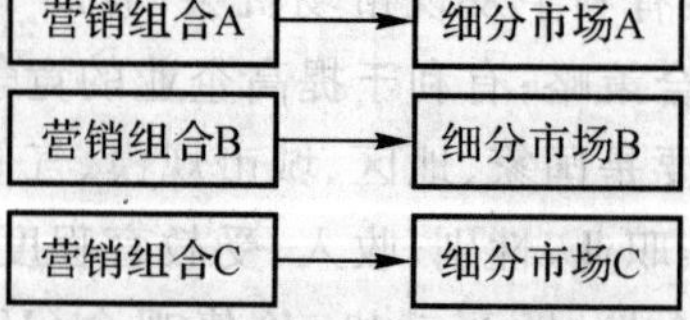

图7-3 差异性营销战略

这种战略最大优点是可有针对性地满足具有不同特征的顾客群的需求,提高产品竞争能力;能够树立起良好的市场形象,吸引更多的购买者;最大缺点是市场营销费用大幅度增加。

(3)集中性营销战略。把企业资源集中在一个或几个小型市场,不求在较多的细分市场上得到较小的市场份额，而要求在较小的市场上得到较大的市场占有率。这种适合资源薄弱的企业；经营者承担的风险较大，如图 7－4 所示。

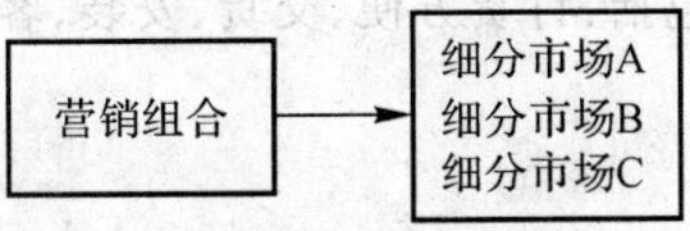

图 7－4 集中性营销战略

2. 选择目标市场战略的条件

在企业的目标市场选择是考虑的因素主要有细分市场规模和增长率，细分市场的结构吸引力，企业目标和资源，企业能力，产品同质性，产品所处的寿命周期阶段，市场类同性，竞争者战略等因素。

(三)市场定位战略

1. 市场定位的含义及其步骤

“定位”一词是由美国两位广告经理艾尔·列斯(Al Ries)和杰克·特劳特(Jack Trout)提出而后流行的。他们把定位看成是对现有产品的创造性实践。他们对“定位”的定义如下：定位是以产品为出发点，如一种商品，一项服务，一家公司，一所机构，甚至一个人……但定位的对象不是产品，而是针对潜在顾客的思想。就是说，要为产品在潜在顾客的大脑中确定一个合适的位置。根据竞争者现有产品在市场上所处的地位和顾客对产品某些属性的重视程度，塑造出本企业产品与众不同的鲜明的个性或形象，并传递给目标顾客，使该产品在细分市场上占有强有力的竞争位置。

企业在进行市场定位时，一方面要了解竞争对手的产品具有何种特色，另一方面要研究目标顾客对该产品的各种属性的重视程度。在对以上两方进行深入研究后，再选定本企业产品的特色和独特形象，向潜在顾客勾画这个产品的市场定位。

市场定位的流程如图 7－5 所示。

图 7－5 市场定位的流程

2. 市场定位的方式

(1)产品差别化。可通过以下途径实现:形式、特色、性能、一致性、耐用性、可靠性、可维修性、风格、设计。

(2)服务差别化。包括:订货方便、交货、安装、客户培训、客户咨询、维修保养等各种服务手段。

(3)人员差别化。

(4)形象差异化。具体途径包括:标志、媒体、气氛、事件、员工行为等。

第三节　营销组合策略

一、定价策略

(一)产品定价程序

整个产品定价流程共包括下述 8 个步骤。

(1)设定策略定价目标,设定策略定价目标反映的是公司在目标市场中的产品定位及企图,其中包括最高销售成长、产品差异化、最大短期利润、生存竞争、社会性目标五种类型的定价目标,如图 7－6 所示。

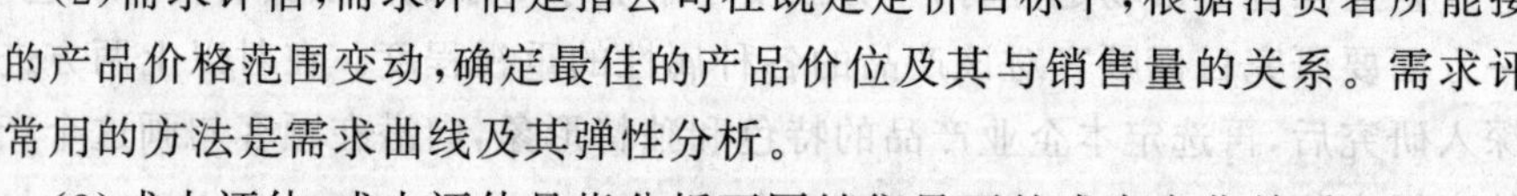

图 7－6　定价目标与价格水平

(2)需求评估,需求评估是指公司在既定定价目标下,根据消费者所能接受的产品价格范围变动,确定最佳的产品价位及其与销售量的关系。需求评估常用的方法是需求曲线及其弹性分析。

(3)成本评估,成本评估是指分析不同销售量下的成本变化关系。

(4)竞争者价格及成本分析,通过竞争者价格及成本的分析,营销人员可估计对手的竞争能力及行动,从而发展公司最有效的营销策略。

(5)决定定价方式,决定定价方式即公司决定采取成本导向法或竞争导向法还是顾客导向法。

(6)制定价格策略,公司需要根据不同的市场竞争环境来制定相应的价格策略,如新产品价格策略、产品组合价格策略或者价格调整策略。

(7)确定产品价格,确定产品价格是为了进行销售,除了考虑消费者的反应外,还应照顾各级分销商的的需求。

(8)市价调整及修正,公司必须针对市场的实际情况变化不断对市价进行调整及修正。成功的定价并不是一个最终结果,而是一个持续不断的过程。

(二)定价方法

定价方法一般分为三大类:成本导向法、竞争导向法、顾客导向法。

1.成本导向法

成本导向定价通常是以成本加上一个标准的或固定的利润来决定产品的价格的方法,包括成本加成定价法、投资回报率定价法和损益平衡销售量与目标定价法 3 种方法。

(1)成本加成定价法是指产品的价格由产品的成本加上某一标准比例(或成数)构成。其计算公式为

单位成本=单位变动成本+单位固定成本=

单位变动成本+总固定成本/预计销售量

成本加成价格=单位成本/(1-期望的销售利润率)

(2)投资回报率定价法是指公司首先确定某一比例为公司的投资回报率,然后据此制订目标价格,其计算公式为

目标定价=单位成本+投资回报率*资本投资/单位销售

(3)损益平衡销售量与目标定价法是指厂商考虑在某一特定的目标定价下,万一出现不能完成预期目标的销售量的情况,以不赔本为前提计算损益平衡销售量进而反推产品定价是否合理的定价方法。其计算公式为

损益平衡销售量=固定成本/(价格-变动成本)

成本导向法简单易用,因而被广泛采用。其缺点在于:不考虑市场价格及需求变动的关系;不考虑市场的竞争问题。

成本导向定价法是通过一个个假想的期望销售数字计算出的定价,如果销售数字没达到预期要求,则必然无法达到预期利润。

2.竞争导向法

竞争导向定价是一种根据竞争状况确定价格的定价方法,公司以市场主要竞争者的产品价格为其定价的基准,结合考虑公司与竞争者之间的产品特色,制订具有竞争力的产品价格并随时根据竞争者价格的变动而进行调整。竞争导向法包括现行价格定价法和投标定价法两种。

竞争导向法是一种根据竞争状况确定价格的定价方法,以市场上主要竞争者的产品价格作为公司定价的基准,结合公司与竞争者之间的产品特色,制

订具有竞争力的产品价格,并随时根据竞争者价格的变动进行调整。竞争导向法包括现行价格定价法和投标定价法两种。

(1)现行价格定价法是指公司产品的价格与主要竞争者价格或一般市场价格相当,而不太考虑成本或市场需求状况。采用这种定价法的原因在于产品的需求弹性难以衡量,在保证相当利润的基础上,还可避免因恶性竞争破坏行业的和谐。

(2)投标定价法是大多数通过投标争取业务的公司通常采取的竞争导向定价法。竞标的目的在于争取合作,因此公司考虑的重点是竞争者会报出何种价格,公司制订的价格应比竞争者的低,而不局限于成本或需求状况。当然,公司必须事先确定一个最低的获利标准来投标:价格低于成本将有损利益;价格高于成本虽然增加了利润但不利于中标。

竞争导向法最大的优点在于考虑到了产品价格在市场上的竞争力。但其有以下主要缺点:

1)过分关注在价格上的竞争,容易忽略其它营销组合可能造成产品差异化的竞争优势。

2)容易引起竞争者报复,导致恶性地降价竞争,使公司毫无利润可言。

3)实际上竞争者的价格变化并不能被精确的估算。

3.顾客导向法

顾客(需求)导向定价是以顾客本身的特性及顾客对产品的感受价值,而非产品的成本来决定产品价格的方法。顾客导向法是按顾客本身的特性及顾客对产品的感受价值,而非产品的成本来决定产品价格的方法。

顾客导向定价法的特点是将定价的焦点集中于买者身上,减少公司定价的一厢情愿错误。原则上,它是以消费者心目中所认为值得付出的产品价值来定价,它要求确定消费者对于各种不同的产品感受的价值是多少,然而这很难衡量,而且费时费力。顾客对产品的感受价值主要是通过询问在不同时间、地点及场合的情况下消费者愿意为产品付出的最高价格,也就是通过人员访谈或问卷调查的方式来获取定价信息。

(三)定价策略

公司在面临各种顾客差异和市场环境变化的情况下,必须有一套价格策略作为依据,对其产品定价适时做出调整及修正,保证公司的利益。

价格调整策略主要包括价格折扣与折让、差别定价、促销定价、心理定价和地理细分定价五种策略。

1.心理定价

心理定价是指依据消费者心理上对产品的知觉价值决定产品价值，销售者应考虑价格的心理因素而不应只考虑经济因素。只要消费者觉得值得就可以把价格定得很高。

(1)参考价格，对消费者是否决定购买本次促销的产品有很大影响。参考价格存在于消费者的记忆中，一般是该产品过去的定价。销售者在制定价格时可以影响或运用消费者的参考价格。

(2)尾数定价法，常分为两种，一种为奇数定价就是故意将产品的价格定为低于整数，让消费者心理上觉得便宜，从而促进销售。如定价为99元而不是100元，让顾客感到便宜的、少花钱的。这一般针对低端商品或便利品。另一种偶数定价就是故意将产品的价格定取为整数，末位为若干零。让消费者心理上觉得高大上，从而促进销售。这种策略一般针对高端奢侈品。

2.地理细分定价

地理细分定价是根据消费者所在地理位置不同，考虑公司运输相关成本的差异，作为产品定价调整的基础。根据这种定价方法，价格是货物成本加上调整后的运费。主要有5种地理细分定价法：FOB出厂价定价法、固定运费定价法、区间定价法、基准点价格定价法、运费补贴定价法。

3.价格折扣与折让

价格折扣与折让是指通常在基本定价之外，公司会给予买者一些特别价格，以鼓励顾客提早付款、大量采购或在淡季购买等对公司有利的行为。折扣与折让的价格调整策略包括五种：现金折扣、数量折扣、季节性折扣、功能性折扣、折让。

4.促销定价

促销定价是指公司为达成某种促销目的所做的暂时性及短期性的降价，有时促销价格甚至会低于产品成本。促销方式可分为以下几种。

(1)特价吸引品：公司将某些产品价格定得非常低，目的在于吸引消费者光临本店，希望消费者能在购买特价品的同时购买一些其他正常价格的产品，保证公司赚取正常利润。

(2)特殊事件定价：销售者可在某些特殊日子或时期举办特殊大减价，以吸引更多的顾客。

(3)现金回扣：消费者将购物证明（发票）及现金回扣券寄至原制造厂商，而厂商将寄还若干现金给购买者。

(4)其他促销方式：如购买产品时为消费者提供低利率贷款，较长的保证期或免费维修等优惠方式。

5.差别定价

差别定价是指公司按不同的顾客类别、产品形式、销售地点、销售时间为基础所作的价格调整。公司以两种以上的价格出售同一种产品或服务，而价格本身并不一定反映成本上的差异。差别定价策略包括四种形式：顾客类型差别定价、产品差别定价、地点差别定价、销售时间差别定价等。

差别定价需具备一定条件才会有效：市场必须可以细分；差别定价的产品在各个细分市场之间不能流通；在差别定价的高价细分市场部分，不存在竞争者削价促销产品的活动；差别定价所带来的利润必须超过其所带来的管理成本；差别定价不至于招致顾客不满；差别定价是合法的。

(四)应对价格变动

当竞争者降低价格时，公司可以按以下程序进行决策，如图7-7所示。

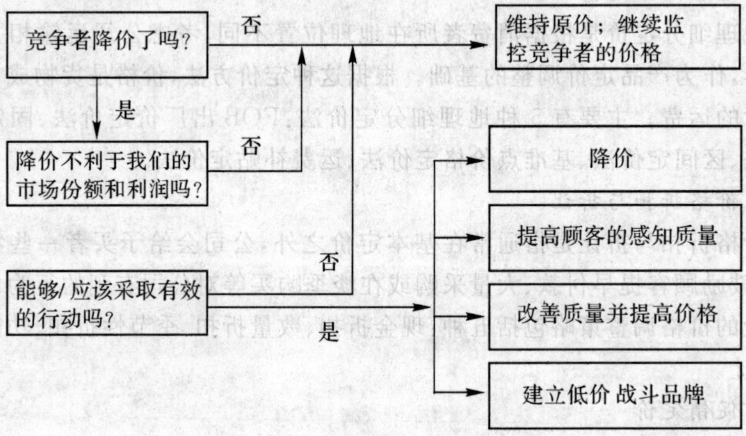

图7-7 应对价格变动程序框图

二、分销策略

(一)分销渠道的概念与功能

所谓分销渠道，是指某种产品和服务在从生产者向消费者转移过程中，取得这种产品和服务的所有权或帮助所有权转移的所有企业和个人。分销渠道的起点是生产企业，终点为顾客。

分销渠道的功能主要包括下述五方面。

(1)整理。由中间商负责完成的整理功能是指中间商要将不同产品分类、集合、分配、组合的活动,使所提供的产品能够配合顾客需求。

(2)大量分销。大量分销可以达到成本的规模经济效益,从而才可能盈利。

(3)联系顾客。联系顾客是指与消费者的接触和沟通,可发生于销售前(寻找目标顾客)、销售中(销售演示)及销售后(售后服务)。

(4)信用。信用是指资金的取得及周转,以满足销售工作的各项成本。

(5)市场调查。市场调查是指搜集与传递有关营销环境的各种信息以供规划和促成交易。

(二)分销渠道的类型

1.分销渠道的层次

在产品从生产者转移到消费者的过程中,任何一个对产品拥有所有权或负有推销责任的机构,就叫做一个渠道层次,如图 7-8 所示。

直接渠道与间接渠道;长渠道与短渠道。

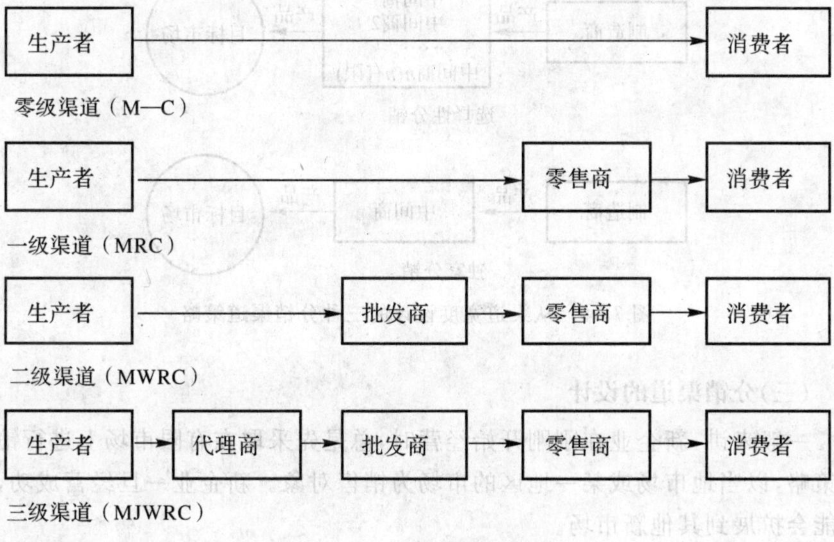

图 7-8　分销渠道的层次

总这,有几个层次的中间商介入,就叫几级渠道,无任何中间简介入,就叫零级渠道或直接渠道。

2.分销渠道的宽度

分销渠道的宽度是指渠道的每个层次使用同种类型中间商数目的多少如图 7-9 所示。根据渠道的宽窄分销策略可分为以下几方面。

(1)密集分销,是指制造商尽可能地通过许多负责任的、适当的批发商、零售商推销其产品。消费品中的便利品和产业用品中的供应品,通常采取密集分销。

(2)选择分销,是指制造商在某一地区仅仅通过少数几个精心挑选的、最合适的中间商推销其产品。适用于所有产品。相对而言,消费品中的选购品和特殊品最宜于采取选择分销。

(3)独家分销,是指制造商在某一地区仅选择一家中间商推销其产品,通常双方协商签订独家经销合同,规定经销商不得经营竞争者的产品。

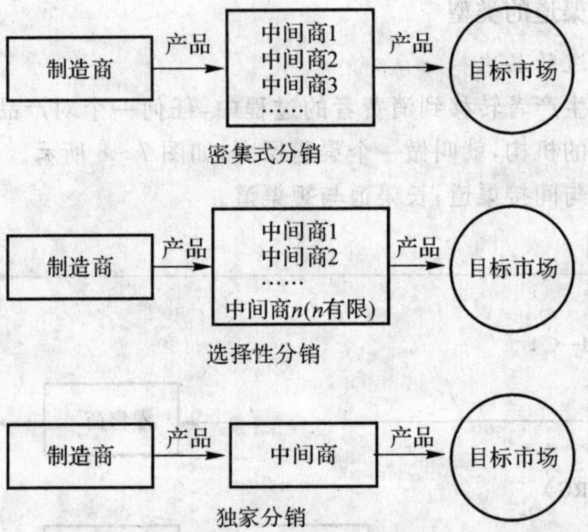

图 7-9　从渠道宽度设计的三种分销渠道策略

(三)分销渠道的设计

一般来讲,新企业在刚刚开始经营时,总是先采取在有限市场上进行销售的策略,以当地市场或某一地区的市场为销售对象。新企业一旦经营成功,它可能会扩展到其他新市场。

渠道设计的步骤如图 7-10 所示:

图 7-10　渠道设计的步骤

(四)分销渠道的管理

渠道管理决策包括:渠道成员的选择、激励渠道成员、处理渠道冲突和渠道的评估及改进。

(1)渠道成员的选择。要从渠道成员过去的营业状况、产品销售组合内容、目标市场的一致性及合作意愿高低等方面进行审核。

(2)激励渠道成员。激励渠道成员的方式有正反两种。正面激励的方式包括销售奖金、交易折扣折让、销售竞赛等奖励的方式;负面激励包括提高产品售价、减少销售优惠等惩罚的方式。然而正确的激励方式应该注意渠道成员间的长期性配合,考虑彼此的基本需要及利益,建立互助互利的合作关系。

(3)处理渠道冲突。包括渠道的水平冲突和垂直冲突。水平冲突是指发生在同一渠道层次内的公司间冲突,可通过限制经销商的销售区域的方法使其不致于产生低价越区销售争抢顾客而导致冲突。垂直冲突是指发生在不同渠道层次的公司间冲突,为避免该冲突发生,需明确渠道各层次成员之间彼此所应有的权利及义务。

(4)渠道的评估及改进。公司必须定期对渠道进行评估及改进以维持渠道竞争优势。常用的评估标准有经济性、控制性、适应性等。常见的渠道改进分析包括:

1)渠道结构分析。渠道结构分析主要探讨是否在渠道结构上作适当的调整,以增加渠道成员间的利润。

2)边际分析。边际分析是指分析增加或减少某一家中间商,对整体销量、利润及成本的影响及变化。

3)中间商替换分析。中间商替换分析主要分析当由一家中间商取代另一家中间商时所产生的正、负影响。分析除了包括销售、利润、成本的影响外,同时也要考虑渠道功能的整体性问题及变化。

(五)分销渠道的发展

现在渠道策略的新趋势表现在下述三方面。

1.终端中心化

以前企业多是注重在销售通路的顶端和中端,通过市场炒作和大户政策来展开销售工作;当市场转为相对饱和的状态时,对企业的要求由"经营渠道"变为"经营终端"。比如,通路"直销"。

2.伙伴型发展

传统的渠道关系是"我"和"你"的关系,即每一个渠道成员都是一个独立的经营实体，以追求个体利益最大化为目标，甚至不惜牺牲渠道和厂商的整体利益。在伙伴式销售渠道中，厂家与经销商由“你”和“我”的关系变为“我们”的关系。厂家与经销商一体化经营，实现厂家渠道的集团控制。使分散的经销商形成一个有机体系，渠道成员为实现自己或大家的目标共同努力。比如，垂直渠道网络和水平渠道系统。

3. *扁平化趋势*

销售渠道变为扁平化的结构，即销售渠道越来越短，销售网点则越来越多。销售渠道变短，可以增加企业对渠道的控制力；销售网点增多．则有效地促进了产品的销售量。如一些企业由多层次的批发环节变为一层批发，即形成“厂家—经销商—零售商”这样的模式，企业直接面向经销商、零售商提供服务。

三、促销组合决策

(一)促销的含义

促销(Promotion)是企业通过人员和非人员的方式，沟通企业与消费者之间的信息，引发、刺激消费者的消费欲望和兴趣，使其产生购买行为的活动。促销具有以下几层含义。

(1)促销工作的核心是沟通信息。

(2)促销的目的是引发、刺激消费者产生购买行为。

(3)促销的方式有人员促销和非人员促销两类。

促销的主要作用在于：传递信息，强化认知；突出特点，诱导需求；指导消费，扩大销售；形成偏爱，稳定销售。

(二)制定促销组合

制定促销组合就是企业根据产品的特点和营销目标，在综合分析各种影响因素的基础上，对各种促销方式的选择、编配和运用。公司主要的促销工具：广告、人员推销、销售促进、公共关系等。

(1)广告。广告具有公开性、渗透性和表现力，不但可用于建立产品的长期形象，也可以用来快速刺激销售。广告可以经济而有效地接触散布于广大地区的购买者，但其缺点在于，广告属于非人力行为，无法像公司推销人员那样具有说服力。广告仅能做与大众的单项沟通，而且成本会很高。

(2)人员推销。人员推销在建立购买者偏好、确信与行动之际是最有效的一种促销工具。

(3)营业推广。营业推广活动包括赠券、比赛、赠品等,可以起到沟通、激励和邀请的作用。促销活动可以造成迅速而强烈的市场反应,可以用来戏剧性地推出新产品,或使下降的销售量回升。但其效果通常极为短暂,在建立长期品牌偏好方面收获不大。

(4)公共关系。公共关系的优点在于可信、接触面广和戏剧性。营销人员往往很少利用公共关系来促销其产品,然而一个规划良好的公共关系,若能配合其他促销组合要素将会发挥更大的效果和经济性。

(三)影响促销组合的因素

公司在拟订促销组合时,要考虑下述若干因素。

(1)产品或市场的类型。各种促销工具在消费品市场与工业市场的功效并不相同。消费品公司通常把最大部分的资金投入广告活动,其次为销售促进活动、人员推销,最后才是公共关系。工业品公司则将大部分的资金花在人员推销上,其次为销售促进活动、广告、公共关系。一般而言,人员推销通常用于价格昂贵而具风险性的产品,以及销售者数目较少而规模却较大的市场。

(2)推式与拉式策略。推式策略指通过分销渠道将产品"推"给最终消费者,也就是制造商直接对其渠道成员做营销活动(基本上是人员推销和商业促销),以诱导他们订货和持有产品以及促销给最终消费者。而在拉式策略下,制造商则直接对最终消费者做营销活动(基本上是广告和促销),以说服他们购买产品。有些小型的工业品公司只采用推式策略,有些采取直接营销的公司则只用拉式策略。大多数的公司采用推式和拉式的混合策略。

(3)购买准备阶段。促销工具在各个购买准备阶段的效果不尽相同。广告和公共关系是知晓和了解阶段的主要促销工具。顾客的确信、偏爱、嗜好,主要是受人员推销和广告的影响。最后,生意是否成交主要是受推销员访问和营业推广手段的影响。而人员推销由于成本很高,应将之集中运用于购买准备阶段的后期。

(4)产品生命周期阶段。在引进阶段,广告与公共关系对于打开知名度最能奏效,营业推广活动则有助于促使消费者提早试用,人员推销虽然成本相当高,但必须用来争取中间商经销产品。在成长阶段,广告与公共关系仍然维持猛烈的火力,但由于不再极力鼓吹试用,故可减少促销活动。在成熟阶段,营业推广与广告相比大为增加。购买者已经知道产品的品牌,提醒式的广告即足敷需要。在衰退阶段,广告已删减至只剩提醒式广告,公共关系完全停止,推销人员对此产品也很少注意,但营业推广还可能相当强。

(四)拟定促销方案

营销人员若要拟定周全的促销方案,需要就以下问题进行集中决策。

(1)激励程度。营销人员首先应确定最适当的激励程度。促销活动要成功,一定要有某种程度以上的激励,高于这个水准的激励可以促成较多的销售额。

(2)参与的条件。激励的对象可以遍及所有的人,也可以只限于某些特定的群体。如,某种奖品可能只送给那些寄回产品包装者;抽奖可能规定某些州、公司员工、或未满一定年龄的人不得参加。

(3)传递的方式。营销人员也必须决定如何将促销方案传达、分配给目标受众。假定有项促销活动为 50 元的赠券,其传达的方式可能是置于包装内,放在商店中任人取用,邮寄,或是刊登在广告媒体上。各种方法的接触程度与成本各不相同。

(4)活动的时间。如果促销活动时间过短,有许多潜在的顾客可能就无法获得这项利益,因为他们不一定会在此期间购买该产品,或根本就无暇顾及。但是,如果活动时间太长,顾客又会视之为长期性的削价推销,减价便失去了其促使“马上购买”的意义。

(5)时程的安排。促销活动的时程通常都由品牌经理负责安排,除了应与生产、销售和分配部门密切协调之外,还要有一些备用的促销方案,以供紧急时使用。

(6)促销活动的总预算。编制促销预算的方法有两种:一是由营销人员先决定促销活动,再估计其总成本;第二种比较常用的方法是使促销活动在整个促销预算中维持一定的比率。

第八章　生产运作管理

第一节　生产运作管理概述

一、生产运作的含义

生产运作管理是指对产品(包括有形和无形)的变换过程实施计划、组织和控制而构成的一系列管理工作的总称。

生产与运作活动是一个“投入—变换—产出”的过程,即投入一定的资源,经过一系列多种形式的变换,使其价值增值,最后以某种形式的产出提供给社会的过程。其中的投入包括人力、材料、设备、技术、信息、能源和土地等多种资源要素。产出包括两大类:有形产品和无形产品。中间的变换过程就是劳动过程、价值增值过程,这个过程既包括一个物质转变过程——使投入的各种物质资源进行转变,也包括一个管理过程——通过计划、组织、实施、控制等一系列活动使上述的物质转化过程得以实现。有形产品的变换过程称为生产过程;无形产品的变化过程称为运作过程,也可称为服务过程。生产运作系统模型,如图 8-1 所示。

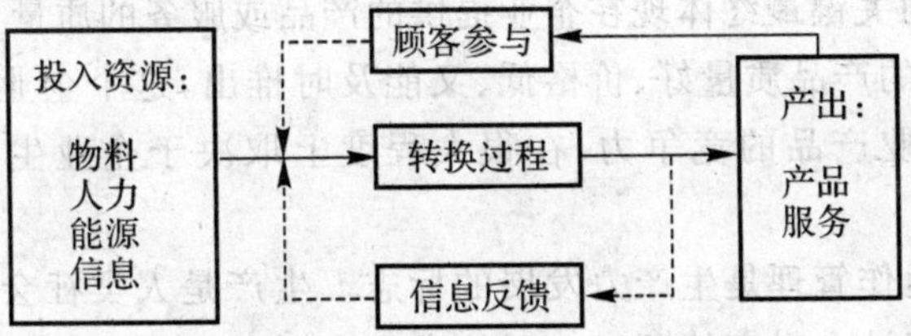

图 8-1　生产运作系统模型

二、生产与运作管理系统的组成

1. 产品

产品是指能提供给市场能满足购买者需要或需求的任何事物,即品种对路、质量优良、价格便宜、交货及时等。

2. 生产要素

生产要素包括人(劳动力)、财(资金)、物(土地、建筑物、机器设备、工艺设备材料、零部件、能源)以及信息(计划、工艺图纸、情报)等。生产要素是从事生产活动的前提条件,实现生产管理目标的保证。企业生产活动中,生产要素在质量、数量、时间上必须符合生产过程的要求,同时在生产过程中有效地结合起来,形成一个有机的整体。

3. 生产过程

生产过程即产品的形成过程,也是人力、财力、物力的消耗过程。企业通过生产过程实现生产管理目标,以最经济的生产方式,对产品的品种、数量、质量、成本、交货期进行具体的计划,并确保实施。

4. 反馈

反馈是把生产过程输出的信息返回到输入的一端,以便及时为生产过程的控制提供依据,保证生产过程的正常进行和生产计划任务的完成。

三、生产与运作管理的作用和意义

(1)生产运作过程是实现价值增值的必要环节。工业生产制造直接决定着人们的衣食住行方式,也直接影响着农业、矿业等社会其他产业技术装备的能力。作为构成社会基本单位的企业,其生产运作活动是人类最主要的生产活动,也是企业创造价值、服务社会和获取利润的主要环节。

(2)生产运作管理是企业竞争力的源泉。消费者和用户只关心企业所提供的产品或服务的效用,因此,企业之间的竞争实际上是企业产品之间的竞争,企业竞争的关键最终体现在企业提供的产品或服务的质量、价格和适时性上。哪个企业的产品质量好、价格低、又能及时推出,这个企业在竞争中就能取胜。一个企业产品的竞争力,在很大程度上取决于企业生产运作管理的绩效。

(3)生产运作管理是生产力发展的标志。生产是人类社会从事的最基本的活动,是一切社会财富的源泉。不从事生产活动,人类社会就无法生存,社会就不能发展。生产运作管理在科学有效的管理方法、手段和管理艺术的指导下,将社会各种资源进行合理配置,使生产运作系统优质、高效、灵活、准确地运转,为人们提供了具有一定效用的产品或服务,满足了人们的物质与精神需求,改变了人们的生活方式,推动了社会的发展。

四、生产运作管理的内容和目标

1. 目标

生产与运作管理的任务就在于运用组织、计划、控制等职能，把投入生产过程的各种生产要素有效地结合起来，形成有机的体系，按照最经济的生产方式生产出满足社会需要的产品。生产与运作管理的目标简单概括为高效、低耗、灵活、准时地生产合格产品和提供满意服务。

高效是对时间而言，指能迅速满足用户的需要。

低耗是指生产同样数量和质量的产品，人力、物力、财力消耗最少。

准时是指按用户需要的时间，按用户需要的数量，提供所需要的产品和服务。

灵活是指很快地适应市场的变化，生产不同产品和开发新品种或提供不同的服务。

2. 生产运作管理的内容

生产与运作管理作为企业管理的组成部分，包含着很多具体的管理工作，其内容主要包括以下几部分。

(1)生产与运作战略。生产与运作战略是企业总体战略下的职能战略，根据企业的目标和总体战略对生产与运作管理系统进行全局性和长远性的规划，确定生产与运作管理所应遵循的计划、内容和程序，形成企业的生产与运作管理模式。

(2)生产准备与生产组织。生产准备与组织是指生产的物质准备工作、技术准备工作和组织工作，包括工厂与车间的平面布置、产品的开发与设计、工作研究、生产过程的组织、物资管理、设备管理等。

(3)生产与运作计划。生产与运作计划是生产作业管理的精华，指产品有关的生产计划工作和负荷分配工作，包括生产计划、过程计划、生产作业计划、材料计划、人力资源计划和负荷分配计划等。

(4)生产与运作控制。生产与运作控制指围绕着完成计划任务所进行的检查、调整和管理工作控制、库存控制、质量控制、成本控制及企业的标准化工作。

(5)先进生产与运作模式。采用先进的信息技术手段，实现生产经营的集成，增强企业的应变能力和服务水平，是现代生产与运作管理的热点。如计算机集成制造、准时生产、精益生产、敏捷制造等都是先进的生产与运作模式。

因为创业模拟课程的需要，本书只对部分内容作以论述。

第二节　生产计划与生产能力

一、生产计划的概念

生产计划就是企业为了生产出符合市场需要或顾客要求的产品，所确定的在什么时候生产，在哪个车间生产以及如何生产的总体计划。企业的生产计划是根据销售计划制定的，它又是企业制定物资供应计划、设备管理计划和生产作业计划的主要依据。

生产计划工作，是指生产计划的具体编制工作。它将通过一系列综合平衡工作，完成生产计划的确定。设计生产计划系统，就是要通过不断提高生产计划工作水平，为工业企业生产系统的运行提供一个优化的生产计划。生产计划工作的主要内容包括：调查和预测社会对产品的需求、核定企业的生产能力、确定目标、制定策略、选择计划方法、正确制定生产计划、库存计划、生产进度计划和计划工作程序，以及计划的实施与控制工作。

所谓优化的生产计划，必须具备以下 3 个特征：第一，有利于充分利用销售机会，满足市场需求；第二，有利于充分利用盈利机会，并实现生产成本最低化；第三，有利于充分利用生产资源，最大限度地减少生产资源的浪费和限制。

制定生产计划指标，是企业生产计划的重要内容之一。企业生产计划的主要指标有产品品种、产品质量、产品产量和产品产值。企业生产计划的主要指标从不同的侧面反映了企业生产产品的要求。

制造业生产运作计划的构成按计划的对象，可分为能力需求计划、物料需求计划、主生产计划。

二、能力需求计划

能力需求计划(Capacity Requirement Planning，CRP)是帮助企业在分析物料需求计划后产生出一个切实可行的能力执行计划的功能模块。该模块帮助企业在现有生产能力的基础上及早发现能力的“瓶颈”所在，提出切实可行的解决方案，从而为企业实现生产任务提供能力方面的保证。其实，能力需求计划制定的过程就是一个平衡企业各工作中心所要承担的资源负荷和实际具有的可用能力的过程，即根据各个工作中心的物料需求计划和各物料的工艺路线，对各生产工序和各工作中心所需的各种资源进行精确计算，得出人力负荷、设备负荷等资源负荷情况，然后根据工作中心各个时段的可用能力对各工作中心的能力与负荷进行平衡，以便实现企业的生产计划。能力需求计划CRP在整个ERP系统中，保证了人力与设备的最佳利用和资源的有效供给，实现了生产能力与资源的最佳配置。

通常，编制能力需求计划的方式有无限能力负荷计划和有限能力负荷计划两种。无限能力负荷计算是指在不限制能力负荷情况下进行能力计算，即从订单交货期开始，采用倒序的方式根据各自的工艺路线中的工作中心安排及工时定额进行计算。不过，这种计算只是暂时不考虑生产能力的限制，在实际执行计划过程中不管由于什么原因，如果企业不能按时完成订单，就必须采用顺序的方式安排生产计划、加班、外协加工、替代工序等方式来保证交货期。这时，有限能力负荷计算方式就派上了用场。有限能力负荷计算就是假定工作中心的能力是不变的，把拖期订单的当期日期剩下的工序作为首序，向前顺排，对后续工序在能力允许下采取连续顺排不断地实现计划，以挽回订单交货期。

一般来说，编制能力需求计划遵照如下思路：首先，将MRP计划的各时间段内需要加工的所有制造件通过工艺路线文件进行编制，得到所需要的各工作中心的负荷；其次，同各工作中心的额定能力进行比较，提出按时间段划分的各工作中心的负荷报告；最后，由企业根据报告提供的负荷情况及订单的优先级因素加以调整和平衡。

(1)收集数据。能力需求计划计算的数据量相当大，通常能力需求计划在具体计算时，可根据MRP下达的计划订单中的数量及需求时间段，乘以各自的工艺路线中的定额工时时间，转换为需求资源清单，加上车间中尚未完成的订单中的工作中心工时，成为总需求资源。再根据现有的实际能力建立起工作中心可用能力清单，有了这些数据，才能进行能力需求计划的计算与平衡。

(2)计算与分析负荷。将所有的任务单分派到有关的工作中心上，然后确定有关工作中心的负荷，并从任务单的工艺路线记录中计算出每个有关工作中心的负荷。然后，分析每个工作的负荷情况，确认导致各种具体问题的原因所在，以便正确地解决问题。

(3)能力/负荷调整。解决负荷过小或超负荷能力问题的方法有3种：调整能力、调整负荷，以及同时调整能力和负荷。

(4)确认能力需求计划。在经过分析和调整后，将已修改的数据重新输入到相关的文件记录中，通过多次调整，在能力和负荷达到平衡时，确认能力需求计划，正式下达任务单。

三、物料需求计划

物料需求计划(MRP)是指根据产品结构各层次物品的从属和数量关系,以每个物品为计划对象,以完工时期为时间基准倒排计划,按提前期长短区别各个物品下达计划时间的先后顺序,是一种工业制造企业内物资计划管理模式。其主要内容包括客户需求管理、产品生产计划、原材料计划以及库存记录。其中,客户需求管理包括客户订单管理及销售预测,将实际的客户订单数与科学的客户需求预测相结合即能得出客户需要什么以及需求多少。

物料需求计划与主生产计划一样属于ERP计划管理体系,它主要解决企业生产中的物料需求与供给之间的关系,即无论是对独立需求的物料,还是相关需求的物料,物料需求计划都要解决"需求什么?现有什么?还缺什么?什么时候需要?"等问题。它是一个时段优先计划系统,其主要对象是决定制造与采购的净需求计划。它是由主生产计划推动运行的,但反过来,它又是主生产计划的具体化和实现主生产计划的保证计划。

由于物料需求计划是把主生产计划排产的产品分解为各个零部件的生产计划和采购件的采购计划,因此制定物料需求计划前就必须具备以下的基本数据:第一项数据是主生产计划,它指明在某一计划时间段内应生产出的各种产品和备件,它是物料需求计划制定的一个最重要的数据来源。第二项数据是物料清单(简称BOM),它指明了物料之间的结构关系,以及每种物料需求的数量,它是物料需求计划系统中最为基础的数据。第三项数据是库存记录,它把每个物料品目的现有库存量和计划接受量的实际状态反映出来。第四项数据是提前期,决定着每种物料何时开工、何时完工。应该说,这4项数据都是至关重要、缺一不可的。缺少其中任何一项或任何一项中的数据不完整,物料需求计划的制定都将是不准确的。因此,在制定物料需求计划之前,这四项数据都必须先完整地建立好,而且保证是绝对可靠的、可执行的数据。

一般来说,物料需求计划的制定是遵照先通过主生产计划导出有关物料的需求量与需求时间,然后再根据物料的提前期确定投产或订货时间的计算思路。其基本计算步骤如下:

(1)计算物料的毛需求量。根据主生产计划、物料清单得到第一层级物料品目的毛需求量,再通过第一层级物料品目计算出下一层级物料品目的毛需求量,依次一直往下展开计算,直到最低层级原材料毛坯或采购件为止。

(2)净需求量计算。根据毛需求量、可用库存量、已分配量等计算出每种物料的净需求量。

(3)批量计算。由相关计划人员对物料生产作出批量策略决定，不管采用何种批量规则或不采用批量规则，净需求量计算后都应该表明有无批量要求。

(4)安全库存量、废品率和损耗率等的计算。由相关计划人员来规划是否要对每个物料的净需求量作这三项计算。

(5)下达计划订单。通过以上计算后，根据提前期生成计划订单。物料需求计划所生成的计划订单，要通过能力资源平衡确认后，才能开始正式下达计划订单。

(6)再一次计算。物料需求计划的再次生成大致有两种方式，第一种方式会对库存信息重新计算，同时覆盖原来计算的数据，生成的是全新的物料需求计划；第二种方式则只是在制定、生成物料需求计划的条件发生变化时，才相应地更新物料需求计划有关部分的记录。这两种生成方式都有实际应用的案例，至于选择哪一种要看企业实际的条件和状况。

总之，物料需求计划模块是企业生产管理的核心部分，该模块制定得准确与否将直接关系到企业生产计划是否切实可行。

物料需求计划实现的目标如下：及时取得生产所需的原材料及零部件，保证按时供应用户所需产品；保证尽可能低的库存水平；计划企业的生产活动与采购活动，使各部门生产的零部件、采购的外购件与装配的要求在时间和数量上精确衔接。

四、主生产计划

主生产计划(MPS)是确定每一具体的最终产品在每一具体时间段内生产数量的计划；有时也可能先考虑组件，最后再下达最终装配计划。这里的最终产品是指对于企业来说最终完成、要出厂的成品，它要具体到产品的品种、型号。这里的具体时间段，通常是以周为单位，在有些情况下，也可以是日、旬、月。

主生产计划详细规定在可用资源条件下生产什么、什么时段应该产出，它是独立需求计划。主生产计划根据客户合同和市场预测，把经营计划或生产大纲中的产品系列具体化，使之成为展开物料需求计划的主要依据，起到了从综合计划向具体计划过渡的承上启下作用。

主生产计划(MPS)是ERP系统计划的牵头模块，它是物料需求计划、能力需求计划和成本运作的主要模块，它决定着企业未来的工作负荷、库存投资、生产安排和交货时间，为车间制造与采购等工作提供计划方向，贯穿直到完成交货为止的整个生产制造过程。具体来说，主生产计划在企业经营管理中主要行使以下几项基本功能。

(1)把企业生产大纲同具体的作业计划联系起来。主生产计划就是通过对被制造的产品进行详细的计划来决定企业"将要生产什么？生产多少？何时完成?"它比生产大纲或生产规划更加细而具体，是切合实际的、可实施的计划。

(2)主生产计划把企业管理层计划、物料需求计划、能力需求计划与日程计划连在一起，并且在整个计划过程中始终贯穿了财务成本控制的概念，对企业资源进行一体化的、全过程的计划。

(3)为生产计划管理者提供了一个"控制工具"。主生产计划是企业管理者控制之下最重要的一组计划数据，基于此，企业管理者对整个生产经营过程就有了控制、评价的依据。

一般来说，制定主生产计划遵照以下程序。

(1)企业通过客户订单、预测、备品备件、厂际间需求、客户选择件及附加件、计划维修件等多种信息途径，准备产品需求信息，确定产品总需求。

(2)企业根据总需求、现有库存量、企业计划等要素条件对需求产品进行搭配组合，确定每一个具体产品在每一个具体时间段的生产计划，提出初步的 MPS。

(3)企业要对初步的 MPS 进行可行性论证，对关键资源进行平衡。一般采取的是粗能力计划核算的方法，即以关键资源为计划对象，评价主生产计划对关键资源的总影响如何，从而决定所需能力并测定出主生产计划是否是可行的方法。如果某个部门或某个关键工作中心的负荷超出可用能力过大，就要对主生产计划采取必要的调整或改变生产时间，重新进行模拟直到基本满意为止。这个过程一般要反复多次，调整后的主生产计划由主生产计划员确认后，才能作为提交批准或运行物料需求计划的根据。

(4)企业负责部门对主生产计划进行相应的审核、批准，以保证主生产计划符合企业的经营规划。

主生产计划编制过程包括：编制 MPS 项目的初步计划、进行粗能力平衡、评价 MPS 这 3 个方面。涉及的工作包括收集需求信息、编制主生产计划、编制粗能力计划、评估主生产计划、下达主生产计划等。制定主生产计划的基本思路，可表述为以下程序。

1)根据生产规划和计划清单确定对每个最终项目的生产预测。它反映某产品类的生产规划总生产量中预期分配到该产品的部分，可用于指导主生产计划的编制，使得主生产计划员在编制主生产计划时能遵循生产规划的目标。

2)根据生产预测、已收到的客户订单、配件预测以及该最终项目的需求数量,计算毛需求量。需求的信息来源主要:当前库存、期望的安全库存、已存在的客户订单、其他实际需求、预测其他各项综合需求等。

3)根据毛需求量和事先确定好的批量规则,以及安全库存量和期初预计可用库存量,自动计算各时段的计划产出量和预计可用库存量。

4)自动计算可供销售量供销售部门机动销售选用。

5)自动计算粗能力,用粗能力计划评价主生产计划方案的可行性。粗能力计划是对生产中所需的关键资源进行计算和分析。

6)评估主生产计划。一旦初步的主生产计划测算了生产量,测试了关键工作中心的生产能力并对主生产计划与能力进行平衡之后,初步的主生产计划就确定了。

7)在 MRP 运算以及细能力平衡评估通过后,批准和下达主生产计划。

值得一提的是,主生产计划编排后不是一成不变的,主生产计划应是一个随着市场变化不断增加或减少的持续式的滚动计划,但这并不意味着企业生产计划人员可以低估它的价值。

总之,主生产计划在 ERP 系统中有着十分重要的作用,制定恰当合理、切合实际的主生产计划将能够帮助企业有效地减少库存、提高交货的及时率和生产效率。

五、生产能力

1. 生产能力的概念

生产能力是指企业全部生产性固定资产(包括主要生产设备、辅助生产设备、起重运输设备、动力设备以及有关厂房和生产建筑物等)在一定的时期内,在一定的技术和组织条件下,所能生产一定种类产品的最大数量。它是指各个生产环节、各种固定资产在保持生产要求的一定比例关系的条件下所具有的综合生产能力,是人员能力、设备能力和管理能力的综合。

1. 生产能力的柔性

生产能力柔性意味着生产能力具备适度的冗余性,并且各部分之间具有较强的替换性和配合性。也就是说,在柔性系统中,追求的是多样性、灵活性和组织内部间隙所产生的适度冗余。在现实的柔性系统中,生产从以输入为中心转换到了以输出为中心,完全以产品为中心和出发点,以能够快速响应环境变化为目标来构造生产系统。

3.生产能力的分类

根据用途的差异性划分为三类：

(1)设计的生产能力，是指企业开始建厂时，由工厂设计任务书中所规定的工业企业的产品方案和各种设计数据来确定的生产能力，该能力一般需要经过一定时期以后才能达到。

(2)查定的生产能力，是指当企业产品方案、设备条件和技术组织发生较大变化后，原设计能力已不能反映实际情况，重新调查核实的生产能力。当确定企业的生产规模、编制企业的长期计划、安排企业的基本建设计划和采取重大的技术组织措施的时候，应当以企业查定的生产能力为依据。

(3)现有的生产能力，是指企业在计划年度内所达到的生产能力，它是根据企业现有的条件，并考虑企业在查定时期内采取的各种措施所能取得的效果来计算的。企业在编制年度生产计划，确定生产指标的时候，应当以企业现有的生产能力作为依据，因此，现有的生产能力定得是否准确，对于生产计划的制定有直接影响。

4.生产能力的计量单位

在工业企业尤其是机械工业企业中，因其产品品种、规格繁多，需要根据企业本身的生产与产品特点来核算和平衡生产能力，一般情况下，有5种生产能力的计量单位。

(1)以具体产品为计量单位，是指运用具体产品的台数、零件的数量来计算生产能力。这种常用于大量生产类型中。

(2)以代表产品为计量单位，是指把所有产品按结构、工艺以及劳动量构成的相似性进行分组。找出每组的代表产品，用代表产品作为计量单位，其他产品的数量则通过换算系数表示成代表产品的数量，然后进行相加，以此求得企业的生产能力。该种计量方法通常可以用于成批生产类型。

(3)以假定产品为计量单位。假定产品是指以各种产品产量与总产量之比分别乘以单位产品台时消耗之和，作为单位产品劳动量定额的虚构产品。当产品品种很多而又很难找出代表产品时，就以假定产品来计算生产能力。

(4)以产品重量为计量单位，是指采用产品的重量来计算生产能力，通常在单件小批生产类型中，用具体产品的重量或是假定产品的重量作为计量单位来进行核算。

(5)以产品的主要指标参数为计算单位，是指利用产品的主要指标参数来计算生产能力。企业在采用了合适的计量单位后，应从班组或工段开始往上核算总的生产能力。

第三节　生产运作控制

一、生产运作控制的概念

生产运作控制是指通过建立考核制度、全面经济核算制度和计量工作制度，科学、客观、全面地对企业的生产计划执行情况进行监督和控制，及时发现问题，采取措施纠正偏差，确保企业生产计划的全面完成，并在计划期结束后对生产计划进行重新评价和整理，总结经验，修正错误，并使生产计划更加标准化、规范化，为下一期计划的制订与执行提供依据。

生产运作控制是在计划执行过程中实行的有关产品的生产数量和生产进度控制方面的工作总和。通过生产运作控制可以及时地采取有效的措施，预防或纠正可能发生或已发生的偏离生产运作计划的偏差，保证生产计划规定的产品产量和交货期。

生产控制的对象是生产过程，是经济控制系统中微观层次的一个分支，但它也是一个复杂系统。它的经济活动要素主要包括人员、物资、设备、资金、任务和信息。这些要素一方面分布在企业的所有部门各个环节，另一方面每时每刻处于运动之中。由于要素分布的分散性管理手段又基本上采用手工作业，所以生产控制系统具有自身的特点，这些特点主要是：控制的整体性、控制活动的分散特性、控制活动中人的重要性等。

生产控制的内容很多，作业控制是其中的一部分，另外还包括质量控制、资金控制、库存控制、采购控制等。作业控制包括作业分配、生产进度控制、生产调度、在制品占用量控制和偏差分析与处理等内容。在此主要介绍生产进度控制以及成本控制。

二、生产进度控制

1. 进度控制基本原理

生产进度控制，又称生产作业控制，是在生产计划执行过程中，对有关产品生产的数量和期限的控制。其主要目的是保证完成生产作业计划所规定的产品产量和交货期限指标。生产进度控制是生产控制的基本方面，狭义的生产控制就是指生产进度控制。生产进度控制的基本内容主要包括投入进度控制、工序进度控制和出产进度控制。其基本过程主要包括分配作业、测定差距、处理差距、提出报告等。

生产进度控制贯穿整个生产过程，从生产技术准备开始到生产成品入库为止的全部生产活动都与生产进度有关。习惯上人们将生产进度等同于出产进度，这是因为客户关心的是能否按时得到成品，所以企业也就把注意力放在产成品的完工进度上，即出产进度。

2.影响生产进度的原因

生产控制涉及企业的方方面面。下面我们比较详细地分析与进度控制有联系的职能管理，这些管理部门的工作质量会影响到企业的生产进度。分析的范围限定在企业内部，这是因为企业外部的环境因素是不可控制的，而内部因素一般认为是可控的，将生产控制首先应该理解为对企业内部管理活动的控制。因此影响生产进度主要有下述原因。

(1)设备故障。现代企业都是大机器生产，设备的完好率对正常生产起着十分重要的作用。设备完好率是指设备能正常运转的时间与制度工作时间的比值，是设备管理的一项重要指标，它基本上决定了设备的生产能力。由于制订生产计划时已考虑了设备的这个指标，如果在生产过程中，故障时间超过指标值，马上会影响出产进度。特别是关键设备出故障，影响重大，有时造成的损失无法挽回。

(2)停工待料。因物料不能及时供应，设备不得不停工。如果缺料时间长，加工计划又不能及时调整，会严重影响加工进度。停工待料有两种类型：一种是原材料供应脱节，由于计划不当，或供应商的原因，都可能造成这种局面；另一种是生产流程中前后道工序衔接不好，后工序被迫停工。造成后一种等待加工的原因又可能有许多，如设备故障、库存控制不力、人为因素造成废品率过高等等。在产品的生产流程上无论何处发生停工，都会影响产品的出产进度。

(3)质量问题。编制出产计划时，一般都事先考虑到每道工序或每个零件生产线的废品率，考虑废品率后的投入计划量就会大于出产量，以保证客户的需求量。一旦废品率超过允许标准，就有可能影响到出产计划。所谓可能是因为企业往往备有适当的保险库存以备急用。而造成质量问题的原因又有许多，如设备加工精度下降，材料问题，工人的人为因素，加工工艺问题等等。

(4)员工缺勤。关键设备操作工、流水线操作工的非计划缺勤也会影响加工进度。当缺勤十分严重时，会导致整条生产线停产。员工缺勤除了本身的素质以外，还有其它许多不可预见的原因，如生病，以及家庭的社会的自然的突发事件等。

三、生产成本控制

1. 成本控制原理

成本控制，包括生产过程前的控制和生产过程中的控制。生产过程前的成本控制，主要是在产品的研制和设计过程中，对产品的设计、工艺、工艺装备、材料选用等进行技术经济分析和价值分析，以求用最低的成本使产品达到质量的要求。生产控制中的成本控制主要是产品生产过程中的成本控制。产品的生产过程，是产品成本形成的主要阶段。做好生产过程中的成本控制，对于按质量而又低成本地完成生产计划和作业计划有着重要的作用。因此，生产过程中的成本控制也是生产管理控制的重要内容。

2. 成本控制的内容

成本控制的内容非常广泛，但是，这并不意味着事无巨细地平均使用力量，成本控制应该有计划有重点地区别对待。各行各业不同企业有不同的控制重点。控制内容一般可以从成本形成过程和成本费用分类两个角度予以考虑。

(1)按成本形成过程可分为 3 个部分：产品投产前的控制、制造过程中的控制和流通过程中的控制。

1)产品投产前的控制。这部分控制内容主要包括：产品设计成本，加工工艺成本，物资采购成本，生产组织方式，材料定额与劳动定额水平等。这些内容对成本的影响最大，可以说产品总成本的 60%取决于这个阶段的成本控制工作的质量。这项控制工作属于事前控制方式，在控制活动实施时真实的成本还没有发生，但它决定了成本将会怎样发生，它基本上决定了产品的成本水平。

2)制造过程中的控制。制造过程是成本实际形成的主要阶段。绝大部分的成本支出在这里发生，包括原材料、人工、能源动力、各种辅料的消耗、工序间物料运输费用、车间以及其它管理部门的费用支出。投产前控制的种种方案设想、控制措施能否在制造过程中贯彻实施，大部分的控制目标能否实现和这阶段的控制活动紧密相关，它主要属于始终控制方式。由于成本控制的核算信息很难做到及时，会给事中控制带来很多困难。

3)流通过程中的控制。包括产品包装、厂外运输、广告促销、销售机构开支和售后服务等费用。在目前强调加强企业市场管理职能的时候，很容易不顾成本地采取种种促销手段，反而抵消了利润增量，所以也要作定量分析。

(2)按成本费用的构成可分为下述四方面。

1)原材料成本控制。在制造业中原材料费用占了总成本的很大比重,一般在60%以上,高的可达90%,是成本控制的主要对象。影响原材料成本的因素有采购、库存费用、生产消耗、回收利用等,所以控制活动可从采购、库存管理和消耗三个环节着手。

2)工资费用控制。工资在成本中占有一定的比重,增加工资又被认为是不可逆转的。控制工资与效益同步增长,减少单位产品中工资的比重,对于降低成本有重要意义。控制工资成本的关键在于提高劳动生产率,它与劳动定额、工时消耗、工时利用率、工作效率、工人出勤率等因素有关。

3)制造费用控制。制造费用开支项目很多,主要包括折旧费、修理费、辅助生产费用、车间管理人员工资等,虽然它在成本中所占比重不大,但因不引人注意,浪费现象十分普遍,因此是不可忽视的一项内容。

4)企业管理费控制。企业管理费指为管理和组织生产所发生的各项费用,开支项目非常多,也是成本控制中不可忽视的内容。

上述这些都是绝对量的控制,即在产量固定的假设条件下使各种成本开支得到控制。在现实系统中还要达到控制单位成品成本的目标。

3.成本控制方法

生产过程中的成本控制,就是在产品的制造过程中,对成本形成的各种因素,按照事先拟定的标准严格加以监督,发现偏差就及时采取措施加以纠正,从而使生产过程中的各项资源的消耗和费用开支限定在标准规定的范围之内。成本控制通常采用下述基本工作程序。

(1)制订成本标准。成本标准是成本控制的准绳,成本标准首先包括成本计划中规定的各项指标。但成本计划中的一些指标都比较综合,还不能满足具体控制的要求,这就必须规定一系列具体的标准。确定这些标准的方法,大致有3种:计划指标分解法,即将大指标分解为小指标。分解时,可以按部门、单位分解,也可以按不同产品和各种产品的工艺阶段或零部件进行分解,若更细致一点,还可以按工序进行分解。预算法,就是用制订预算的办法来制订控制标准。有的企业基本上是根据季度的生产销售计划来制订较短期的(如月份)的费用开支预算,并把它作为成本控制的标准。采用这种方法特别要注意从实际出发来制订预算。定额法,就是建立起定额和费用开支限额,并将这些定额和限额作为控制标准来进行控制。在企业里,凡是能建立定额的地方,都应把定额建立起来,如材料消耗定额、工时定额等。实行定额控制的办法有利于成本控制的具体化和经常化。

在采用上述方法确定成本控制标准时,一定要进行充分的调查研究和科学计算。同时还要正确处理成本指标与其他技术经济指标的关系(如和质量、生产效率等关系),从完成企业的总体目标出发,经过综合平衡,防止片面性。必要时还应进行多种方案的择优选用。

(2)监督成本的形成。就是根据控制标准,对成本形成的各个项目,经常地进行检查、评比和监督。不仅要检查指标本身的执行情况,而且要检查和监督影响指标的各项条件,如设备、工艺、工具、工人技术水平、工作环境等。所以,成本日常控制要与生产作业控制等结合起来进行。

成本日常控制的主要方面有:材料费用的日常控制。车间施工员和技术检查员要监督按图纸、工艺、工装要求进行操作,实行首件检查,防止成批报废。车间设备员要按工艺规程规定的要求监督设备维修和使用情况,不合要求不能开工生产。供应部门材料员要按规定的品种、规格、材质实行限额发料,监督领料、补料、退料等制度的执行。生产调度人员要控制生产批量,合理下料,合理投料,监督期量标准的执行。车间材料费的日常控制,一般由车间材料核算员负责,它要经常收集材料,分析对比,追踪原因,并会同有关部门和人员提出改进措施。工资费用的日常控制,主要是车间劳资员对生产现场的工时定额、出勤率、工时利用率、劳动组织的调整、奖金、津贴等的监督和控制。此外,生产调度人员要监督车间内部作业计划的合理安排,要合理投产、合理派工、控制窝工、停工、加班、加点等。车间劳资员(或定额员)对上述有关指标负责控制和核算,分析偏差,寻找原因。间接费用的日常控制,车间经费、企业管理费的项目很多,发生的情况各异。有定额的按定额控制,没有定额的按各项费用预算进行控制,如采用费用开支手册、企业内费用券(又叫本票、企业内流通券)等形式来实行控制。各个部门、车间、班组分别由有关人员负责控制和监督,并提出改进意见。

上述各生产费用的日常控制,不仅要有专人负责和监督,而且要使费用发生的执行者实行自我控制。还应当在责任制中加以规定。这样才能调动全体职工的积极性,使成本的日常控制有群众基础。

(3)及时纠正偏差。针对成本差异发生的原因,查明责任者,分别情况,分别轻重缓急,提出改进措施,加以贯彻执行。对于重大差异项目的纠正,一般采用下列程序:提出课题。从各种成本超支的原因中提出降低成本的课题。这些课题首先应当是那些成本降低潜力大、各方关心、可能实行的项目。提出课题的要求,包括课题的目的、内容、理由、根据和预期达到的经济效益。讨论和决策。课题选定以后,应发动有关部门和人员进行广泛的研究和讨论。对重大课题,可能要提出多种解决方案,然后进行各种方案的对比分析,从中选出最优方案。然后确定方案实施的方法步骤及负责执行的部门和人员。贯彻执行确定的方案。在执行过程中也要及时加以监督检查。方案实现以后,还要检查方案实现后的经济效益,衡量是否达到了预期的目标。

第四节 现代生产管理方式

随着现代科学技术在生产中的广泛运用,发达国家兴起了管理变革的浪潮,相继创立了适应当今时代要求的新型生产方式、新型生产计划管理模式、新型生产管理体系。本节分别介绍现代生产管理中应用较为广泛的几种生产管理方式。

一、精益生产

精益生产方式起源于日本丰田汽车公司,精益生产的实质就是不需投入多余的生产要素,只是在适当的时间生产需要的产品,它的突出特点是在多品种小批量生产条件下高质量、低成本地进行生产。

到20世纪80年代中期,精益生产方式已经在世界范围内得到了相当广泛的传播,被称为是一种"人类制造产品的非常优越的方式"。精益生产既是一种原理,又是一种新的生产方式。它是继大量生产方式之后,对人类社会和人们的生活方式影响最大的一种生产方式,是新时代工业化的象征。

精益生产方式具有以下特点:①零库存生产;②弹性配置作业人数;③通过排除各种浪费降低成本;④"连续改进,追求尽善尽美"的经营理念;⑤只在必要的时候,按必要的量,生产必要的产品;⑥将质量控制融入每一道工序,产品每经过一道工序就被把一次关。

与大量生产不同,精益生产的一切都是"精简"的,而且注重"效益"。与大批量生产相比,只需要更少的劳动强度、更少的制造空间、更少的设备投资、更少的产品开发时间,而且库存与废品大量减少、品种大量增加。大批量生产强调成本低、效率高,而精益生产则追求整体完美性,不断降低价格,尽量实现零缺陷、零库存和无限多的品种。

二、敏捷制造

20世纪90年代,信息技术突飞猛进,信息化的浪潮汹涌而来,许多国家制订了旨在提高自己国家在未来世界中的竞争地位、培养竞争优势的先进的制造计划。在这一浪潮中,美国率先因敏捷制造走在了世界的前列。敏捷制造给美国制造业改变生产方式提供了强有力的支持，美国想凭借这一优势重造在制造领域的领先地位。

敏捷制造是在具有创新精神的组织和管理结构、先进制造技术（以信息技术和柔性智能技术为主导）、有技术有知识的管理人员三大类资源支柱支撑下得以实施的，也就是将柔性生产技术、有技术有知识的劳动力与能够促进企业内部和企业之间合作的灵活管理集中在一起，通过所建立的共同基础结构，对迅速改变的市场需求和市场进度作出快速响应。敏捷制造比起其它制造方式具有更灵敏、更快捷的反应能力。

敏捷制造的优点：生产更快，成本更低，劳动生产率更高，机器生产率加快，质量提高，提高生产系统可靠性，减少库存，适用于CAD/CAM操作。缺点：实施起来费用高。

敏捷制造目前尚无统一、公认的定义，一般可以这样认为：敏捷制造是在“竞争—合作”机制作用下，企业既能获取自身的特殊利益，又能体现与利益相关方共同利益的一种新的生产方式。

1.敏捷制造要素

敏捷制造主要包括3个要素：生产技术、组织方式、管理手段。

(1)敏捷制造的生产技术。高度柔性的生产设备是创建敏捷制造企业的必要条件。敏捷制造企业普遍使用可靠的集成技术，并且进行可靠的、不中断系统运行的大规模软件改进，旨在提高生产效率。

(2)敏捷制造的管理技术。敏捷制造在管理上所提出的最创新思想之一是“虚拟公司”。敏捷制造认为，“虚拟公司”利用不同公司的资源，使分布在不同公司内的人力资源和物资资源能随意互换，然后把它们综合成单一的靠电子手段联系的经营实体，以完成特定的任务。

(3)敏捷制造的人力资源。敏捷制造在人力资源上的基本思想是，在动态竞争的环境中，关键的因素是人员。有知识的人员是敏捷制造企业中最宝贵的财富。敏捷制造企业能够最大限度地发挥人的主动性。

2.敏捷制造企业的特点

(1)高度柔性。柔性主要指制造柔性和组织管理柔性。制造柔性主要是指企业能够针对市场的需求迅速转产，转产后能够实现多品种、少批量产品的快速制造。组织柔性主要是指企业谈化金字塔形的管理模式，更强调扁平式管理。充分发挥每个员工的主观能动性，随时发现问题，随时解决。

(2)先进技术。敏捷制造企业具有领先的技术手段和拿握这些技术的人员，还具有可快速重组的、柔性的但并不强调完全自动化的加工设备，以及一套行之有效的质量保证体系，使设计制造出来的产品达到社会用户都满意的程度。

(3)高素质人员。敏捷制造的一个显著特征就是以其对机会的迅速反应能力来参与激烈的市场竞争，这不仅是无思想的计算机所不能担负的工作，而且也不是思想僵化、被动接受指令的职工或一般模式中偏重于技术的工程师们所能完成的，它需要具有“创造性思维”的全面发展的敏捷型员工才能够胜任。

(4)客户参与。传统的制造过程是根据客户的要求和预测市场需求，将产品推向市场。在这种模式下，客户是被动地接受。在敏捷制造模式下，客户参与产品的设计过程，根据自己的喜好提出设计要求，而且整个设计制造过程对客户都是透明的，甚至连销售服务方面都有客户的参与。

3.敏捷制造的技术基础

(1)敏捷化信息系统。信息的采集、处理与分析、传递、集成的敏捷化是实现敏捷制造的必要条件。敏捷化信息系统具有开放性、系统可重构性、软件可重用性和规模可扩展性，可以通过添加新的要素，改变要素之间的连接方式，为系统动态地改变为新的系统，以适应新的要求。

(2)敏捷化工具集。

①决策支持系统；②多媒体协同工作环境；③工作流程管理系统；④产品数据管理系统，⑤质量保证体系；⑥计算机仿真技术；⑦MRP/ERP；⑧供应链管理系统。

这些工具集构成的软环境从不同的侧面支持敏捷化企业的运行。

(3)敏捷化制造技术。敏捷制造系统采用企业间协同制造、可重组加工单元、动态生产调度、企业间协同设计、动态加工仿真、实时工艺规划、产品并行设计、集成产品建模等提高产品设计、制造的速度和效率，降低制造成本。

三、大规模定制

大规模定制是斯坦·戴维所在他所著的《未来理想》一书中首先提出的。其含义是以满足顾客个性化需求为目标，以顾客愿意支付的价格，并以能够获得一定利润的成本高效率地进行定制，从而提高企业适应市场需求变化的灵活性和快速响应能力的先进生产方式。

大规模定制既不同于大规模生产，也有别于通常的定制生产。一般的定制生产方式是根据消费者的特别需求而定制生产产品，它适合那些产品的差异化对于消费者有重要意义的产品，对于消费者不需要差异化产品则不适合这种方式。定制生产与大量生产相比虽然能很好地满足消费者的需求，但其组织过程很复杂，组织不当会导致生产成本的大幅提高。

大规模定制兼有大量生产与定制生产的优点，即能够在不牺牲企业经济效益的前提下满足顾客对产品或服务的个性化需求。在该生产方式中，对顾客而言，每一种产品都是定制的、个性化的。但对生产企业而言，该产品都是主要采用大批量生产方式制造出来的，以大批量的生产成本和效率生产出个性化的产品。随着经济、技术的发展和人们生产生活水平的提高，人们对产品多样性的要求越来越突出，顾客需求个性化将成为一种趋势，通过为顾客提供个性化的产品和服务来提高顾客的满意度是现代企业获得竞争优势的有效途径。因此，大规模定制将成为 21 世纪主流生产方式之一。

大规模定制的类型主要有以下几种。

(1)合作型定制。企业通过与顾客交流使顾客明确表达出对产品的具体要求，依此设计并制造。

(2)预测型定制。顾客不参与产品的设计过程，企业根据预测或推断不同顾客的需求，为其提供个性化产品。

(3)装饰性定制。企业以不同的包装把产品提供给不同的顾客。这种方式适用于顾客对产品本身无特殊要求，但对包装有个性化要求的情况。

(4)适应性定制。企业提供客户化的标准化产品，顾客根据要求对产品进行调整，以满足其个性化的要求。

第九章 财务管理

第一节 财务管理概述

一、财务管理的概念

财务管理是指在一定的整体目标下，对企业资金进行规划和控制的一项活动。财务管理是企业管理的一个重要组成部分，是有关资金的获得和有效使用的管理工作。它既要管理各种财务活动，又要处理企业与投资者之间、企业与其他企业之间、企业与国家税务、金融、审计、物价、工商行政管理部门之间以及企业内部的各种财务关系，是企业管理中极其重要的组成部分。

财务管理中有关的基本术语及其概念，主要有以下几方面。

1. 资金

资金是企业拥有或控制的所有经济资源的货币表现形式。企业资金按其来源可分为权益资金和债务资金两类。权益资金是企业投入的资金，债务资金是企业通过债务方式筹集的资金。

2. 资产

资产是指过去的交易、事项形成并由企业拥有或控制的资源，该资源预期会给企业带来经济效益。在企业的资产负债表中资产有明确的体现。资产按其变化或耗用时间的长短，可分为流动资产和非流动资产。流动资产指在12个月内或下个经营循环（视何者更长而定），将被用完或者转换为现金的资产。例如，库存将被出售，应收账款将被收回等，现金是流动资产的典型代表。非流动资产是相对于流动资产而言的，一般包括长期投资、固定资产、长期负债等。

3. 负债与所有者权益

负债是企业所承担的能以货币计量并将以资产或者劳务偿付的债务。所有者权益是企业投资人对企业净资产的所有权。从静态上看，企业生产经营活动在某一时点上，总是表现为占用一定的资产，这些资产只能来源于债权人的债务和所有者投资。因此，企业的资产价值总量等于企业的负债额加所有者对企业投资额。资产、负债和所有者权益之间的关系为:资产＝负债＋所有者权益。

4.资金运动

企业的生产经营过程既是使用价值的生产和交换过程.又是价值的形成和实现过程,在这个过程中,各种物质价值的货币表现就是资金。随着企业再生产的不断进行,资金不断周转、循环,形成了企业的资金运动。企业资金运动所构成的各种经济活动称为财务活动。在财务活动中,存在着企业与各个方面的经济利益关系,称为财务关系。

二、财务管理的目标

财务管理的目标取决于企业的总体目标,并且受财务管理自身特点的制约。

(一)企业的目标及其对财务管理的要求

企业一旦成立,就会面临竞争并始终处于生存和倒闭、发展和萎缩的矛盾之中。企业必须生存下去才可能获利,只有不断发展才能求得生存。企业管理主要目标可以概括为生存、发展和获利。

(1)生存。企业生存对财务管理的要求是力求保持以收抵支和偿还到期债务的能力,减少破产风险。企业在市场中生存下去的基本条件是以收抵支。

(2)发展。企业发展集中表现为收入,主要途径有扩大产品销量,提高产品质量。发展对财务管理的要求是筹集企业发展所需要的资金。

(3)获利。企业获利对财务管理的要求是通过合理、有效地使用资金使企业获利。盈利就是使资产获得超过其投资的回报。财务管理工作务必使企业正常经营产生的和从外部获得的资金能以产出最大的形式加以利用。

(二)企业的财务目标

财务管理的目标取决于企业的目标。企业财务管理的目标是指在特定的理财环境中,通过组织财务管理活动,处理财务关系所要达到的目的,反映了企业的特定价值取向,也是评价企业财务活动是否合理的标准。可以分为下述两个层面。

1.总体目标

企业财务管理的最终目标是企业价值最大化,提高企业价值的主要途径是提高收益率和减少风险。企业价值最大化是指通过合理经营,采用最优的财务政策,充分考虑资金的时间价值和风险与报酬的关系,在保证企业长期稳定发展的基础上使企业总价值达到最大。

2.具体目标

具体目标指各项财务活动所要达到的目标，主要包括：

(1)筹资管理目标，即以较低的筹资成本和风险获得企业所需要的资金；

(2)投资管理目标，即以较高的投资回报与适度的风险，进行企业需要的内外部投资；

(3)资产管理目标，即对企业资产有效配置，提高资产利用水平，改善资金周转状况；

(4)成本管理目标，即对财务结构分析，从各种渠道加强对成本的控制；

(5)收益分配管理目标，即按照国家规定和企业发展需要，处理好积累和分配的关系以及与利益相关者的关系，保持企业的良好信誉。

三、财务管理的内容

企业财务管理的目标是股东财富最大化。股东财富最大化的途径是提高报酬率和减小风险。企业的报酬率高低和风险大小又决定于投资项目、资本结构和股利政策。因此，财务管理的主要内容是投资决策、筹资决策、资本成本管理和股利分配决策。

(1)投资决策。投资是以收回现金并取得投资收益为目的而发生的现金流出。例如，建造厂房、购置设备、增加产品、购买股本和债券等，企业都要发生现金流出，并期望取得更多的现金流入。

(2)筹资决策。筹资是指筹集资金。例如，企业发行股本、发行债券、取得借款、赊购、租赁都属于筹资。筹资决策要解决的问题是如何取得企业所需要的资金，包括认证、在什么时候、筹集多少资金。筹集决策和投资、股利分配有密切关系，筹资的数量多少要考虑投资需要，在利润分配时加大保留盈余，可减少从外部筹资。筹资决策的关键是决定各种资金来源在总资金中所占的比重，即确定资本结构，以使筹资风险和筹资成本相配合。

(3)资本成本管理。企业通过对生产经营过程中发生的费用成本进行预测、计划、控制、核算、分析与考核取降低成本费用等措施，保证企业生产经营活动的最终成果，即目标利润的实现。

(4)股利分配决策。股利分配是指在公司赚得的利润中，有多少作为股利发放给股东，有多少留在公司作为再投资。过高的股利支付率，影响企业再投资的能力，会使未来收益减少，造成股价下跌；过低的股利支付率，可能引起股东不满，股价也会下跌。

另外财务管理的内容还有营运资金管理、并购等决策。营运资金管理从会计的角度看，是指流动资产和流动负债的净额，而并购的实质是企业控制权的运动过程中各权利主体依据企业产权制度安排进行的一种权利让渡行为。

第二节 创业融资

一、融资理论

融资，顾名思义就是资本的融通，其定义也有广义和狭义之分。广义的融资是指资本在持有者之间流动、以余补缺的一种经济行为，因此，广义的融资是一个资金双向互动过程，它包括资金融入和融出两个同时存在的方面。狭义的融资主要是指资本的融人，也就是我们通常所说的资本来源。本文所讨论的融资是狭义的融资。中小企业融资是以中小企业为资金融入者的融资活动，它是指中小企业从自身生产经营现状及资金运用情况出发，根据企业未来经营与发展策略的要求，通过一定的渠道和方式，利用内部积累或向企业的投资者及债权人筹集生产经营所需资金的一种经济活动。

主要介绍 3 种具有代表性的中小企业融资理论，分别是资本结构理论、企业金融成长周期理论和融资需求理论。

1. 资本结构理论

企业资本结构理论中的“资本”，是指企业全部的资金来源，包括自有资金和负债。资本结构指全部资本的构成，即自有资本和债务资本及其内部各部分之间的比例关系。

资本结构理论是以 MM 定理为重要起点，经历近半个世纪而发展起来的。由于 MM 定理纯粹从资本市场角度进行研究，不涉及企业内部的各种因素，因而对于现实中存在的各种融资形式无法给出合适的答案。在委托一代理理论引入资本结构的分析以后，放宽了 MM 定理的假设条件，形成了关于资本结构的代理理论。此后，随着不完全契约理论的引入，又形成了融资契约理论。融资契约理论极大地推进了现代资本结构理论，是现代资本结构理论的最新发展。现代资本结构理论的这一发展线索表明，对资本结构的假定条件越来越宽，研究的视角逐步深入到企业内部的各种信息和权利，因而也越来越贴近经济现实。

资本结构埋论发展到今天，中间经历了很多阶段，也出现过很多有代表性的理论观点，其中最具代表性的有以下 4 个：MM 理论、权衡理论、融资优序理论、代理成本理论。

2.金融成长周期理论

20世纪70年代，韦斯顿(weston)和布里格姆(Brigham)根据企业不同成长阶段融资来源的变化提出了企业金融成长周期理论。该理论把企业的资本结构、销售额和利润等作为影响企业融资结构的主要因素，并把企业金融生命周期划分为初创期、成熟期和衰退期3个阶段。后来，根据现实情况的变化，韦斯顿和布里格姆把企业的金融生命周期扩展为创立期、成长阶段1、成长阶段2、成长阶段3、成熟期和衰退期这6个阶段。

企业金融成长周期理论认为，在企业的创立期，企业融资的来源主要是创业者的自有资金，此阶段资本化程度较低；在企业的成长阶段1，企业融资的来源除了自有资金外，还有留存利润、商业信贷、银行短期贷款及透支、租赁等，但此阶段存在存货过多、流动性风险问题；在企业的成长阶段2，除了有成长阶段1的融资来源外，还有来自金融机构的长期融资，但此阶段存在一定的金融缺口；在企业的成长阶段3，除了有成长阶段2的融资来源外，还在证券市场上融资，但存在控制权分散问题；在企业的成熟期，则包括了以上的全部融资来源，但投资回报趋于平衡；在企业的衰退期，金融资源开始撤出，企业进行并购、股票回购及清盘等，投资回报开始下降。

此后，美国经济学家伯杰(Berger)和尤德尔(Udell)对韦斯顿和布里格姆的企业金融成长周期理论进行了修订，把信息约束、企业规模和资金需要量等作为影响企业融资结构的基本因素来构建企业的融资模型，得出了企业融资结构的一般变化规律，即在企业成长的不同阶段，随着信息约束、企业规模和资金需要量等约束条件的变化，企业的融资结构也随之发生变化。处于早期成长阶段的企业，其外源融资的约束紧，融资渠道窄，企业主要依赖内源融资；而随着企业规模的扩大，可抵押资产的增加，资信程度的提高，企业的融资渠道不断扩大，获得的外源融资尤其是股权融资逐步上升。

3.融资需求理论

融资需求理论是从中小企业的融资需求、为中小企业融资服务的金融中介和从融资环境角度分析中小企业的融资问题，主要理论包括信贷配给理论、关系型贷款、规模匹配理论、金融加速器理论(即金融政策和金融环境)对中小企业融资的影响等。

二、融资决策内容

(1)确定创业资金需求；

(2)何时需要这些资金；

(3)何处、向谁筹集；

(4)资金维持多久；

(5)资金使用过程安排与管理。

三、融资渠道

所谓融资渠道，指筹措资金来源的方向与通道，体现着资金的源泉和流量。目前我国企业融资，主要有下述渠道和特点。

(1)国家财政资金。国家财政资金在企业资金来源中占有相当大的比重。国家对企业的直接投资是国有企业最主要的资金来源，特别是国有独资企业。从产权关系来看，企业产权归国家所有。一般自主创业很难拿到这部分资金。

(2)银行信贷资金。银行对企业的各种贷款，是我国目前各类企业最为重要的资金来源。银行贷款方式灵活多样，可以适应各类企业的多种资金需要。但对于新创企业不太容易获得银行贷款，成功创业后发展到一定规模时，可以成为继续发展的重要融资渠道。

(3)非银行金融机构资金。主要指信托投资公司、保险公司、租赁公司、证券公司、企业集团所属的财务公司等。它们所提供的各种金融服务，既包括信贷资金投放，也包括物资的融通，还包括为企业承销证券服务，可以为一些企业直接提供部分资金或为企业融资提供服务。

(4)其他法人单位资金。主要指企业为提高资金收益率或其他目的将生产经营过程中部分暂时闲置的资金进行投资而形成的资金，包括企业法人单位资金和社会法人单位资金。目前，随着我国上市公司的增多，许多公司用上市融资的资金进行投资和收购。

(5)民间个人资金。我国城乡居民个人的节余资金，作为游离于银行及非银行金融机构之外的个人资金，可用于对企业进行股票、债券，甚至创业投资等。随着人们生活水平的提高和投资意识的增强，这部分资金会越来越大，也会形成创业资金的一个重要来源。

(6)境外资金。主要指外国投资者以及我国港澳台地区投资者投入的资金，是我国外商投资企业和境内外资企业的重要资金来源。目前，境外资金也开始介入我国的创业投资领域，成为一支活跃的力量。

四、融资的原则

(1)认知性。只有在对未来发展思路有高度认同的基础上，双方才能达到高度的默契，才能实现资本与品牌、资源与人才的完美融合，才能放手创造奇迹，才能避免“道不同不相为谋”的事件发生。为什么很多企业融资失败，最重要的原因就是没有达成对未来发展方向认知的高度“认同”，而是只简单的停留在就融资谈融资上，就钱谈钱那是很难融到真正好的资本的。

(2)及时性。足够的资金是抓住机会的基本保证，创业者在制定融资策略时必须预测到企业每个需要资金的阶段，提前做好准备，同时也要准备一定数量的储备融资渠道。

(3)低成本。融资是需要成本的，创业者需要付出一定的费用才能获得资金的使用权，在同等情况下，创业者在融资时应首先选择那些所需成本较低的融资渠道。

(4)低风险。创业融资是有风险的，特别是创业者在制定创业计划的时候，对于融资渠道必须考虑到各种可能出现的不可融资情况，企业在确定每一阶段的融资策略的时候，应首先考虑较稳定、变数较小的融资来源。

五、融资的分类

融资的途径和方式是多种多样的，根据不同的口径和特点可以有不同的分类方法。

(1)债券融资与股权融资。

(2)内部融资和外部融资。

(3)风险资本融资。

第三节　成本费用管理

一、成本费用概述

成本费用是反映企业工作质量的综合性指标，是补偿生产耗费的尺度，是制定产品价格和进行经营决策的重要依据。因此，对成本和费用的管理是企业财务管理的核心内容之一。

企业在生产经营活动中，必不可少地要付出各种各样的代价，包括物化劳动的耗费和活劳动的耗费，这些耗费的社会劳动价值虽然都表现为企业的支出，但又有成本和费用之分。

1. 成本及其范围

成本有广义与狭义之分。广义的成本泛指取得资产的代价，包括制造成本和期间费用。狭义的成本仅指产品制造成本。企业财务制度中一般使用狭义的成本概念。制造成本就是产品的生产成本，也称生产经营成本，是指产品(包括劳务)在生产过程中直接耗签的各种价值的货币支出量的总和，一般包括直接材料、直接工资、其他直接支出和制造费用。

2.费用及其范围

费用是指期间费用。期间费用是指在一定会计期间发生的与生产经营没有直接关系或关系不密切不能直接计入产品的生产成本，只能作为当期损益来看待的费用，包括管理费用、财务费用和营业费用。

二、成本项目

以制造成本法计算产品成本，是目前世界各国普遍采用的成本管理和成本核算的方法。

所谓制造成本法，是指企业只核算其所生产的商品或劳务的生产成本。也就是在制造成本法下，计算产品成本时，只分配与生产经营最直接和最密切关系的费用，而将与生产经营没有直接关系和关系不密切的费用直接计入当期损益。这种方法的特点是把企业一定时期的费用划分为产品制造成本和期间费用两部分，期间费用不进入产品成本而直接从当期损益金扣除。

1.制造成本

制造成本是企业生产经营过程中实际消耗的直接材料、直接工资和制造费用。采用制造成本法计算出的产品成本，实际上只计算到车间为止所发生的与生产产品有关的费用。

(1)直接材料，是指直接用于产品生产、构成产品实体的原料及主要材料、外购半成品、有助于产品形成的辅助材料以及其他直接材料，如燃料、动力、包装物等。

(2)直接工资，包括企业直接从事产品生产人员的工资、奖金、津贴、补贴以及按生产工人工资总额和规定的比例计算提取的职工福利费。

(3)制造费用，是指企业在生产车间范围内为生产产品和提供劳务而发生的各种间接费用，包括企业各个生产单位(分厂、车间)为组织和管理生产所发生的生产单位管理人员的工资和福利费，生产单位房屋建筑物、机器设备等的折旧费，以及修理费、取暖费、水电费、办公费、差旅费、运输费、保险费、设计制图费、试验检验费、劳动保护费、季节性与修理期间的停工损失费和其他制造费用。制造费用是与产品生产密切相关的间接费用，也应计入产品成本。

以上3项费用是工业企业的直接费用，商品流通企业的直接费用指商品进价成本。直接费用应直接计入产品成本。

2.期间费用

期间费用按照经济用途可分为管理费用、财务费用和销售费用。

(1)管理费用。管理费用是指企业的行政管理部门为组织和管理生产经营活动而发生的各项费用,包括公司经费、工会经费、职工教育经费、劳动保险费、待业保险费、董事会费、咨询费、审计费、诉讼费、排污费、绿化费、税金、土地(海域)使用费、土地损失补偿费、技术转让费、技术开发费、无形资产摊销、开办费摊销、业务招待费、坏账损失、存货盘亏、毁损和报废损失以及其他管理费用等。

(2)财务费用。财务费用是指企业为筹集资金而发生的各项费用,包括企业生产经营期间发生的利息净支出(减利息收入)、汇兑净损失、调剂外汇手续费、金融机构手续费以及筹资发生的其他财务费用等。

(3)销售费用。工业企业中销售费用是指企业在销售产品或提供劳务过程中发生的、应由企业负担的各项费用,以及专设销售机构的各项费用;商品流通企业的销售费用是指企业在整个经营环节所发生的各种费用,包括运输费、装卸费、包装费、保险费、广告费、展览费、专设销售机构销售人员的工资、福利费以及类似工资性质的费用等。

三、成本费用管理的主要内容

企业的成本和费用管理工作是企业生产经营管理的核心内容之一,必须贯穿于生产经营活动的全过程。成本费用管理的内容主要包括成本费用的预测、决策、计划、核算、控制、考核和分析等几方面。

1.成本预测

成本预测是指依据成本与各种技术经济因素的依存关系,结合企业发展前景以及采取的各种措施,通过对影响成本变动的有关因家的分析测算,采用科学方法,对未来成本水平及其变化趋势做出的科学估计。成本预测的目的在于挖掘企业内部降低产品成本的潜力,促使企业加强经济核算,改善经营管理,降低产品成本,提高经济效益。成本预测广泛运用于成本决策、成本计划和成本控制中。

2.成本决策

成本决策是指为了实现成本目标,在取得大量信息资料的基础上,借助一定手段、方法,进行计算和判断,比较各种可行方案的不同成本,从中选择一个技术上先进、经济上合理的优秀方案的过程。成本决策的目的是降低劳动耗费、提高经济效益。成本决策与成本预测同属于成本的事前管理。

3.成本计划

成本计划是指以货币形式预先规定企业计划期内完成生产任务所需耗费的费用数额,并确定各种产品的成本水平。

4.成本核算

成本核算是指根据会计的原理、原则和规定的成本项目,按照账簿记录,通过各项费用的归案和分配,采用适当的成本计算方法,计算出完工产品成本和期末产品成本,并进行相应的账务处理。通过成本核算提供的资料,可以了解成本计划的完成情况,同时为计算经营成果提供数据。

5.成本控制

成本控制是指在生产经营过程中,按照规定的标准调节影响成本的各种因素,使生产耗费控制在预定的范围内,包括事前成本控制、日常成本控制和事后成本控制。

6.成本考核

成本考核是将会计报告期成本实际完成数额与计划指标、定额指标、预算指标进行对比,来评价成本管理工作的成绩和水平的一项工作,是检验成本管理目标是否达到的一个重要环节。

7.成本分析

成本分析是根据成本核算资料和成本计划资料及其他有关资料,运用一系列专门方法,揭示企业费用预算和成本计划的完成情况,查明影响计划或预算完成的各种因素变化的影响程度,寻求降低成本、节约费用途径的一项专门工作。

成本管理的根本目的是追求产品成本在相对条件下得以下降。一般要求包括正确处理好成本与产量、质量之间的关系;正确划分多种费用支出的界限,保证成本及各种费用计算的准确性;建立标准成本制度。在成本形成的全过程实施全员性控制,不断纠正偏差,找到降低产品成本的途径;加强成本管理的各项基础工作,如定额管理、成本的各项原始记录、计量管理、验收和物资收发领退管理,以及落实全面成本管理责任制,实施企业内部价格管理等;实施成本分析,及时发现和解决成本管理工作中的薄弱环节。

四、预算管理

(一)实施预算管理的意义

实施预算管理可以发现未能预知的机遇和挑战,这些信息通过预算汇报体系反映到决策机构，可以帮助企业动态地调整战略规划，提升企业战略管理的应变能力；实施预算管理将预算与执行情况进行对比和分析，为经营者提供了有效的监控手段；通过全面预算的编制和平衡，企业可以对有限的资源进行最佳的安排使用，避免资源浪费和低效使用；全面预算管理和考核、奖惩制度共同作用，可以激励并约束相关主体追求尽量高的收入增长和尽量低的成本费用。

(二)全面预算管理的内容

1.经营预算管理

经营预算管理是经营决策的具体化，是以货币、数量双重计量形式来表示全部生产销售经营计划的综合说明，是现代企业管理的重要组成部分，也是目标管理的重要手段。经营预算管理应重点抓住以下两方面。

(1)以销售为起点的预算管理模式。预算编制的指导思想是：以市场为依托，“以销定产”为原则，以现金流量制定信用政策。在市场预测的基础上，确定销售目标和销售价格，然后分解到各营销网点，形成营销网络点的销售目标。

(2)以成本为起点的预算管理模式。这一模式的内涵在于：企业欲达到期望的经营目标，即目标利润，很大程度取决于企业产品的市场占有率，而企业利润实现的高低，不完全取决于定价策略，而在更大程度上取决于成本控制。以企业成本预算为起点的预算管理，必须强调成本控制来规划企业集团的目标利润和目标成本，然后分解到涉及成本发生的所有管理部门或单位，形成约束各预算单位行为和预算成本的控制，最终实现企业集团的目标利润。

2.投资预算管理

投资预算管理是以投资为起点的预算管理模式。企业创业面临的经营风险来自两个方面：一是大量资本支出与现金流出，使现金流量为负数；二是新产品开发的成败及未来现金流量的大小有较大的不确定性，投资风险大。投资的高风险，使得新产品开发及其相关资本投入需要慎重决策。这时，预算管理以资本预算为重点，它具有更广泛的含义，包括：①从资本需要量方面对投资项目总支出进行规划；②进行项目的可行性分析与决策的优劣取舍；③在时间序列上考虑项目资本支出的时间安排；④研究筹资方式，制定筹资预算，保证项目资本支出需要；⑤确定资本预算的审批程序和资本支出的监督控制。投资支出金额大，影响的持续期长，投资风险也大。因此必须十分重视决策科学化，在科学理论的指导下，进行科学分析、论证，使所选择的投资方案达到技术经济的统一与最优化。而投资项目支出与收入均以现金实际流出和流入为计算基础，它是评价投资效益的必要条件。

3. 现金流量预算管理

以现金流量为起点的预算管理模式，必须借助于现金流量预算，它是确定企业在一定时期内全部货币资金流入和流出数额，并加以平衡的预测。在市场经济条件下，企业是否能保持现金平衡，将对企业的信誉和成败有很大影响。目前企业筹集所需资金中，相当一部分需要依靠外来资金，银行贷款是资金来源的主要渠道，所以企业的资产负债率都比较高。理想的资金管理可以减少企业经营风险，扩大企业经营利润。因此定期对企业的现金流量进行分析，采取措施化解潜在的风险和提高资金利用率，并据以编制现金流量预算，具有十分重要的意义，现金流量预算是财务预算的重要部分，它是与其他预算紧密联系的。现金流量预算是企业控制货币资金的收支，组织财务活动，平衡调度资金的直接依据。现金流量预算涉及面广，应根据生产、销售、供应、劳资、投资、资产经营等部门以及财务部门提供编制经营预算、投资预算、筹资预算等的现金收支资料加以平衡汇总，做到监控现金支出，加强有效回收，降低支付风险，协调现金流动性与收益性的矛盾。以现金流入、流出控制为核心的企业财务管理，离开了现金流量预算管理，也就失去了管理的依据和管理的重心。

第四节　三大财务报表

一、概念、分类

财务报表也叫对外会计报表，是会计主体对外提供的反应会计主体财务状况和经营的会计报表，包括资产负债表、现金流量表、损益表以及附注等。通俗地说，财务报表就是一套包括了企业全部财会信息的表格。

在企业日常的会计核算中，企业所发生的各项经济业务都已按照一定的会计程序，在有关的账簿中进行全面、连续、分类、汇总的记录和计算。企业在一定日期的财务状况和一定时期内的经营成果，在日常会计记录里已经得到反映。但企业的管理者、投资者、债权人和财政、税务等部门以及其他与企业有利害关系的单位和个人，不能直接使用这些比较分散的会计记录来分析、评价企业的财务状况和经营成果，据此做出正确的决策。为此，就有必要定期地将日常会计核算资料加以分类调整、汇总，按照一定的表格形式编制会计报表，总结、综合地反映企业的经济活动过程和结果，为有关方面进行管理和决策提供所需的会计信息。

企业应当以持续经营为基础，根据实际发生的交易和事项，按照《企业会计准则》和其他各项会计准则的规定进行确认和计量，在此基础上编制财务报表。

二、资产负债表——企业的健康报告

(1)资产负债表的概念。资产负债表是反映企业在某一特定日期财务状况的报表。它是根据资产、负债和所有者权益三者之间的相互关系按照一定的分类标准和顺序，对企业这一阶段工作进行数据汇总形成的报表。资产负债表应该按照资产、负债和所有者权益(或者股东权益)分类分项列示。它表明会计主体在某一特定日期所拥有或控制的经济来源、所承担的现有义务和所有者对净资产的要求权。

通过资产负债表，可以了解企业拥有或控制的资产总额及其构成情况，企业负责和所有者权益状况评价企业的偿债能力和筹资能力；考察企业资本的保全和增值情况；分析企业财务结构的优劣和负债经营的合理程度；预测企业未来的财务状况和财务安全程度等。

(2)资产负债表的结构。资产负债表是一张静态的会计报表，反映的是某一时点时的企业财务状况的会计报表。资产负债表包括 3 类项目：资产、负债、所有者权益。其中，资产是指过去的交易、事项形成并由企业拥有或者控制的资源，该资源预期会给企业带来经济利益。负债是指过去的交易、事项形成的现时义务，履行该义务预期会导致经济利益流出企业。所有者权益是指所有者在企业资产中享有的经济利益，其金额为资产减去负债后的余额。可根据以下会计方程式计算：

$$资产=负债+所有者权益$$

按照一定的分类标准和一定的次序，把企业在一定日期的资产、负债和所有者权益各项予以适当排列而成。其结构一般是按各种资产变化先后顺序逐一列在表的左方，反映单位所有的各项财产、物资、债权和权利；所有的负债和业主权益逐一列在表的右方。负债一般列于右上方分别反映各种长期和短期负债的项目，业主权益列在右下方，反映业主的资本和盈余。左右两方的数额相等。

资产负债表的基本结构见表 9-1。

表 9-1 资产负债表

编制单位： 年 月 日 （单位：元）

资 产	期末余额	年初余额	负债和所有者权益（或股东权益）	期末余额	年初余额
流动资产			流动负债		
			非流动负债		
			负债合计		
非流动资产			所有者权益合计		
资产总计			负债和所有者权益总计		

(3)资产负债表的作用。从资产负债表的功能上说，主要有以下四方面的作用。

1)反映资产及其分布状况。资产负债表能够反映企业在特定时点拥有的资产及其分布状况的信息。它表明企业在特定时间点所拥有的资产总量有多少，资产是什么。例如，流动资产有多少，固定资产有多少，长期投资有多少，无形资产有多少等。

2)表明企业所承担的债务及其偿还时间。资产负债表能够表明企业在特定时点所承担的债务、偿还时间及偿还对象。如果是流动负债，就必须在1年内偿还；如果是长期负债，偿还期限就可以超过1年。因此，从负债表可以清楚地知道，在特定时间点上企业欠了谁多少钱，该什么时候偿还。

3)反映净资产及其形成原因。资产负债表能够反映在特定时点投资人所拥有的净资产及其形成的原因。净资产其实是股东权益，或者是所有者权益的另外一种叫法。在某一个特定时点，资产应该等于负债加股东权益，因此净资产就是资产减负债。

4)反映企业财务发展状况趋势。资产负债表能够反映企业财务发展状况的趋势。当然，孤立地看一个时点数，也许反映的问题不够明显，但是如果把几个时点数排列在一起，企业财务发展状况的趋势就很明显了。

三、利润表——企业的盈亏状况

(1)利润表的概念。利润表又称损益表，是反映会计主体一定期间生产经营成果(利润或亏损)的会计报表,是一种时期动态报表。联系资产负债表和现金流量表提供的情况,揭示了企业经营活动对期内资产、负债和所有者权益的有利或不利的影响,是会计主体经营业绩的综合体现,又是进行利润分配的主要依据。

利润表把一定期间的营业收入与同一会计期间相关的营业费用进行配比,以计算出企业一定时期的净利润(或净亏损)。利润表中的收入、费用等情况反映了企业生产经营的收益和成本耗费情况,表明企业生产经营成果,利润表提供的不同时期的比较数字,可用于分析企业今后利润的发展趋势及获利能力,了解投资者投入资本的完整性。由于利润是企业经营业绩的综合体现,又是进行利润分配的主要依据,因此利润表是会计报表中的主要报表。

(2)利润表的结构。利润表是一个动态报告,利润表一般有表首、正表两部分。其中,表首说明报表名称、编制单位、编制日期、报表编号、货币名称、计量单位等;正表是利润表的主体,反映形成经营成果的各个项目和计算过程。

利润表的项目包括三大类:收入、费用、利润。其中,收入是指企业在销售商品、提供劳务及让渡资产使用权等日常活动中所形成的的经济利益的总流入。收入按日常活动在企业所处的地位,可分为主营业务收入和其他业务收入。费用指企业为销售商品、提供劳务等日常活动中所发生的经济利润的流出。工业企业一定时期的费用通常由产品生产成本和期间费用两部分组成。产品生产成本由直接材料、直接人工和制造费用三个成本项目组成。期间费用是指行政管理部门为组织管理生产经营活动而发生的各项费用,包括营业费用、管理费用、财务费用三项。利润是指企业一定期间的经营成果。利润按其构成的不同层次包括营业利润、利润总额和净利润。营业利润是指主营业务收入减去主营业务成本和主营业务税金及附加,加上其他业务利润、管理费用、财务费用后的金额。利润总额是指营业利润加上投资净收益、营业外收入,减去营业外支出后的金额。净利润是指利润总额减去所得税后的金额。

三者遵循以下会计方程式:收入—费用=利润

所有项目按照其重要性,将收入、费用和利润项目依次排列,并根据会计账簿日常记录的大量数据累计整理后编制而成。运用利润表,可以分析、预测企业的经营成果和获利能力、偿债能力,分析、预测未来的现金流动状况,分析、考核经营管理人员的业绩,为利润分配提供重要依据。利润表的基本结构见表 9-2。

表 9-2 利润表

编制单位:××公司　　201×年　　单位:元

项目	本期金额	上期金额
一、营业收入		
减:营业成本		
营业税金及附加		
期间费用		
二、营业利润(亏损以"一"号填列)		
加:营业外收入		
减:营业外支出		
三、利润总额(亏损总额以"一"号填列)		
减:所得税费用		
四、净利润(净亏损以"一"号填列)		
五、每股收益:		
(一)基本每股收益		
(二)稀释每股收益		

(3)利润表的作用:

1)反映企业在一定期间内的经营成果。利润表可以反映企业在一定期间内的经营成果,或者说它可以反映企业这段时间是赚钱还是赔钱,企业可以从中得到一个结果,以便评价自身的经营成果与效率水平,从而衡量自身在经营管理上的成功程度。

2)有助于评价企业的获利能力。评价一个企业是否具有持久的盈利能力,主要看主营业务利润或营业利润。如果一个企业主营业务利润多或营业利润多,则企业具有盈利能力;如果企业的营业外收入很多,可以认为企业能够创造利润,但不能判断企业是否具有盈利能力。根据利润表提供的经营成果数据,比较企业在不同时期以及同一行业的不同企业在相同时期的有关指标,分析与企业利润相关的情况,可以评估、预测企业的获利能力,从而做出相关决定。

3)可以帮助判断企业的价值。对一个企业的价值进行衡量时,企业的获利能力通常是评价其价值的一个重要因素。比如,某企业是一个上市企业,该企业本身的价值与其获利能力是有联系的,所以可以借助于获利能力来评价企业的价值。

4)预测企业未来盈利变化的趋势。从横向看,利润表可以反映现金的来源与金额,企业的利息、有多少钱需要偿还以及企业的利润,通过这些数字,可以预测企业未来盈利能力。从纵向看,通过分析企业各项收入、成本、费用与利润的变动关系,可预测企业今后的发展趋势和获利能力。

四、现金流量表——企业的资金走向

(1)现金流量表的概念。现金流量表是以现金为基础编制的财务状况变动表。它反映了会计主体一定期间内现金的流入和流出,表明会计主体获得现金和现金等价物的能力。它通过会计期间营业所得现金收入减去需用现金支付的费用以后的余额来说明企业财务状况的变动。一个公司的现金流量在很大程度上决定了企业的生存和发展,它有直接法和间接法两种编制方法。现金流量表一般分为 3 部分内容,即经营活动产生的现金流量;投资活动产生的现金流量和筹资活动产生的现金流量。现金流量表的主要作用是决定公司的短期生存能力,特别是缴付账单的能力。

(2)现金流量表的结构。在现金流量表中,应当分为经营活动、投资活动和筹资活动列表现金流量。

1)经营活动。经营活动是指企业投资活动和筹资活动以外的所有交易和事项。在现金流量表中,经营活动的现金流量应当按照其经营活动的现金流入和流出的性质分项列示。

2)投资活动。投资活动是指企业长期资产的构建和不包括在现金等价物范围内的投资及其处置活动。在现金流量表上,投资活动的现金流量应当按照其投资活动的现金流入和流出的性质分项列示。

3)筹资活动。筹资活动是指导致企业资本及债务规模和构成发生变化的活动。在现金流量表上,筹资活动的现金流量应当按照其筹资活动的现金流入和流出的性质分项列出。

现金流量表的基本结构见表 9-3。

表 9-3 现金流量表的结构

编制单位： 年度 单位：元

项 目	行次	本期金额	上期金额
一、经营活动产生的现金流量：			
二、投资活动产生的现金流量：			
三、筹资活动产生的现金流量：			
四、汇率变动对现金的影响额	32		
五、现金及现金等价物净增加额	33		
期初现金及现金等价物余额			
期末现金及现金等价物余额			

制表人： 会计主管：

单位负责人：

(3)现金流量表的作用。通过现金流量表可以更好地了解企业的经营情况，特别是现金的变化状况，其作用如下：

1)反映企业净利润的含金量。现金流量表以现金制为基础，真实地反映企业当期实际收入的现金、实际支出的现金以及现金流入流出相抵后的净额。通过分析利润表中本期净利与现金流量的差异，可以正确评价企业的经营成果。

2)分析企业的偿债能力和支付股利的能力。投资者投入资金、债权人提供企业短期或长期使用的资金，其目的主要是为了获利。现金流量表完全以现金的收支为基础，消除了会计核算中由于会计估算等所产生的获利能力和支付能力。通过现金流量表能够了解企业现金流入的构成，分析企业偿债和支付股利的能力，增强投资者的投资信心和债权人收回债权的信心；通过现金流量表，投资者和债权人可了解企业获取现金的能力和现金偿付的能力。

3)分析企业未来获取现金的能力。现金流量表反映企业一定期间内的现金流入和流出的整体情况，说明企业现金从哪里来，又运用到哪里去。现金流量表中的经营活动产生的现金流量，代表企业运用其经济资源创造现金流量的能力；投资活动产生的现金流量，代表企业运用资金产生现金流量的能力；筹资活动产生的现金流量，代表企业筹资获得现金流量的能力。通过现金流量表及其他财务信息，可以分析企业未来获取或支付现金的能力。

4)了解企业所发生的其他重要信息。不涉及现金的投资与筹资活动与现金收支无关,但是对企业有重要影响。这些活动发生的当期不会产生现金流量,但是会对企业的资产结构及未来的现金流量产生重要的影响。通过分析这些资料,可以更加全面地了解企业的财务状况及经营成果,了解企业目前的财务状况,预测企业未来的发展状况,分析企业投资和理财活动对经营成果的影响。

五、三大财务报表之间的关系

资产负债表反映一定会计期间期初和期末这两个时点的财务状况;利润表反映的是该会计期间的经营成果;而现金流量表是通过现金的流入和流出,反映企业在报告期内的经营活动、投资活动和筹资活动的现金多少,企业又是如何运用这些现金的,能够说明企业资产负债表上的资产、负债的变化的过程和原因,也能够说明企业利润表中净利润变化的过程和原因,是连接资产负债表和利润表的纽带。现金流量表是一张动态的会计报表,它沟通了相邻两期的资产负债表的现金项目,起到了桥梁和纽带的作用,这 3 张表相互联系、相互影响,共同构成了企业财务的框架体系。这 3 张财务报表各有作用,相互结合起来分析可以更全面地了解企业的经营状况、经营成果以及发展趋势。

第五节 财务分析

一、财务分析的概念及分类

财务分析是以会计核算和报表资料及其他相关资料为依据,采用一系列专门的分析技术和方法,对企业等经济组织过去和现在有关筹资活动、投资活动、经营活动的偿债能力、盈利能力和营运能力状况进行分析与评价,帮助企业的投资者、债权人、经营者及其他关心企业的组织或个人了解企业过去、评价企业现状、预测企业未来,做出正确决策提供准确的信息或依据。

财务分析的方法与分析工具众多,具体应用应根据分析者的目的而定。最经常用到的还是围绕财务指标进行单指标、多指标综合分析,再加上借用一些参照值(如预算、目标等),运用一些分析方法(比率、趋势、结构、因素等)进行分析,然后通过直观、人性化的格式(报表、图文报告等)展现给用户。

财务报表分析是认识过程,通常只能发现问题而不是提供解决问题的现成答案,只能做出评价而不能改善企业的状况。财务分析的目的是对企业的营运能力、盈利能力、偿债能力、发展能力做出系统检查与评价,发现可能存在的问题。

财务报表分析的方法主要有比较分析法、趋势分析法、比率分析法和因素分析法 4 种。

(1)比较分析法。财务分析中常用的一种基本分析方法,它是一种发现事物的差异,从而认识事物的科学方法。比较分析法是把两个经济内容相同,时间和地点不同的经济指标以减法的形式进行对比分析的一种分析方法。通过指标对比,具体地说明企业会计资料的变动情况,有助于财务报表使用者对企业做出初步评价。

(2)趋势分析法。趋势分析法又称水平分析法,是将两期或连续数期财务报告中相同指标进行对比,确定其增减变动的方向、数额和幅度,以说明企业财务状况和经营成果的变动趋势的一种方法。

(3)比率分析法。比率分析法是通过计算各种比率指标来确定经济活动变动程度的分析方法。比率是相对数,采用这种方法,能够把某些条件下的不可比指标变为可以比较的指标,以利于进行分析。

(4)因素分析法。因素分析法也称为因素替换法、连环替代法。它是依据财务指标与其驱动因素之间的关系,从数量上确定各因素对指标影响程度的一种方法。采用这种方法的出发点在于,当有若干因素对分析对象发生影响作用时,假定其他各个因素都无变化,顺序确定每一个因素单独变化所产生的影响。

二、常用财务比率分析

1.盈利能力分析

盈利能力是指企业获取利润的能力。利润是企业内外有关各方都关心的中心问题,利润是投资者取得投资收益、债权人收取本息的资金来源,是经营者经营业绩和管理效能的几种表现,也是职工集体福利设施不断完善的重要保障。因此,企业盈利能力分析十分重要。

盈利能力比率将所赚取的利润与产生这些利润的资源联系在一起。理想的情况是,在资源给定的情况下,企业应该尽可能赚取更多的利润。

评价企业盈利能力的指标主要有销售毛利率、销售净利率、净资产收益率、总资产收益率、成本费用净利率等。

(1)销售毛利率。销售毛利率是毛利占销售收入的百分比,简称为毛利率。

计算公式:

$$销售毛利率=销售毛利/销售收入\times 100\%=(销售收入-销售成本)/销售收入\times 100\%$$

销售毛利率表示每一元销售收入扣除销售产品或商品成本后,有多少钱可以用于各项期间费用和形成盈利。毛利率是企业销售净利率的最初基础,没有足够大的毛利率便不能盈利。

(2)销售净利率。销售净利率是净利润占销售收入的百分比,简称净利率。

计算公式:

$$销售净利率=净利润/销售收入\times 100\%$$

该指标反映每一元销售收入带来的净利润的多少,表示销售收入的收益水平。它与净利润成正比关系,与销售收入成反比关系,企业在增加销售收入额的同时,必须相应地获得更多的净利润,才能使销售净利率保持不变或有所提高。通过分析销售净利率的升降变动,可以促使企业在扩大销售的同时注意改进经营管理,提高盈利水平。

(3)净资产收益率。净资产收益率是指企业一定时期内的净利润同平均净资产的比率。

计算公式:

$$净资产收益率=净利润/平均净资产\times 100\%$$

净资产收益率充分体现了投资者投入企业的自有资本获取净收益的能力,突出反映了投资与报酬的关系,是评价企业资本经营效益的核心指标。净资产收益率越高,企业自有资本获取收益的能力越强,运营效益越好,对企业投资人、债权人的利益保证程度越高。

(4)总资产收益率。总资产收益率是指企业一定时期内获得的报酬总额与平均资产总额的比率。

计算公式:

$$总资产收益率=息税前利润总额/平均资产总额\times 100\%$$

总资产收益率表示企业包括净资产和负债在内的全部资产的总体获利能力,是评价企业资产运营效益的重要指标。总资产报酬率越高,表明资产利用效率越高,说明企业在增加收入、节约资金使用等方面取得了良好的效果;该指标越低,说明企业资产利用效率越低,应分析差异原因,提高销售利润率,加速资金周转,提高企业经营管理水平。

(5)成本费用利润率。成本费用利润率是企业一定时期的利润总额同企业成本费用总额的比率。

计算公式：

成本费用利润率＝利润总额/成本费用总额×100％

成本费用利润率指标表明每付出一元成本费用可获得多少利润，体现了经营耗费所带来的经营成果。该项指标越高，利润就越大，反映企业的经济效益越好。

(6)主营业务利润率。主营业务利润率是企业利润与主营业务收入净额的比率。

计算公式：

主营业务利润率＝利润/主营业务收入净额

企业利润包括主营业务利润、营业利润、利润总额、净利润四种形式。其中，利润总额和净利润包含着非销售利润因素，所以能够更直接反映销售获利能力的指标是主营业务收入和营业利润率。

2.营运能力分析

(1)应收账款周转率(周转次数)。反映企业应收账款周转速度的指标是应收账款周转率或应收账款周转天数。应收账款周转率，或称应收账款周转次数，是企业赊销收入净额与应收账款平均余额的比值，反映企业一定时期内(通常为一年)应收账款转为现金的平均次数。其计算公式为

应收账款周转率(周转次数)＝当期赊销净额/当期平均应收账款＝
当期赊销净额/[(期初应收账款＋
期末应收账款)/2]

用时间表示的应收账款周转速度是应收账款周转天数，也叫平均应收账款回收期或平均收现期。应收账款周转天数表示企业从取得应收账款的权利到收回款项转换为现金所需要的时间。其计算公式为

应收账款周转率(周转天数)＝计算期天数/应收账款周转次数＝
(应收账款平均余额×计算期天数)/
赊销收入净额

应收账款的周转率越高，说明应收账款收账速度越快，账龄越短，流动性越强，管理效率也越高，短期偿债能力也越强；提高应收账款周转率，可以减少收账费用和坏账损失，从而相对增加企业的流动资产的收益；借助应收账款周转期与企业信用期限的比较，可以评价客户的信用程度及企业原订的信用政策的合理性。周转率可以以年为单位计算，也可以以季、月、周计算。

(2)固定资产周转速度分析。反映企业固定资产周转速度的指标是固定资产的周转率或固定资产的周转天数。固定资产周转率，或称固定资产周转

次数，是企业销售收入与固定资产平均余额的比值，反映企业一定时期内（通常为一年）固定资产的周转次数。其计算公式为

固定资产周转率（次数）＝当期销售净额/固定资产平均值＝
当期销售净额/[（期初固定资产余额＋
期末固定资产余额）/2]

固定资产周转率（天数）＝计算期天数/固定资产周转次数＝
（固定资产平均值×计算期天数）/
销售收入净值

销售收入净值＝销售收入－销售折扣与折让

固定资产平均净值＝（期初固定资产净值＋期末固定资产净值）/2

固定资产周转率是反映企业固定资产周转状况和利用效率的指标。一般情况下，固定资产周转率越高，固定资产的使用效率越高，且投资得当、结构合理，则企业的营运能力越强，反之亦然。

3.偿债能力分析

偿债能力分析是指企业偿还各种到期债务的能力。偿债能力是企业财务能力分析的重要内容，通过偿债能力的分析，可以揭示企业的财务风险。无论是企业内部的管理者还是外部投资者、债权人，都十分关心企业的偿债能力。衡量指标主要有4个指标构成，分别是流动比率、速动比率、现金比率和资产负债率。

短期偿债能力是指企业对一年内到期债务的清偿能力，由于企业到期债务一般均应以现金清偿，因此，短期偿债能力本质上是一种资产变现能力。反映短期偿债能力的指标主要有流动比率、速动比率、现金比率等。

（1）流动比率。该项比率从流动资产对流动负债的保障程度的角度说明企业的短期偿债能力，其比率值愈高，表明企业流动资产对流动负债的保障程度愈高，企业的短期偿债能力愈强。但从优化资本结构和提高资本金利用效率方面考虑，该比率值并非愈高愈好。因为比率值过高，可能表明企业的负债较少，没有充分发挥负债的财务杠杆效应；也可能是资产存量过大，资产利用效率不高。该指标的一般公认标准为2.0，我国目前的较好水平在1.5左右。

流动比率的计算公式为：流动比率＝流动资产/流动负债

一般情况下，运营周期、流动资产中的应收账款数额和存货的周转速度是影响流动比率的主要因素。

（2）速动比率。速动比率是从速动资产对流动负债的保障程度的角度说明企业的短期偿债能力，其比率值愈高，表明企业速动资产对流动负债的保障

程度愈高，企业的短期偿债能力愈强。该指标的一般公认标准为1.0，我国目前的较好水平约为0.8。在计算速动比率时，之所以将存货从流动资产中剔除，是因为存货不具备流动资产的性质。存货相对于其他流动资产项目来说，不仅变现速度慢，而且可能由于积压、变质以及抵押等原因，而使其变现金额具有不确定性，甚至无法变现。事实上，除存货项目外，还有一些流动资产项目的变现速度也比较慢，甚至不能变现，如预付账款、待摊费用等。因此，为使反映短期偿债能力的财务比率更为可信，这些项目也应从流动资产中扣除，

即：速动资产＝流动资产－存货－预付账款－待摊费用

在企业经营模拟课程中，其公式为

速动比率＝速动资产/流动负债＝

(流动资产－在制品－产成品－原材料)/流动负债

影响速动比率的可信性的重要因素是应收账款的变现能力，账面上的应收账款不一定都能变现，也不一定非常可靠。

(3)现金比率。该比率是从静态现金支付能力的角度说明企业的短期偿债能力，其指标值愈高，表明企业的短期偿债能力愈强。与速动比率的道理一样，该比率值过高，可能表明企业的现金存量过大，资产利用有失充分。因此，对该比率的评价应结合企业的资产结构及其运用效率分析。其公式为

现金比率＝现金/流动负债

长期偿债能力，是指公司清偿长期债务(期限在一年或一个营业周期以上的债务)的能力。企业对长期债务的清偿义务，包括两个方面：一是债务本金的偿还，二是债务利息的支付。因此，用于评价长期偿债能力的基本财务指标主要有资产负债率和利息保障倍数两项。

(4)资产负债率。资产负债率是指企业在一定时点(通常为期末)的负债总额对资产总额的比率，或者说负债总额占资产总额的百分比，其公式为

资产负债率＝负债/资产

该比率是从总资产对总负债的保障程度的角度来说明企业的长期偿债能力，相对而言，其比率值愈低，表明企业资产对负债的保障程度愈高，企业的长期偿债能力愈强，否则反之。

在对该比率进行计算和分析利用时，应当注意以下问题。一般企业资产负债率在60%～70%，比较合理、稳健，当达到85%及以上时，企业应引起足够的注意，采取适当策略。但这一指标并不是绝对指标，需要根据企业本身的条件和市场情况判定。

4.发展能力分析

发展能力是企业在生存的基础上扩大规模、壮大实力的潜在能力。分析发展能力主要考察以下5项指标:销售增长率、资本积累率、总资产增长率、3年资本平均增长率和3年销售平均增长率。

(1)销售增长率。销售增长率是指企业本年销售增长额与上年销售额之间的比率,反映销售的增减变动情况,是评价企业成长状况和发展能力的重要指标。

计算公式:

销售增长率=本年销售增长额/上年销售额

销售增长率是衡量企业经营状况和市场占有能力、预测企业经营业务拓展趋势的重要标志。不断增加的主营业务收入,是企业生存的基础和发展的条件。该指标若大于0,表示企业本年的主营业务收入有所增长,指标值越高,表明增长速度越快,企业市场前景越好;若该指标小于0,则说明产品或服务不适销对路、质次价高,或是在售后服务等方面存在问题,市场份额萎缩。

(2)资本积累率。资本积累率即股东权益增长率,资本积累率是指企业本年所有者权益增长额同年初所有者权益的比率。资本积累率表示企业当年资本的积累能力,是评价企业发展潜力的重要指标。

计算公式:

资本积累率=本年所有者权益增长额/年初所有者权益×100%

资本积累率表示企业当年资本的积累能力,是评价企业发展潜力的重要指标。该指标越高,表明企业的资本积累越多,企业资本保全性越强,应付风险、持续发展的能力越大。该指标如为负值,表明企业资本受到侵蚀,所有者利益受到损害,应予充分重视。

(3)总资产增长率。总资产增长率是企业本年总资产增长额同年初资产总额的比率,它反映企业本期资产规模的增长情况。

计算公式:

总资产增长率=本年总资产增长额/年初资产总额×100%

本年总资产增长额=年末资产总额-年初资产总额

总资产增长率越高,表明企业一定时期内资产经营规模扩张的速度越快。但在分析时,需要关注资产规模扩张的质和量的关系,以及企业的后续发展能力,避免盲目扩张。

(4)3年资本平均增长率。3年资本平均增长率表示企业资本连续三年的积累情况,在一定程度上反映了企业的持续发展水平和发展趋势。

计算公式：

$$3\text{年资本平均增长率}=\left(\sqrt{\frac{\text{年末所有者权益总额}}{\text{三年前年末所有者权益总额}}}-1\right)\times 100\%$$

由于一般增长率指标在分析时具有滞后性，仅反映当期情况，而利用该指标，能够反映企业资本积累或资本扩张的历史发展状况，以及企业稳步发展的趋势。该指标越高，表明企业所有者权益得到的保障程度越大，企业可以长期使用的资金越充足，抗风险和持续发展的能力越强。

(5)3 年销售平均增长率。3 年销售平均增长率表明企业主营业务连续 3 年的增长情况，体现企业的持续发展态势和市场扩张能力。计算公式为

$$3\text{年销售平均增长率}=\left(\sqrt{\frac{\text{当年主营业务收入部额}}{3\text{年前年主管业务收入总额}}}-1\right)\times 100\%$$

主营业务收入是企业积累和发展的基础，该指标越高，表明企业积累的基础越牢，可持续发展能力越强，发展的潜力越大。利用 3 年销售平均增长率指标，能够反映企业的主营业务增长趋势和稳定程度，体现企业的连续发展状况和发展能力，避免因少数年份业务波动而对企业发展潜力的错误判断。

三、财务分析的思想

(一)杜邦分析

杜邦财务分析体系最初是由美国杜邦公司创造的，故称为杜邦系统(The Du Pont system)。杜邦分析体系是利用各个主要财务比率之间的内在联系，综合地分析和评价企业财务状况和盈利能力的方法，它是以所有者权益报酬率为龙头，以总资产报酬率为核心的完整的财务指标分析体系。

不同的财务比率之间存在各种各样的相互关联，揭示和发现这种关系，有利于人们更深入地分析不同企业间的财务比率为什么会有差异，造成企业某些财务比率不佳的直接原因是什么。杜邦财务分析体系就是通过几种主要的财务比率之间的相互关系，全面、系统、直观地反映出企业的财务状况和经营业绩，并揭示企业财务结构中所存在的问题和隐患，为内部管理者和外部投资者分析财务报表节省了时间。

杜邦财务分析体系中的财务指标主要有：

所有者权益报酬率＝总资产报酬率×权益乘数

具中， 总资产报酬率＝销售净利率×资产周转率

则有： 所有者权益报酬率＝销售净利率×资产周转率×权益乘数

这一关系式被称为杜邦财务分析体系的核心。企业股东最关注的指标应

该是所有者权益报酬率，而所有者权益报酬率又受到销售净利率、资产周转率和权益乘数3个因素的影响，它们分别代表了企业的盈利能力、营运能力和偿债能力。通过对这3个因素的进一步分解，可以把所有者权益报酬率这样一项综合型指标发生变化的原因具体化，分别考察和评价企业的盈利能力、营运能力和偿债能力，以及它们对企业利润目标的影响程度。

现对杜邦财务分析体系作下述分析。

(1)所有者权益报酬率分析。所有者权益报酬率是杜邦分析体系的核心，是反映企业为其所有者创造利润的能力大小的重要指标，是企业投资、筹资等各种经营活动效率的综合体现。所有者权益报酬率由总资产报酬率和权益乘数乘积决定，提高二者的数值都可以提高所有者权益报酬率。但是，提高总资产报酬率与提高权益乘数的意义却截然不同。总资产报酬率反映的是企业利用现有资产创造利润的能力，它的提高是企业经营效率和资金利用效率的提高，表明投资者的投入在企业中得到了更加有效的利用，是企业管理人员对股东的真正贡献。而权益乘数的提高虽然也可以提高所有者权益报酬率，但这却是以提高股东的财务风险为代价的，因此它对提高股东权益价值的贡献不大，甚至可能起到相反的作用。

(2)权益乘数分析。权益乘数表示企业的负债程度。权益乘数越大，企业的负债程度越高。权益乘数既能给企业带来较大的杠杆利益，同时也给企业带来较大的风险。当市场上的资金成本率低于企业的投资收益率的时候，企业应加大负债经营的比重，使企业获得较高的财务杠杆收益。但企业也因此承担了较高的财务风险，因为如果市场条件一旦恶化，即当市场上的资金成本率高于企业的投资收益率的时候，企业将会负担较重的利息和面临不能按期还债的危机。所以，权益乘数对企业来说是柄双刃剑。

(3)总资产收益率分析。总资产收益率是反映企业经营效率和盈利能力的最重要指标，它体现了企业全部资产的盈利能力和创新能力。总资产收益率由销售利润率和总资产周转率的乘积决定，它的大小取决于销售净利率和总资产周转率。因此，提高总资产收益率可从提高销售利润率和提高总资产周转率两方面入手。提高销售利润率又可从两方面入手：一是提高销售收入，二是降低销售成本和各种费用支出。提高总资产周转率实际上是要在资产总额不变的情况下，提高销售收入，这同样需要从两方面入手：一是降低单位产品成本，从而在资产周转期不变的情况下减少单位产品占用的资产，使同样的资产可以产生更多的销售收入；二是提高各类资产的周转率，缩短产品占用资产的时间，创造更多的销售收入。

(4)销售净利率的分析。销售净利率反映了企业净利润与销售收入之间的关系。一般来说,销售收入增加,企业的净利润也会随之增加,但要想提高销售净利率,必须一方面提高销售收入,另一方面降低各种成本费用,这样才能使净利润的增长高于销售收入的增长,从而使销售净利率得到提高。

(5)资产状况分析。提高销售净利率必须在以下两方面下功夫:一是分析企业的资产结构是否合理,比如流动资产与非流动资产的比例是否合理,它不仅关系到企业的偿债能力,还会影响企业的获利能力。一般来说,流动资产直接体现了企业的偿债能力和变现能力,而长期资产则体现了企业的经营规模、盈利潜力等。合理的资产结构表现为企业对流动性与盈利性的兼顾,不偏颇。企业资产一般要求保持一定的流动性,如果流动资产比例过高,表明企业的资产没有被有效地使用,这种流动性的维持可能是以企业盈利能力的下降为代价而实现的。企业要及时发现流动资产中闲置资产的具体种类,到底是现金持有量过大,出现现金闲置的现象,还是流动资产中存货和应收账款过多,影响了企业的资金周转。另一方面,还应该分析企业固定资产中经营性固定资产与非经营性固定资产的比例。顾名思义,非经营性固定资产是指没有投入生产经营的固定资产,它必然也就不会给企业带来收益。如果在总资产中非经营性固定资产的比例过高,将会影响企业的盈利能力。所以,在总资产不变的情况下,要尽可能减少非经营性固定资产的比例和数额。二是结合销售收入,分析企业的资产周转情况。资产周转速度直接影响企业的盈利能力,如果企业资产周转较慢,就会占用大量资金,减少企业的利润。资产周转情况的分析,不仅要分析企业总资产周转率,更要分析企业的存货周转率和应收账款周转率等有关各资产组成部分的使用效率,判断影响资产周转的主要问题出在哪里。

杜邦财务分析体系图如图 9-1 所示。

杜邦分析体系的优点在于,能够解释诸多指标变动的原因和变动趋势,为采取措施指明了方向。其以净资产收益率为龙头,以资产净利率和权益乘数为核心,重点揭示企业获利能力及权益乘数对净资产收益率的影响,以及各相关指标间的相互影响作用关系。该体系层层分解至企业最基本生产要素的使用、成本与费用的构成和企业风险,揭示指标变动的原因和趋势,为企业经营决策和投资决策指明方向。

净资产收益率用公式表示为

$$净资产收益率=资产净利率\times权益乘数=销售净利率\times资产周转率\times权益乘数$$

由公式可以看出:决定净资产收益率高低的因素有三方面——权益乘数、销售净利率和资产周转率。

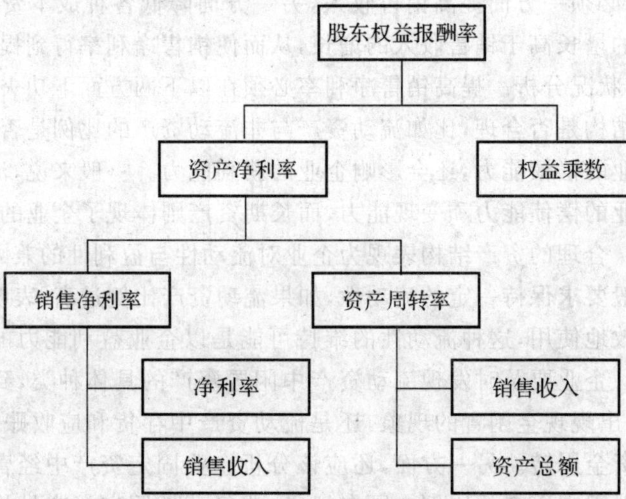

图 9－1　杜邦分析体系图

净资产收益率是一个综合性极强的投资报酬指标,净资产收益率反映所有者投入资金的获利能力,反映企业筹资、投资、资产运营等活动效率,提高权益利润率是所有者财富最大化的基本特征。决定因素主要是资产净利率和权益乘数。

资产净利率是影响净资产收益率的关键指标,把企业一定期间的净利润与企业的资产相比较,表明企业资产利用的综合效果。其本身也是一个综合性的指标,资产净利率同时受到销售净利率和资产周转率的影响。因此,要进一步从销售成果和资产运营两方面来分析:销售净利率高低的分析,需要从销售收入和销售成本两个方面进行。这个指标可以分解为销售成本率、销售其他利润率和销售税金率。销售成本率还可进一步分解为毛利率和销售期间费用率。深层次的指标分解可以将销售利润率变动的原因定量地揭示出来,如售价、成本或费用的高低等,进而分析投入付出和产出回报的关系,为企业决策服务。当然还可以根据企业的一系列内部报表和资料进行更详尽的分析。要想提高销售净利率,一方面要扩大销售收入,另一方面要降低成本费用。

资产周转率是反映企业通过资产运营实现销售收入能力的指标。影响资产周转率的一个重要因素是资产总额,还需要对影响资产周转的各因素进行分析。除了对资产的各构成部分从占用量上是否合理进行分析外,还可以通过对流动资产周转率、存货周转率、应收账款周转率等有关资产组成部分使用效率的分析，判明影响资产周转的问题出在哪里。

再次，权益乘数表示企业负债程度，受资产负债率影响。企业负债程度越高，负债比率越大，权益乘数越高，说明企业有较高的负债程度，给企业带来较多的杠杆利益，同时也给企业带来了较多的风险。

应用杜邦财务分析体系出除了横向比较找出财务指标差距外，还可以时间为基轴进行纵向比较。

(二)综合评分法

综合评分法是财务分析与评价的一类重要方法，它不仅能够获得高度概括的、综合的评价结论，而且方法本身具有直观、易于理解的优点。

一般认为企业财务分析与评价的内容主要是获利能力，其次是偿债能力，此外还有成长能力，三者之间大致可按 5∶3∶2 来分配比重。反映盈利能力的主要指标是总资产净利率、销售净利率和净资产报酬率。虽然净资产报酬率最重要，但由于前两个指标已经分别使用了总资产和净利，为减少重复影响，3 个指标可按 2∶2∶1 安排。偿债能力有四个常用指标，成长能力有 3 个常用指标，见表 9－4。

表 9－4 现代综台评分法指标

盈利能力(5)	偿债能力(3)	成长能力(2)
资产净利率(2)	自有资本比率(1.25)	销售增长率(2/3)
销售净利率(2)	流动比率(1.25)	净资产增长率(2/3)
净资产报酬率(1)	应收账款周转率(1.25)	人均净利增长率(2/3)
	存货周转率(1.25)	

注：成长能力表示企业是否具有持续盈利能力。

成长能力指标由 3 个指标组成：销售收入成长率、利润成长率和净资产成长率。这 3 个指标分别衡量企业产品销售收入的增长比率、利润的增长比率和净资产的增长比率方面的指标，3 个指标越高越好，计算公式分别为

(1)销售收入成长率：

销售收入成长率＝(本期销售收入－上期销售收入)/上期销售收入

(2)利润成长率：

利润成长率＝[本期(利息前)利润－上期(利息前)利润)/上期(利息前)利润]

(3)净资产成长率：

净资产成长率＝(本期净资产－上期净资产)/上期净资产

第十章　人力资源管理

第一节　企业人力资源管理概述

一、企业人力资源管理的基本概念及特点

(一)人力资源的概念

1954年,全球知名的管理学家彼得·德鲁克(Peter F. Ducker)在其出版的《管理的实践》一书中首次提出了"人力资源"的概念,提出人力资源与其他资源相比拥有独特的"协调能力、融合能力、判断能力和想象能力",管理者必须考虑人力资源这一"特殊资产",并且要注意人力资源只能为人力资源所有者自己利用的特性。在此书中,德鲁克虽然提出了人力资源的概念并指出了其重要性,但却未对人力资源这一概念给出详细的定义。后来不同的学者从不同的角度给出了不同的定义,但并没有统一的看法。人力资源最一般的含义是:能够推动整个经济和社会发展、具有劳动能力的人口总和。人力资源的最基本方面,包括体力和智力。从现实的应用形态来看,人力资源包括体质、智力、知识和技能四个方面。具有劳动能力的人,不是泛指一切具有一定的脑力和体力的人,而是指能独立参加社会劳动、推动整个经济和社会发展的人。所以,人力资源既包括劳动年龄内具有劳动能力的人员,也包括劳动年龄外参加社会劳动的人员。

(二)人力资源的特点

人本身所具有的生物性、能动性、智力性和社会性,决定了人力资源具有以下特点。

1.人力资源是主体性资源或能动性资源

主体性或能动性是人力资源的首要特征,是它与其他一切资源最根本的区别。所谓主体性,就是说人力资源在经济活动中起着主导作用。一切经济活动首先是人的活动,由人的活动才引发、控制、带动了其他资源的活动。另外,在经济活动中,人力资源是唯一起创造作用的因素。经济活动的生命是发

展、进取和创新，而只有人力资源才能担负起这种发展、进取和创新的任务，其他任何生产要素都不具有这样的能力。

2.人力资源是特殊的资本性资源

人力资源作为一种经济性资源，具有资本属性，与一般的物质资本有共同之处，即：①人力资源是公共社会、企业等集团和个人投资的产物，其质量高低主要取决于投资程度。从根本上说，人力资源的这个特点起因于人的能力获得的后天性。因为任何人的能力都不可能是先天就有的，为了形成能力，必须接受教育和培训，必须投入资金和时间。②人力资源也是在一定时期内可能源源不断地带来收益的资源，它一旦形成，就能够在适当的时期内为投资者带来收益。③人力资源在使用过程中也会出现有形磨损和无形磨损。例如，劳动者自身的衰老就是有形磨损，劳动者知识和技能的老化就是无形磨损。但是，人力资源又不同于一般资本，对一般实物资本普遍适用的收益递减规律，不完全适用于人力资源。在现代社会的经济发展中，呈现的是人力资本收益递增规律，这使得当代经济的增长主要应当归因于人力资源。

3.人力资源的社会性

每个人都生活在一定的社会环境中，不可避免地会受到社会文化的影响，形成特有的价值观念和行为方式，它们既可能与企业所倡导的文化价值一致，也可能与之冲突。这就增加了人力资源管理的复杂性和难度。

4.人力资源开发的持续性

人力资源是可以不断开发的资源，它不像物质资源那样，形成最终产品之后就无法继续开发了。不断地对人进行培训的过程就是人力资源持续开发的过程。对个人而言，在其职业生涯结束前，个人所拥有的人力资源都是可以持续开发的资源。

(三)企业人力资源管理的概念及基本功能

1.企业人力资源管理的概念

企业人力资源管理是企业的基本管理职能之一，其基本任务是：吸引、保留、激励、开发企业所需的人力资源，促成企业目标的实现，从而使企业在市场竞争中得以生存和发展。简单地说就是把企业所需的人力资源吸引到企业中来，调动他们的工作积极性，并开发他们的潜能，从而使人力资源得以高效率的利用。

2.企业人力资源管理的基本功能

企业人力资源管理应该具备以下5项基本功能。

(1)人力获取。人力获取包括招聘、选拔、委派。

(2)整合。整合是指让被招收的员工了解企业的宗旨与价值观,使之内化为他们自己的价值观,从而建立和加强他们对组织的认同感和责任感。

(3)保持与激励。保持和激励包括为员工提供所需奖励,增加其满足感,使之安心和积极工作。

(4)控制与调整。控制与调整包括评估员工的素质,考核其绩效,然后做出相应的奖惩、升降、辞退、解聘等决策。

(5)开发。开发是对员工实施培训,并为他们提供发展的机会,指导他们明确自己的长、短处与今后的发展方向和道路。

这5项功能密切关联、相辅相成。管理者在某一方面的决策常常会影响到其他方面。例如,激励可以使员工对工作满意、安心,从而促进了人员整合;开发使员工看到自己在本企业的前途,从而更积极和自主等等。

二、企业人力资源规划

(一)企业人力资源规划的概念

人力资源规划是指根据企业组织的战略管理目标,科学地预测企业组织在未来环境变化中人力资源的供给和需求状况,制定必要的人力资源获取、利用、保持和开发策略,确保企业组织对人力资源在数量上和质量上的需求,确保企业组织目标的完成,组织和个人获得长远利益。

人力资源规划实质上就是在预测未来的组织任务和环境对组织要求以及为完成这些任务和满足这些要求而提供人员的管理过程。不同的人力资源规划体现了不同的人事政策,一般来说有两种人力资源规划:一种是仅考虑组织利益的观点,它认为人力资源规划就是把必要数量和质量的劳动力安排到组织的各级工作岗位上;另一种是组织与员工利益兼顾的观点,认为人力资源规划就是在保持组织与员工个人利益相平衡的条件下,使组织拥有与工作任务相称的人力。不管从哪种观点上看,为实现组织的目标与任务,人力资源的数量、质量、结构必须符合组织特定的物质技术基础,而至于采取什么方针政策,则取决于企业的经营指导思想。

(二)企业人力资源规划的基本内容

人力资源规划的主要内容包括晋升规划、补充规划、培训开发规划、调配规划和工资规划等几方面。

1. 晋升规划

晋升规划实质上是组织晋升政策的一种表达方式。对企业来说,有计划地提升有能力的人员以满足职务对人的要求，是组织的一种重要职能。从员工个人角度上看，有计划的晋升会满足员工自我实现的需求。晋升规划一般用指标来表达，例如晋升到上一级职务的平均年限和晋升比例。

2.补充规划

补充规划也是人事政策的具体体现，目的是合理填补组织中、长期内可能产生的职位空缺。补充规划与晋升规划是密切相关的。由于晋升规划的影响，组织内的职位空缺逐级向下移动，最终积累在较低层次的人员需求上。同时这也说明，低层次人员的吸收录用，必须考虑若干年后的使用问题。

3.培训开发规划

培训开发规划的目的是为企业中、长期所需弥补的职位空缺事先准备人员。在缺乏有目的、有计划的培训开发规划情况下，员工自己也会培养自己，但是效果未必理想，也未必符合组织中职务的要求。当我们把培训开发规划与晋升规划、补充规划联系在一起的时候，培训的目的就明确了，培训的效果也就明显提高了。

4.调配规划

组织内的人员在未来职位的分配是通过有计划的人员内部流动来实现的。这种内部的流动计划就是调配规划。

5.工资规划

为了确保未来的人工成本不超过合理的支付限度，工资规划也是必要的。未来的工资总额取决于组织内的员工是如何分布的，不同分布状况的成本是不同的。

(三)企业人力资源规划的程序

(1)收集人力资源规划所需的信息。

(2)预测人员需求。

(3)清查和记录内部人力资源情况。

(4)确定招聘需求。

(5)与其他规划协调。

(6)评估人力资源规划。

(四)人力资源规划的功能

人力资源规划的功能，主要表现在确保组织生存的人力资源需求、控制人工成本、调动员工积极性等几方面。

1.确保组织在生存发展过程中对人力的需求

组织的生存和发展与人力资源的结构密切相关。对于一个非静态的组织来说，人力资源的需求和供给的平衡就不可能自动实现，因此就要分析供求的差异，并采取适当的手段调整差异。由此可见，预测供求差异并调整差异就是人力资源规划的基本职能。

2.是组织管理的重要依据

无论是确定人员的需求量、供给量，还是职务、人员以及任务的调整，不通过一定的计划显然都是难以实现的。人力资源规划是组织管理的重要依据，它会为组织的录用、晋升、培训、人员调整以及人工成本的控制等活动提供准确的信息和依据。

3.控制人工成本

人工成本中最大的支出是工资，而工资总额在很大程度上取决于组织中的人员分布状况。人员分布状况指的是组织中的人员在不同职务、不同级别上的数量状况。在没有人力资源规划的情况下，未来的人工成本是未知的，难免会发生成本上升、效益下降的趋势，因此，在预测未来企业发展的条件下，有计划地逐步调整人员的分布状况，把人工成本控制在合理的支付范围内，是十分重要的。

4.人事决策方面的功能

人力资源规划的信息往往是人事决策的基础，例如采取什么样的晋升政策、制定什么样的报酬分配政策等。人事政策对管理的影响是非常大的，而且持续的时间长，调整起来也困难。为了避免人事决策的失误，准确的信息是至关重要的。

5.有助于调动员工的积极性

只有在人力资源规划的条件下，员工才可以看到自己的发展前景，从而去积极地努力争取。人力资源规划有助于引导员工职业生涯设计和职业生涯发展。

(五)企业人力资源的预测方法

组织的人力资源供给来自组织的内部和外部。人力资源供给、需求预测首先要从内部开始，弄清计划期内现有人力资源是否能够满足组织战略目标的需要，这就要考虑到计划期内人员的流动及适应未来工作能力状况。

企业人员的内部流动去向图如图 10－1 所示。

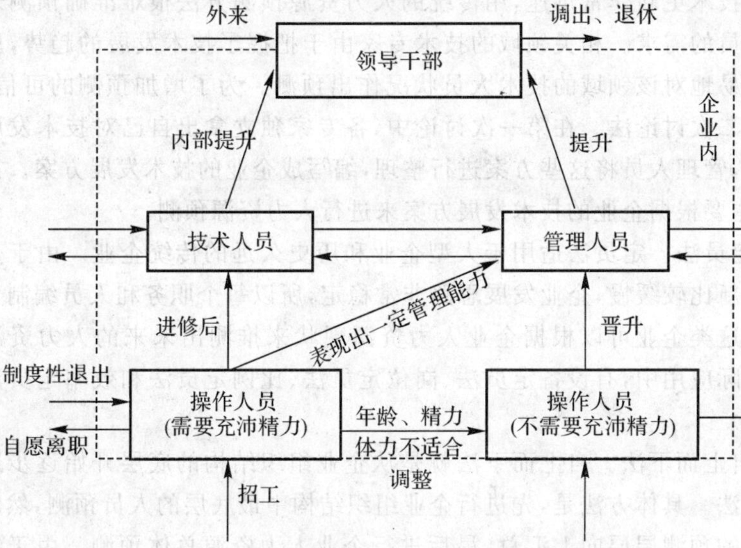

图 10-1　企业人员内部流动去向图

企业人力资源的预测方法主要有下述几种。

(1)经验预测法。经验预测法是人力资源预测中最简单的方法,它适合于较稳定的小型企业。经验预测法就是用以往的经验来推测未来的人员需求。不同的管理者的预测可能有偏差,但可以通过多人综合预测或查阅历史记录等方法来提高预测的准确率。要注意的是,经验预测法只适合于企业在一定时期的发展状况,对于新的职务或者工作方式发生变化的职务该办法不合适。

(2)现状规划法。现状规划法假定当前的职务设置和人员配置是恰当的,并没有职务空缺,所以不存在人员总数扩充的问题。人员的需求完全取决于人员的退休等情况的变化。所以,人力资源预测就相当于对人员退休等情况的预测。人员的退休是可以准确预测的,人员的离职包括人员的辞职、辞退、重病等情况是无法预测的,通过对历史资料的统计和分析,可以更为准确地预测离职人数。现状规划法适合于中、短期的人力资源预测。

(3)模型法。模型法是通过数学模型对真实情况进行实验的一种方法。模型法首先要通过分析自身和同行业其他企业的相关历史数据以建立数学模型,然后根据模型来确定销售额增长率和人员数量增长率之间的关系,这样就可以通过企业未来的计划销售额增长率来预测人员数量增长率。模型法适合于大、中型企业的长、中期人力资源预测。

(4)专家讨论法。专家讨论法适合于技术型企业的长期人力资源预测。

现代社会技术更新非常迅速,用传统的人力资源预测方法很难准确预测未来的技术人员的需求。相关领域的技术专家由于把握了技术发展的趋势,所以能更加容易地对该领域的技术人员状况作出预测。为了增加预测的可信度,可以采用二次讨论法。在第一次讨论中,各专家独立拿出自己对技术发展的预测方案,管理人员将这些方案进行整理,编写成企业的技术发展方案。第二次讨论,主要根据企业的技术发展方案来进行人力资源预测。

(5)定员法。定员法适用于大型企业和历史久远的传统企业。由于企业的技术更新比较缓慢,企业发展思路非常稳定,所以每个职务和人员编制也相对确定。这类企业可以根据企业人力资源现状来推测出未来的人力资源状况。在实际应用中,有设备定员法、岗位定员法、比例定员法和效率定员法等几种方式。

(6)自上而下法。自上而下法就是从企业组织结构的底层开始逐步进行预测的方法。具体方法是,先进行企业组织结构中最底层的人员预测,然后将各个部门的预测层层向上汇总,最后进行企业人力资源总体预测。由于组织结构最底层的员工很难把握企业的发展战略和经营规划等,所以他们无法进行中长期的人力资源预测。这种方法适合于短期人力资源预测。

第二节　企业岗位分析

员工是人力资源的载体。企业之所以要雇佣员工,本质上是因为其生产经营过程需要一定的人力资源。岗位分析,就是帮助企业切实根据自身生产经营的需要选配合适数量、素质和结构的人员而进行的最初阶段的人力资源管理工作。

一、岗位分析的概念和作用

1. 岗位分析的概念

岗位分析,又称职位分析或工作分析,是对企业各类岗位的性质、任务、职责、劳动条件和环境,以及员工承担本岗位任务应具备的资格条件所进行的系统分析与研究,并由此制订岗位规范、工作说明书等人力资源管理文件的过程。其中,岗位规范、岗位说明书都是企业进行规范化管理的基础性文件。在企业中,每一个劳动岗位都有它的名称、工作地点、劳动对象和劳动资料。

岗位分析首先就是要了解特定岗位的具体内容。通过岗位调查,在取得有关信息的基础上,对岗位名称、性质、任务、程序、内外部环境、条件等做出比较系统的描述，并加以规范化。然后在规定了岗位的各项工作任务以后，确定承担本岗位工作的职工所具备的资格和条件。岗位分析由于具有以上特点，也被称为岗位描述。岗位描述的各种资料与有关人员的能力、经验、兴趣、个性的心理测量数据结合在一起，就能确定出人员的任用标准，为企业人力资源管理工作提供可靠的依据。岗位分析旨在确定某项工作的任务和性质是什么，以及应寻找具备何种资格条件的人来承担这一工作，它必须着眼于了解和规定以下几方面的信息。

(1)这一岗位或职位包含的工作内容有哪些。

(2)工作中使用什么机器设备、工具等。

(3)工作衡量的绩效标准是什么。

(4)工作背景条件。

(5)工作对人员的要求。

岗位分析示意图如图 10－2 所示。

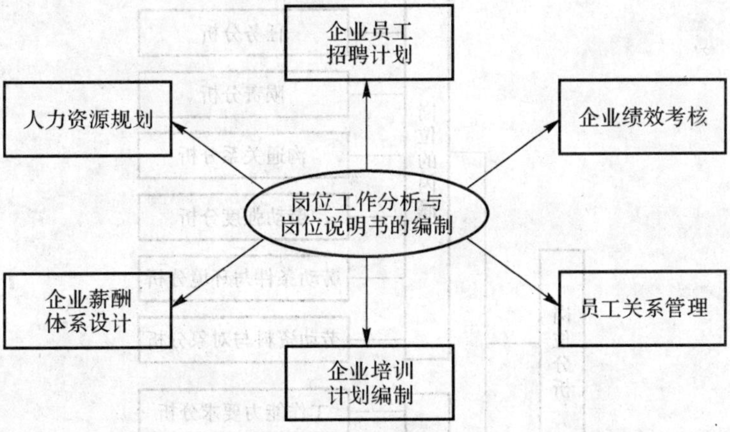

图 10－2　岗位分析示意图

2. 岗位分析的作用

岗位分析能够使员工通过工作说明书和岗位规范，充分了解本岗位在整个组织中的地位和关系，明确自己工作的目的、任务、职责和晋升方向，以便尽职尽责地工作。岗位分析在招聘与选拔、培训与发展、报酬确定、机构发展等方面具有不容忽视的重要作用。

二、岗位分析的基本内容

岗位分析的内容取决于岗位分析的目的和要求。对于不同的企业来说，各自的生产特点不同，面临的问题以及亟待解决的问题不同，岗位分析的内容也不同。从企业岗位研究的一般要求来看，岗位分析应包括两个方面的主要内容：岗位内涵分析和员工规格分析。

(1)岗位的内涵分析就是确定这个岗位是做什么的，职责是什么。

(2)员工规格分析就是确定承担这个岗位工作的员工应该具备什么样的条件。例如应该具备什么样的知识水平和经历，对身体、职业道德有什么要求，等等。

这两大方面又包括了许多具体内容，如图 10－3 所示。

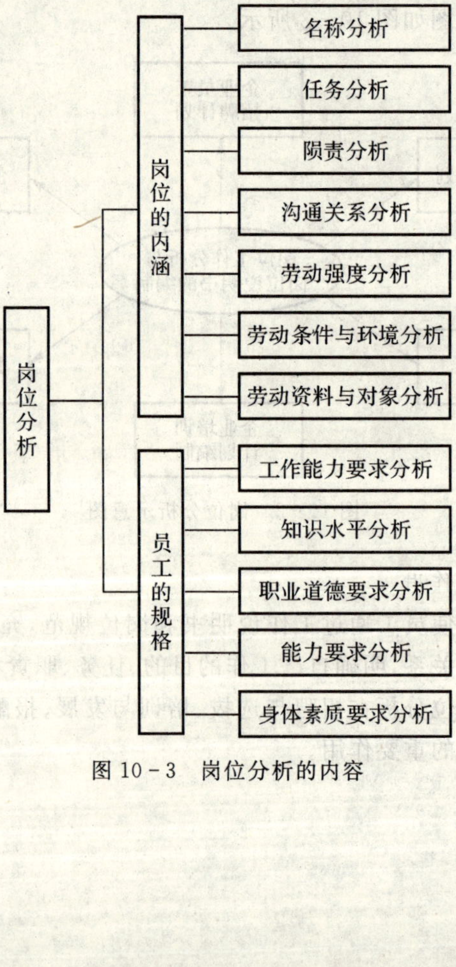

图 10－3 岗位分析的内容

三、岗位分析的具体实施

一般来说，岗位分析的整个过程要经过以下几个阶段来完成。

1.准备阶段

准备阶段为岗位分析的第一阶段，主要是了解情况、确定样本、建立关系、组成工作小组。这一阶段主要完成以下任务：分析目的和用途；成立岗位分析小组；对岗位分析人员进行培训；做好其他必要的准备。

2.调查阶段

调查阶段是对整个工作过程、工作环境、工作内容和工作人员等方面作一个全面的调查。这一阶段主要完成以下任务：制定时间计划进度表；选择搜集工作内容及相关信息的方法；搜集职位的背景资料。

调查阶段采用的分析方法有问卷调查法、实地观察法、访谈法和工作日志法。

3.分析阶段

分析阶段是整个岗位分析过程的最后一个阶段。此阶段是根据岗位分析规范和信息编制的要求编写“岗位描述书”和“任职说明书”，并进行多次修订。这一阶段的任务是：写岗位说明书；总结经验和存在的问题；将岗位分析的结果运用于人力资源管理以及企业管理的相关方面，真正发挥岗位分析的作用。

第三节　企业人力资源招聘与录用

一、人力资源招聘的含义及意义

1.人力资源招聘的含义

人力资源招聘是指企业为了发展的需要，根据人力资源规划和工作分析的数量与质量要求，从组织外部吸收人力资源的过程。即人员招聘是通过招收人员来补充组织结构中的职位。职位潜在候选人的来源是受劳动力市场供求状况影响的，一般可分为内部来源和外部来源两类。企业用人要求的确定过程如图 10－4 所示。

2.人力资源招聘工作的意义

人员招聘在人力资源管理中占据着极为重要的位置。人员招聘的意义在于：是组织补充人力资源的基本途径；有助于创造组织的竞争优势；有助于组织形象的传播；有助于组织文化的建设；有效的招聘工作对人力资源管理的其他职能也有帮助。

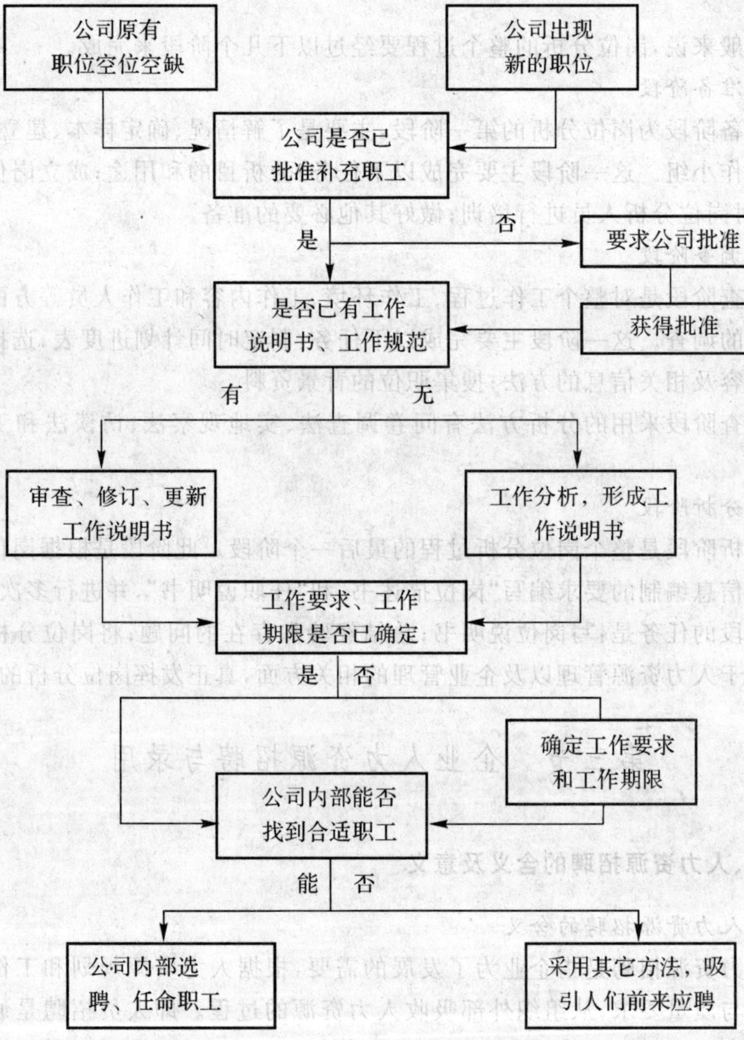

图 10－4　企业人员要求确定过程

二、人员的招聘途径

企业员工的招聘途径主要有以下 4 种。

1. 公开招聘

所谓公开招聘就是面向社会，向公司以外的一切合适人选开放，按照公平竞争的原则公开招聘人员。

(1)通过人才交流会招聘。人才交流洽谈会是目前招聘员工的主要途径之一。企业为此花一定的费用在交流会上摆摊设点,以便应征者前来咨询应聘。如武汉国际展览中心等地几乎每年都有春、秋季人才交流洽谈会,还举办特殊人才交流会和外资企业人才招聘会。

这种招聘方法的主要优点是无私人纠葛,可公事公办,按标准招聘,从交流会上可直接获取应聘人员有关资料,如学历、经历、意愿等。这种招聘会可以节省时间和精力,见效快。但是,在这种人才交流会上,小型企业特别是中小型国有企业很难招聘到优秀人才。

(2)用媒体广告招聘。最普遍的招聘广告大都利用报纸媒体。目前国内一般中小型公司或刚成立的部门大都依赖于报纸的人事广告。国外或大型公司的人力资源有20%～40%是通过报纸广告招聘来的。

这种途径费用低,又有可保存性,且发行量较大,信息扩散面大,可吸引较多的求职者,备选比率大,并可使应聘者事先对本企业情况有所了解,减少盲目应聘。但通过这一途径招聘人员存在以下几个问题:①招聘来源、数量不稳定,质量差别较大。②广告费用花费较大,并有不断上涨的趋势。③广告篇幅拥挤狭小,内容单调,千篇一律。④广告位置不醒目,各类广告夹杂在一起,使应聘广告效果不佳。

(3)网上招聘。随着信息技术和因特网的发展,越来越多的企业开始通过因特网招聘人才。我国比较有名的招聘网有深圳南方招聘网、上海人才招聘网、北京人才招聘网、无忧招聘网(51Job)、研究生就业网等等。企业可以通过上述网站招聘人才。

2.内部招聘

内部招聘就是由公司内部职员自行申请适当位置,或由他们推荐其他候选人应聘。许多规模较大、员工众多的公司有时采用这种方式。这种招聘主要是挖掘内部人才潜力,让人才各得其所。或者本着内举不避亲、外举不避仇的原则,让内部职员动员自己的亲属、朋友、同学、熟人,经过介绍加入公司。

利用这一渠道主要有下述优点。

(1)应征者已从内部职员那里对公司有所了解,既然愿意应征,说明公司对他有吸引力;另一方面,公司也可以从内部职员那里了解有关应征者的许多情况,从而节省了部分招聘程序和费用。

(2)由于应征者已对工作及公司的性质有相当的了解,工作时可以减少因生疏而带来的不妥和恐惧,从而降低了退职率。

(3)有时因录用者与大家比较熟悉,彼此有要把工作做好的责任,相互容易沟通,提高团队作战的效率。

但是,如果利用不好,这种内部招聘也会带来诸多的弊端。如,内部职员引荐录用的人多了,容易形成"帮派"小团体成裙带关系网,"牵一发而动全身",造成管理上的困难。

3.委托招聘

委托招聘就是委托一些专门机构推荐人才,主要有:

(1)职业介绍所。许多企业利用职业介绍所来获得所需要的销售人员。一般认为这类介绍所的求职者,大多数是能力较差而不易找到工作的人。不过如果有详细的工作说明,让介绍所的专业顾问帮助筛选,既能使招聘工作简单化,也可以找到不错的人选。

(2)人才交流中心。它是政府劳动人事部门或企业设置的常年人才市场。它们掌握人才储备、人才的介绍与推荐,乃至人才招聘以及社会人才的管理。我国的人才交流中心是"改革开放"的产物,其体制与机制还有待完善,关键在于政企要分离,使人才交流中心真正成为人才交流的常年市场。北京、上海、广州、深圳、武汉等大城市的人才交流中心均为全国有影响的交流中心。

(3)行业协会。行业组织对行业内的情况比较了解,他们经常访问厂商、经销商、销售经理和销售员,如中国市场协会、高校市场营销研究会,企业可请他们代为联系或介绍销售人员。

(4)业务接触。公司在开展业务的过程中会接触到顾客、供应商、非竞争同行及其他各类人员,这些人员都是销售人员的可能来源。

(5)"猎头"公司。它是掌握高素质人才信息,并与高素质人才有密切联系的人才公司,在我国已有五六年的历史。由这类公司推荐的人才一般都是具有丰富经验的销售人员。

4.定向招聘

所谓定向招聘是指企业到大专院校或职业学校挑选合适人员的方式。利用这种渠道招聘员工有以下几个优点:①能够比较集中地挑选员工;②大学生受过良好的高等教育,并系统地学习了专业方面的理论知识,为今后的培训奠定了基础;③大学生往往因为刚刚参加工作,对工作充满了热情,一般较为积极主动;④从薪金上讲,比一般招聘具有工作经验的员工代价要小些。但这种方式也有很大的缺陷,主要是大学生缺乏工作经验,适应工作较慢。

三、企业员工的录用过程

招聘是为了发现人才及鼓励应聘者的一种程序,而录用则是从应聘者中选拔最优秀者的一种程序。录用程序的详细程度因企业而异。大型企业的程序通常会较为复杂,一般可分为申请、面谈、测验、调查、体格检查、安置等步骤。在较小的企业中,应聘者需要经理核准便可。

企业挑选职工的程序图如图 10-5 所示。

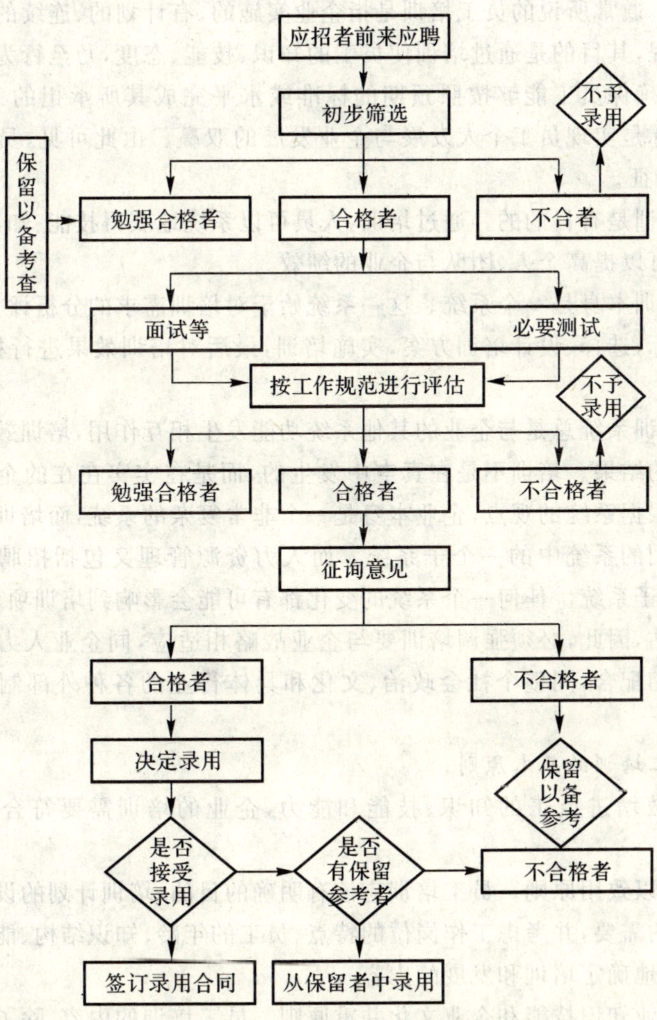

图 10-5　企业挑选职工的程序图

第四节　员工培训与考核

一、员工的培训

1.员工培训的概念及特征

作为企业人力资本投资的主要形式，员工培训在企业发展中起着至关重要的作用。通常所说的员工培训是指企业实施的、有计划的、连续的系统学习行为或过程，其目的是通过培训使员工的知识、技能、态度，乃至行为发生定向改进，从而确保员工能够按照预期的标准或水平完成其所承担的工作任务。其终极目标是实现员工个人发展与企业发展的双赢。由此可见，员工培训有3个基本特征。

(1)培训是有目的的。通过培训，人员可以系统地获得技能、知识和态度，这种获得可以提高个人、团队与企业的绩效。

(2)培训本身是一个系统。这一系统始于对培训需求的分析评价，通过确定培训目标，选择、设计培训方案，实施培训，最后对培训效果进行检验，进而反馈、修正。

(3)培训系统总是与企业的其他系统功能发生相互作用，培训效果是这种相互作用的结果。培训不是在真空中发生的，而是在实实在在的企业环境中发生的。根据系统的观点，企业本身是一个非常复杂的系统，而培训就是一系列相互作用的系统中的一个子系统。而人力资源管理又包括招聘、培训、绩效、薪酬等子系统。任何一个系统的变化都有可能会影响到培训项目的计划、实施与评估，因此，必须强调培训要与企业战略相适应，同企业人力资源各方面的行动相配合，同整个社会政治、文化和具体行业的各种外部制约条件相适应。

2.员工培训的基本原则

为有效增进员工的知识、技能和能力，企业的培训需要符合以下四大原则。

(1)学以致用原则。员工培训应该有明确的目的，培训计划的设计应基于实际工作的需要，并考虑工作岗位的特点、员工的年龄、知识结构、能力结构等因素，全面地确定培训和发展的内容。

(2)专业知识技能和企业文化并重原则。员工培训的内容，除了包括知识和技能外，还需包括企业的信念、价值观和道德观等，以便培养员工符合企业要求的工作态度。

(3)全员培训和重点提高相结合原则。全员培训是指有计划和有步骤地培训所有员工,以提高全员素质。在资源的使用下,则应按照职务的高低安排培训的先后次序,从上而下,先培训和发展管理骨干,特别是中上层管理人员,以加强领导素质,继而培训基层员工。

(4)严格考核和择优奖励原则。严格考核和择优奖励原则是不可缺少的环节。前者可确保培训的质量,后者可调动员工的积极性。

3.员工培训的基本方法

实际工作中,员工培训的方法有很多,企业在实际培训时,应根据培训对象、培训内容、培训时间等选择合适的培训方法,这里对一些常见的员工培训方法做简单的介绍。

(1)讲授法。属于传统的培训方式,优点是运用起来方便,便于培训者控制整个过程。缺点是单向信息传递,反馈效果差。常被用于一些理念性知识的培训。

(2)视听技术法。通过现代视听技术(如投影仪、DVD、录像机等工具)对员工进行培训。优点是运用视觉与听觉的感知方式,直观鲜明。但学员的反馈与实践较差,且制作和购买的成本高,产品容易过时。它多用于企业概况、技能等培训内容,也可用于概念性知识的培训。

(3)讨论法。讨论法又可分成小组讨论与研讨会两种方式。研讨会多以专题演讲为主,中途或会后允许学员与演讲者进行交流沟通。优点是信息可以多向传递,与讲授法相比反馈效果较好,但费用较高。而小组讨论法的特点是信息交流的方式为多向传递,学员的参与性高,费用较低。它多用于巩固知识,训练学员分析、解决问题的能力与人际交往的能力,但运用时对培训教师的要求较高。

(4)案例研讨法。通过向培训对象提供相关的背景资料,让其寻找合适的解决方法。这一方式的使用费用低,反馈效果好,可以有效训练学员分析、解决问题的能力。另外,近年的培训研究表明,案例研讨法也可用于知识类的培训,且效果更佳。

(5)角色扮演法。受训者在培训教师设计的工作情境中扮演角色,其他学员与培训教师在学员表演后作适当的点评。由于其信息传递多向化,反馈效果好、实践性强、费用低,因而多用于人际关系能力的培训。

(6)企业内部电脑网络培训法。这是一种新型的利用计算机网络信息进行培训的方式,成本投入较大。但由于使用灵活,符合分散式学习的新趋势,节省了学员集中培训的时间与费用。这种方式信息量大，传递新知识、新观念的优势明显，更适合成人学习。因此，它特别为实力雄厚的企业所青睐，也是培训发展的一个必然趋势。

二、绩效考核

(一)绩效考核的基本概念

1. 绩效的含义及特点

(1)绩效的含义从字面上看，“绩”是指业绩，即员工的工作结果；“效”是指效率，即员工的工作过程(行为和素质)。所谓绩效就是指员工在一定时间、空间等条件下完成某一任务所表现出的工作行为和所取得的工作结果。

(2)绩效有以下特点。

①多因性——绩效优劣受多种因素影响。

②多维性——绩效应从多方面去分析与考评。

③动态性——绩效有时效性，会变化。

2. 绩效考核的概念

绩效考核是指按照一定的标准，采用科学的方法，检查和评定企业员工对其职务所规定的职责的履行程度，以确定其工作业绩的一种有效的管理办法。从内涵上讲，绩效考核就是对人和事的评价。它包含两层基本含义：一是对人及其工作状况进行评价；二是对人的工作结果，即对人在组织中的相对价值或贡献程度进行评价。绩效考核作为人力资源管理的重要组成部分，能为薪资管理和人事决策提供硬指标，提升组织的核心竞争力，促进员工良性发展。

3. 绩效管理的概念

绩效管理是指为了实现组织的目标，通过持续开放的沟通过程，形成组织目标所预期的利益和产出，并推动团队和个人做出有利于目标实现的行为。

(二)常用绩效考核模式

企业目前使用的绩效考核模式很多，常用的绩效考核的模式归纳起来有下述几种。

1. 关键绩效指标考核法(Key Performance Indicator，KPI)

KPI 考核是通过对工作绩效特征的分析，提炼出最能代表绩效的若干关键指标体系，并以此为基础进行绩效考核的模式。KPI 必须是衡量企业战略实施效果的关键指标，其目的是建立一种机制，将企业战略转化为企业的内部过程和活动，不断增强企业的核心竞争力并使企业持续地取得高效益。

KPI考核的一个重要的管理假设就是:"你不能度量它,就不能管理它。"所以,KPI考核一定要抓住那些能有效量化的指标。而且,在实践中,应尽量做到"要什么,考什么",抓住那些急需改进的指标,提高绩效考核的灵活性。当然,KPI考核的指标也不是越多越好,KPI是指关键绩效指标,不是一般的绩效指标,而是对业绩产生关键影响力的那部分指标。绩效指标中哪些是关键性的指标,哪些是一般性的指标,要根据公司战略目标进行层层分解才能确定。

2. 目标管理法(Management By Objective,MBO)

目标管理法是一种常见的绩效考核方法。目标管理是指由下级与上级共同确定具体的绩效目标,并且定期检查目标进展情况的一种管理方式。由此而产生的奖励或处罚则根据目标的完成情况来确定。

目标管理法属于结果导向型的考评方法之一,以实际产出为基础,考评的重点是员工工作的成效和劳动的结果。目标管理法体现了现代管理的哲学思想,目标管理的过程是领导者与下属之间双向互动的过程。目标管理法是由员工与主管共同协商制定个人目标,个人的目标依据企业的战略目标及相应的部门目标而确定,并与它们尽可能一致。该方法用可观察、可测量的工作结果作为衡量员工工作绩效的标准,以制定的目标作为对员工考评的依据,从而使员工个人的努力目标与组织目标保持一致,减少了管理者将精力放到与组织目标无关的工作上的可能性。

目标管理法的优点是:目标管理法的评价标准直接反映了员工的工作内容,结果易于观测,所以很少出现评价失误,也适合对员工提出建议,进行反馈和辅导。由于目标管理的过程是员工共同参与的过程,因此,员工工作积极性大为提高,增强了责任心和事业心。其缺点是:目标管理法没有在不同部门、不同员工之间设立统一目标,因此难以对员工和不同部门之间的工作绩效进行横向比较,不能为以后的晋升决策提供依据。

3. 平衡记分卡法(The Balance Score Card。BSC)

BSC法是美国的卡普兰教授创立的,据调查,在目前全世界前500强的企业中有70%的企业已运用了BSC法,可见其确实对企业绩效管理和运营有一定的作用。它主要包括4个考核维度:财务(投资报酬率、剩余收益、销售毛利率)、顾客(顾客满意度、顾客忠诚度、市场份额)、内部业务过程(质量、响应时间、成本、新产品开发周期)、学习与成长(员工满意度、员工流动率.信息系统有效性)。BSC法考核企业的产出和企业未来成长的潜力,并从顾客角度以及内部业务角度两方面考核企业的运营状况,把公司的长期战略与公司的短期行动充分地联系起来，把远景目标转化为一套系统的绩效考核指标。

4.360度反馈法(360 Degree Feedback)

360度反馈法也称全方位考核法，是指通过分析被考核人的上级、同级、下级和其服务的客户等对他的评价来了解其工作绩效并进行绩效评估的方法。实施360度反馈法要注意以下事项。

(1)保证考核者的多角化和考核主体、考核过程的公平。因为对于相同职位的被考核者，他的考核者一定是统一确定的，不能出现同一岗位的不同员工让不同的考核者来进行考核的情况。

(2)实行匿名考核。为了保证考核结果的真实、可靠，在整个考核过程中，必须实行匿名考核。

(3)考核一定要基于胜任特征。胜任特征是指能将工作中表现优秀者与表现平平者区分开来的个体潜在的深层次特征。由于不可能把员工所有的行为都一一进行概述和考核，因此只需把对员工绩效起主要影响的关键行为进行描述和考核就可以了。所以，运用该考核方法时，一定要建立企业内部职位的胜任特征考核模型。

5.述职评价

述职评价是由岗位人员作述职报告，把自己的工作完成情况和知识、技能等反映在报告内的一种考核方法。这主要是针对企业中、高层管理岗位的考核。述职报告可以在总结本企业、本部门工作的基础上进行，重点是报告本人履行岗位职责的情况，即管理者在本企业、本部门完成各项任务的过程中所发挥的管理作用的情况。

第五节 企业人力资源的薪酬管理

一、薪酬管理的概述

(一)薪酬

薪酬含有薪水和酬劳的意思，它是企业对员工提供劳务和所作贡献的回报。包括员工福利、津贴等具体形式。薪酬包括直接薪酬和间接薪酬。

1.直接薪酬

(1)工资。工资由基本工资、岗位技能工资、工龄工资及若干种国家政策津贴构成。

(2)奖金。奖金是企业对员工超额劳动的报酬，可以与员工个人绩效挂钩,也可与群体以及整个企业效益结合。奖金包括全勤奖、年终奖、效益奖等。

(3)年薪。这是根据高层管理人员的职责和绩效而给予的报酬。

2.间接薪酬

(1)福利。这是对工资或奖金等难以包含、准确反映情况的一种补充性报酬,可以不以货币形式直接支付。如带薪节假日、医疗、工作午餐、保险等。

(2)红利。

(3)股权。

(二)企业薪酬管理

企业薪酬管理,就是企业管理者对员工薪酬的支付标准、发放水平、要素结构进行确定、分配和调整的过程。企业薪酬管理主要包括确定薪酬管理目标、选择薪酬政策、制订薪酬计划、调整薪酬结构这四方面的内容。

1.确定薪酬管理目标

根据企业的人力资源战略规划,薪酬管理目标具体地讲包括以下三方面:建立稳定的员工队伍,吸引高素质的人才;激发员工的工作热情,创造高绩效;努力实现组织目标和员工个人发展目标的协调。

2.选择薪酬政策

薪酬政策,就是企业管理者对企业薪酬管理运行的目标、任务和手段的选择与组合,是企业在员工薪酬上所采取的方针策略。薪酬政策具体地讲包括以下三个方面:企业薪酬成本投入政策;根据企业的自身情况选择合理的工资制度;确定企业的工资结构以及工资水平。

3.制定薪酬计划

薪酬计划,就是企业预计要实施的员工薪酬支付水平、支付结构及薪酬管理重点等内容,是企业薪酬政策的具体化。企业在制定薪酬计划时要坚持以下两个原则:与企业目标管理相协调;增强企业竞争力。

4.调整薪酬结构

薪酬结构,就是企业员工之间的各种薪酬比例及其构成。薪酬结构具体地讲包括以下三方面的内容:企业工资成本在不同员工之间的分配;职务和岗位工资的确定;员工基本、辅助和浮动工资的比例以及基本工资及奖励工资的调整等。对薪酬结构的确定和调整要坚持给予员工最大激励的原则。

(三)影响薪酬管理的因素

(1)外在环境因素包括政府政令、经济、社会、工会、劳动市场、生活水平等因素。

(2)组织内在因素,包括财务能力、预算控制、薪酬政策、企业规模、企业文化、比较工作价值、竞争力、公平等因素。

(3)个人因素,包括年资、绩效、经验、教育程度、发展潜力、个人能力等因素。

二、薪酬管理的原则

薪酬管理是企业一项十分重要的管理,它应遵循下述原则。

1.战略导向原则

战略导向原则强调企业薪酬管理必须从企业战略的角度出发,制定符合企业发展战略的薪酬政策和制度。薪酬管理可以驱动和鞭策那些有利于企业发展战略的因素的成长和提高,同时使那些不利于企业发展战略的因素得到有效的遏制、消退和被淘汰。因此,企业在实施薪酬管理时,必须从战略的角度分析哪些因素重要,哪些因素不重要,通过一定的价值标准,给予这些因素一定的权重,同时确定它们的价值分配即薪酬标准。

2.公平性原则

行为学家认为,员工会对自己的付出与收获进行比较,甚至与其他人比较。如果他的所得与他的付出不相符合,他的积极性就会被打击。这里所指的公平主要是指同工同酬,不同工不同酬。这句话的意思是指:在企业内部及该行业中,相同资历、相同职务、相同付出应该获得同等报酬;不同资历、不同职务、不同付出应该获得不同报酬。

3.激励性原则

薪酬管理的最终目的就是要激励员工,发挥他们的潜能。例如,同样是10万元,一种方式是发4万元的工资和6万元的奖金,另一种方式是发6万元的工资和4万元的奖金,其激励效果是完全不一样的。激励性原则就是强调企业在实施薪酬管理时必须充分考虑薪酬的激励作用,即薪酬的激励效果,要充分考虑各种影响因素,使薪酬的支付获得最大的激励效果。

4.竞争性原则

一个企业的薪酬体系要吸引人,就必须保证企业的薪酬水平在市场上具有一定的竞争力,否则企业将无法吸引和留住企业发展所需的战略、关键性人才。

5.经济性原则

企业的薪酬体系应充分考虑企业本身的实际情况,并进行成本分析与控制。它主要包括两个方面的含义,短期来看,企业的销售收入扣除各项非人工费用和成本后，要能够支付起企业所有员工的薪酬；从长期来看，企业在支付所有员工的薪酬，即补偿所用非人工费用和成本后，要有盈余，这样才能支撑企业追加和扩大投资，保证企业的可持续发展。

6. 合法性原则

薪酬管理政策要符合国家法律和政策的有关规定，例如我国企业要遵守《劳动法》中的最低工资标准等。

三、薪酬体系设计的基本程序

薪酬体系的建立是一项复杂而庞大的工程，不能只靠文字的堆砌和闭门造车的思考来完成薪酬体系的设计。通常情况下，企业的薪酬体系设计应该遵循以下基本程序。

(1)合理而详尽的职务分析。职务分析是企业薪酬管理的基础。员工的工资都是与自己的工作岗位所要求的工作内容、工作责任、任职要求等紧密相连的。因此，科学而合理地分配薪酬必须同员工所从事工作岗位的内容、责任、权利、任职要求所确立的该岗位在企业中的价值相适应。这个价值是通过科学的方法和工具分析得来的，它能够基本保证薪酬的公平性和科学性，也是破除平均主义的必要手段。

(2)公平合理的岗位评价。岗位评价是在对企业中存在的所有岗位的相对价值进行科学分析的基础上，通过分类法、排序法、要素比较法和要素点值法等方法对岗位进行排序的过程。岗位评价是新型薪酬管理体系的关键环节，要充分发挥薪酬机制的激励和约束作用，最大限度地调动员工的主动性、积极性和创造性，在设计企业的薪酬体系时就必须进行岗位评价。

(3)薪酬市场调查。薪酬的外部公平性是对企业薪酬水平与同行业、本地区劳动力市场价格相比较是否平衡的要求。企业的薪酬体系要达到这个目的，就必须在薪酬体系设计之初进行详细的薪酬市场调查，摸清行情，相机而动。只有这样，才能保证薪酬体系的激励性和吸引力，才能真正发挥其作用。

(4)薪酬体系方案的草拟。在完成了上述3个阶段的工作，掌握了详尽的资料之后，才能进行薪酬方案的草拟工作。薪酬体系方案的草拟就是指在对各项资料及情况进行深入分析的基础上，运用人力资源管理的知识开始薪酬体系的书面设计工作。

(5)薪酬体系方案的测评。薪酬体系方案卓拟结束后，不能立刻实施，应通过模拟运行的方式来检验草案的可行性。

(6)薪酬体系方案的宣传和执行。必须对薪酬体系方案进行认真的测评。

测评的主要目的是检验其可操作性,预测薪酬体系方案的作用能否发挥,对测评中发现的问题和不足进行调整,然后在企业内部对薪酬体系方案进行必要的宣传或培训。薪酬体系方案不仅要得到企业中上层的支持,更应该得到广大员工的认同。经过充分的宣传、沟通和培训,薪酬体系方案即可进入执行阶段。

(7)反馈及修正。在薪酬体系方案的执行过程中,需要对其实施效果进行及时的反馈和修正,这样才能保证薪酬制度长期、有效地实施。

总之,企业薪酬体系设计是一项复杂而庞大的工程,只有对薪酬体系进行多方面、全方位的设计,才能保证薪酬的公平性和科学性,充分发挥薪酬机制的激励和约束作用,使薪酬成为一种完成企业目标的强有力的工具。

四、常见的薪酬结构类型

(一)付薪理念和薪酬结构类型

(1)以职位为导向。其付薪理念为:根据职位的不同而进行职位评价,确定职位的重要度,然后依据市场行情来确定"有竞争力"的薪酬。其优点:实现了同岗同酬,内部公平性较强。其缺点:员工的能力需要与职位任职资格相匹配。如果不胜任的员工在某一个职位上且获得同样的基于该职位的工资,对其他人来说就是不公平的。

(2)以绩效为导向。其付薪理念:薪酬根据绩效来确定,因工作绩效的不同而变化,处于同一职位的员工不一定能获得相同数额的劳动报酬。其优点:首先,员工的收入与工作目标的完成情况直接挂钩,"干多干少干好干坏不一样",激励效果明显。其次,员工的工作目标明确,通过层层分解目标,企业目标容易实现。最后,企业不用事先支付过高的人力成本。在整体绩效不好时能够节省人力成本;其缺点:以绩效为导向的薪酬结构基于这样一个假设:金钱对员工的激励作用很大。这导致当企业增长缓慢时,员工得不到高的物质方面的报酬,对员工的激励力度下降;当企业困难时,很难做到"共渡难关",造成离职率上升。

(3)以技能为导向。其付薪理念:根据员工所拥有的与工作相关的技能与知识水平来决定员工报酬。它与以职位为导向的薪酬结构的关键区别在于,员工的工资不是与职位而是与技能相联系。员工要想增加工资,必须证明自己已经掌握了高一级的技能。其优点:员工能力的不断提升,使企业能够适应环境的变化,企业的灵活性增强。其缺点:同样的工作由于每个人的技能不同而收入不同,容易造成不公平感;高技能的员工未必有高的产出,即技能工资的假设未必成立,这就要看员工是否投入工作;界定和评价技能不是一件容易做到的事情,管理成本高;员工着眼于提高自身技能,可能会忽视组织的整体需要和当前应实现的工作目标。

(4)组合薪酬。其付薪理念:薪酬分成几个组成部分,分别依据职位、绩效、技能、工龄等因素确定薪酬额。

(二)设计薪酬结构的比例

一般来说,薪酬中的固定收入可以保障员工的日常生活,使之产生安全感。但如果固定收入过高,有可能使员工产生懒惰情绪,不思进取,削弱薪酬的激励功能。而如果变动工资所占比例过大,又会使员工缺乏安全感及保障,不利于吸引和留住员工。因此,在薪酬设计过程中,必须合理地设计薪酬结构的比例。

1. 不同层级员工的薪酬结构设计

(1)基层人员的薪酬结构在其总收入中,其固定比例应该最高,变动工资比例次之。而且在企业基层员工的收入中,短期薪酬往往占了绝大部分的比例。

(2)中级管理人员的薪酬结构在其总收入中,其固定工资比例有所降低,变动工资比例则相应提高。在企业中层管理人员的薪酬总额中,短期薪酬的比例有所下降,但仍是薪酬中的主要组成部分。

(3)高级管理人员的薪酬结构在其总收入中,其固定工资比例应该最低。在企业高层管理人员的薪酬总额中,短期薪酬的比例进一步下降,甚至可能会低于长期薪酬所占的比例。

2. 短、长期薪酬的考虑要素

(1)从行业因素的影响来看,一般在新兴行业、高科技行业中长期薪酬的实施比较普遍,长期薪酬占员工总收入的比例也较高。

(2)企业所处的经济发展阶段不同,员工总收入中长期薪酬所占的比例也会有较大的差异。

第三篇 创 业 实 训

第十一章 创业准备操作指南

第一节 认识沙盘模拟教学

一、沙盘模拟教学的产生与发展

中国历史上有记载的最早沙盘可能是东汉。东汉名将马援曾经被汉光武帝刘秀派去侦察陇西，回来后就用白米堆集成山川地势，道路分布，给刘秀讲陇西形势。

沙盘具有立体感强、形象直观、制作简便、经济实用等特点。它用途广泛，能形象地显示作战地区的地形，表示敌我阵地组成、兵力部署和兵器配置等情况。军事指挥员常用以研究地形、敌情、作战方案，组织协同动作，实施战术演练，研究战例并总结作战经验等。沙盘还常用来制作经济发展规划和大型工程建设的模型，形象直观，颇受计划决策者和工程技术人员的青睐。

20 世纪中叶，欧洲国家率先将沙盘模拟融入商业模拟领域。我国在 20 世纪 80 年代引入商业沙盘模拟培训，并率先在国有大型企业高层培训中应用。随着沙盘模拟技术的发展完善，沙盘模拟已经由手工沙盘发展为电子沙盘或两者结合。国际上众多知名商学院已开始将沙盘模拟作为一项重要的教学方法，用于学生的课程实践或某些课程的辅助教学。英国《金融时报》排名全球前 100 名的商学院基本上都引入了沙盘模拟课程或方法，来辅助提升教学效果。进入 21 世纪沙盘模拟课程在我国高校迅速推开，已被越来越多的高校与企业培训所运用。特别是在高校中，由于各专业本科和大多研究生同学本身没有企业实际经验，对行之有效的学习实践工具的需求更加迫切，沙盘模拟教学成为诸多高校的热门课程，同时也成为国内诸多公司培训的首选。

目前国内的沙盘模拟教学软件大多采用欧美流行的沙盘模拟教学模式，

并借鉴同类培训课程的相关理念和教学方式，大多以生产型企业为背景，让每个参加学生和老师置身商业实战场景，以各自代表的企业经营管理者的身份，涉及财务、物流、生产、营销等重要角色，切身体验企业竞争的激烈性。目前国内高校使用较多的软件是用友的创业者电子沙盘、金蝶的经营之道和贝腾的创业之星等，这些公司推出的产品大同小异。本书以贝腾的创业之星为例简述其操作流程。

二、沙盘模拟教学的特点

与传统授课式或案例式学习方法比较，企业经营模拟沙盘课程有效解决了传统培训枯燥的说教模式和空洞的讨论内容，使学生在教师的指导下，通过亲自参与和实战演练，大大提升了培训效果，加深和巩固了学生对所学知识的理解与掌握。

学生通过在模拟商业环境中创立虚拟企业，亲自参与企业经营管理的团队分工、战略规划、市场研究、生产计划、研发投入、销售管理、市场拓展、报表分析等决策，掌握在真实企业运营中会遇到的各种决策情况，并对出现的问题和运营结果进行有效分析与评估，从而对企业管理中的各种知识技能有更深切的体会与感受，并达到提升综合管理技能与分析解决问题的能力。

商业沙盘模拟课程不同于一般的培训或实践，它没有一成不变的问题和标准答案，其核心的是一套完善的模拟系统和全面、专业的管理学知识体系。由若干名学生组成模拟企业或团队，为完成经营目标，借助现代管理学的知识和技术，做出各种运营决策，并及时得到其决策影响企业目标实现的反馈信息。循环反复论证各种运营的手段和方法，帮助学生从思维上改变，轻松掌握学习要点，实现改变。

由于企业经营模拟课程是通过计算机或物理沙盘模拟真实企业竞争商业环境的课程，涉及到的经管类知识的领域非常广泛，为了使学生能较快地理解商业环境，并快速融入课程，参加电子对抗管理实验课程的学生需要具备一定的经管知识的储备，或是对经管知识有浓厚兴趣的。适合参与该课程的学生：

(1)本科阶段学生：本科三年级、四年级的经管类专业学生。

(2)研究生阶段学生：硕士研究生学生。

(3)MBA，EMBA学生。

(4)面临就业压力，需要对企业经营有整体认识的应届毕业生。

(5)其他非经管类，但对经管类知识有浓厚兴趣，希望以后能致力于该方面发展的学生。

三、《创业之星》平台简介

《创业之星》——大学生创业模拟实验室是软件企业为配合教育部加强创业教育实训的要求而全新推出的产品，是国内第一套全程创业模拟实训的训练平台。学生在《创业之星》平台下模拟真实企业的创立过程，完成创业计划书、办理工商税务登记注册、对创立企业进行经营管理等管理决策。通过对真实创业环境的逼真模拟，帮助学生掌握在真实企业创业过程中可能遇到的各种情况与经营决策，并对出现的问题和经营结果进行分析与评估，从而对创业有更真实的体验与更深刻的理解，帮助学生提升创业意识，掌握创业技能，增强择业就业的能力。

《创业之星》涵盖了从计划、准备到实施的创业全过程。《创业之星》主要包括两大分功能模块：创业准备、经营管理。

模块一：创业准备

根据《创业之星》整个训练系统平台的商业背景环境与数据规则，分析市场环境与竞争形势，完成公司创业计划书的编写。创业团队首先对背景环境进行商业机会分析，组建经营团队，制订资金筹措计划，撰写公司名称，制定公司章程，并编写一份完整的创业计划书。

当创业者有了想法，并已经做好了资金、人员、技术、场地、设备、公司名称等方面的各项准备工作后，就进入了企业的初创阶段。参加训练的学生需要独立完成公司注册审批流程的所有工作。

公司注册审批的环节主要包括租赁办公场所、公司名称审核、银行注资、事务所验资、工商办证、税务办证、质量监督、刻制公章、办理保险等。需要根据系统规定的流程，完成相关表格的填写与资料的准备工作。

模块二：经营管理

企业的生存发展会经历初创、成长、发展、成熟、衰退等阶段，即企业发展的生命周期。《创业之星》在创业管理模块环节就是让学生实战中模拟企业的经营管理，围绕创业企业发展的生命周期，制定各项决策，并最终推动企业成长壮大。

创业管理是训练和提升学生创业能力的关键环节，也是检验创业计划可行性的重要实践环节。通过对企业的仿真模拟，参加训练的学生分成若干小组，组建成若干虚拟公司，在同一市场环境下相互竞争与发展。每个小组的成员分别担任虚拟公司的总经理、营销总监、财务总监、研发总监、生产总监、人力资源总监等岗位，并承担相关的管理工作。通过对环境与背景资料的分析，完成企业运营过程中的诸多决策，包括战略规划、融资策略、促销策略、市场开发、品牌设计、产品计划、生产规划、财务管理等。通过团队成员的努力，努力使公司实现既定的目标，并在所有虚拟公司中脱颖而出。

第二节　《创业之星》系统登录

一、运行《创业之星》服务器

《创业之星》整个系统平台包括了服务器端、教师端、学生端三部分。要运行《创业之星》系统，首先需要启动安装《创业之星》系统所在的服务器电脑，运行 SQL Server 数据库，再运行服务器上的《创业之星》数据处理中心程序，启动服务。正常启动运行后，《创业之星》服务程序的窗口会显示在桌面上。

二、启动《创业之星》教师端

(1)运行《创业之星》教师端程序，出现如图 11－1 所示界面。

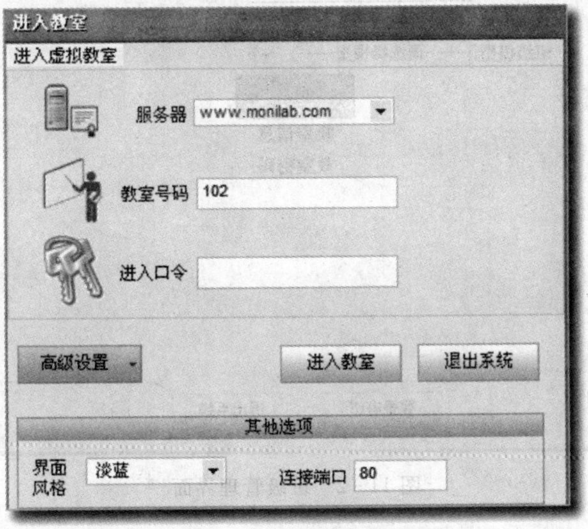

图 11－1　教师端口界面

◇"服务器"：填入《创业之星》数据处理服务器所在的 IP 地址或网址，如在本机，则输入"127.0.0.1"或系统管理员指定的 IP 地址。

◇"教室号码"：输入要登录的教室号码，系统默认设置了数 10 个可以使用的教室号码，如 101，102 至 109；201，202 至 209 等。根据系统管理员的授权，登录可以使用的教室号码名称。

◇“进入口令”：默认系统中教室均没有设置进入口令，如设置了口令，则需在此输入该教室的进入口令。

◇打开“高级设置”，可以对连接服务器的连接端口进行配置。系统默认的连接端口“80”，如果服务器上修改了连接端口号码，请输入根据系统管理员指定的连接端口号码。

(2)点击“进入教室”，如服务器连接正确，会出现该教室的班级列表。首次使用，还没建立任何上课的班级，班级列表是空的。可选择“新建班级”菜单，创建一个新班级，再选择该班进入；

(3)进入班级管理界面，如图 11－2 所示。

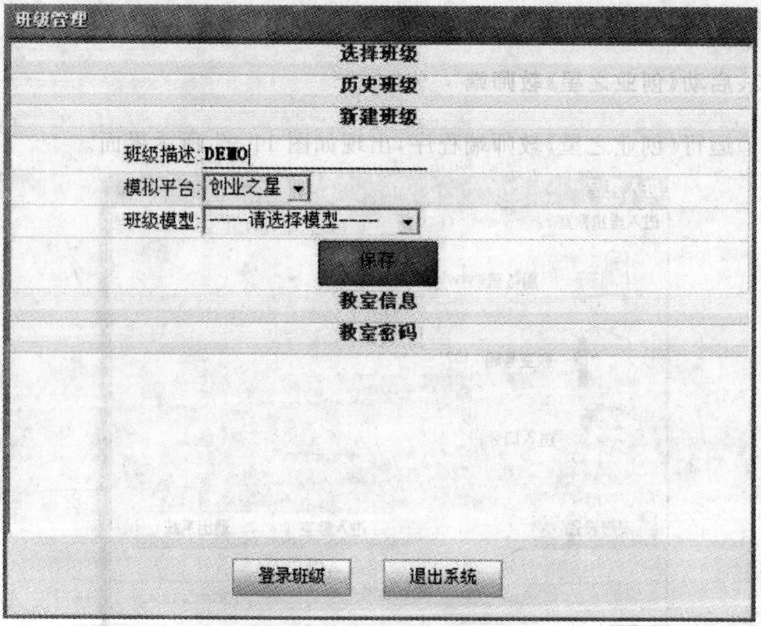

图 11－2　班级管理界面

(4)建立的班级名会出现在班级列表中，在班级列表左边选择班级下选择需登录的班级，点击“登录班级”，如图 11－3 所示。

(5)进入教室后，显示教师端程序进入后的主界面。教师端程序主界面分为三大部分：左边为参数配置等所有操作菜单，右上为操作显示内容的主窗口，右下为参加训练的小组情况及基本信息列表，如图 11－4 所示。

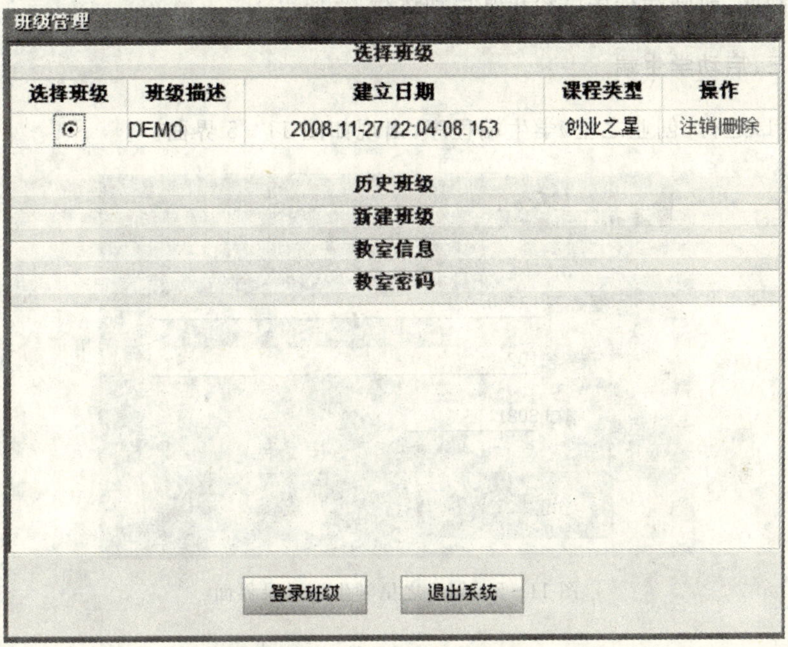

图 11－3　选定班级登录界面

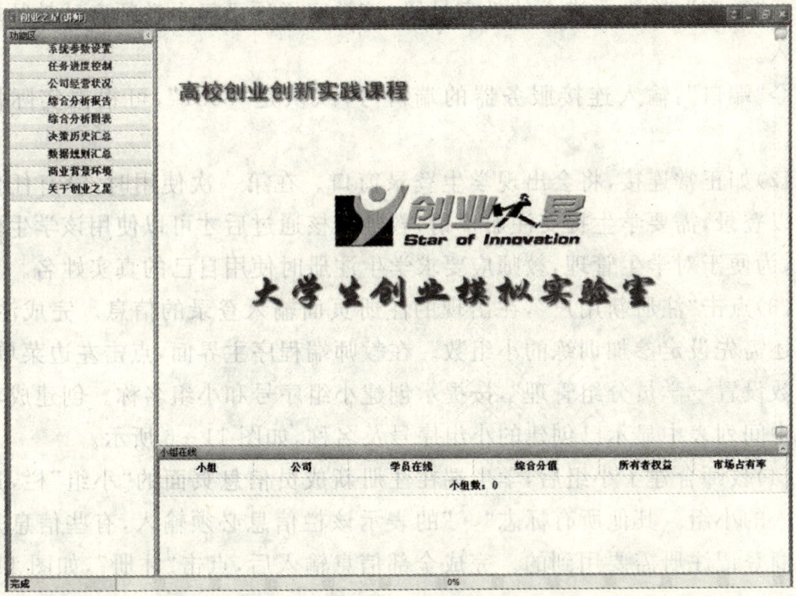

图 11－4　“创业之星”讲师界面

到此，教师端程序已经正常启动运行。

三、启动学生端

(1)运行《创业之星》学生端程序，出现如图 11－5 界面。

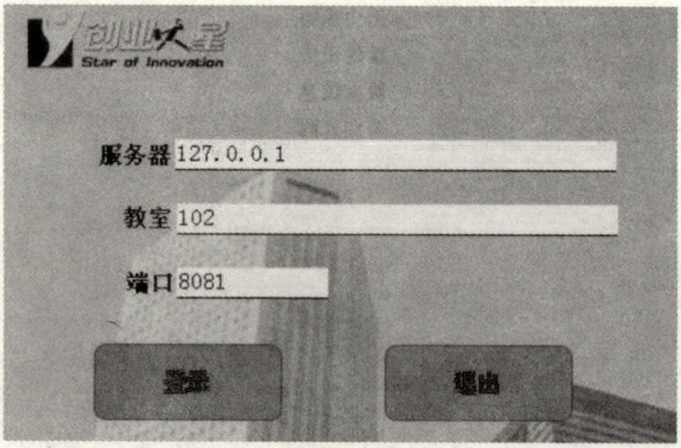

图 11－5　创业之星学生端登录界面

◇“服务器”：填入《创业之星》数据处理服务器所在的 IP 地址或网址，如图 11－5 输入“127.0.0.1”。

◇“教室”：输入要进入的教室号码，该教室必须已经由教师启动教师端程序进入。

◇“端口”：输入连接服务器的端口号，默认是“8081”，可根据实际情况输入。

(2)如正常连接，将会出现学生登录窗口。在第一次使用时，没有任何学生可以登录，需要学生提交注册申请，教师审核通过后才可以使用该学生名字登录，为便于对学生管理，教师应要求学生注册时使用自己的真实姓名。

(3)点击“注册新用户”，在出现的注册页面输入登录的信息。完成注册，教师还需先设定参加训练的小组数。在教师端程序主界面，点击左边菜单“系统参数设置一学员分组管理”，按提示创建小组序号和小组名称。创建成功后会在中间列表中显示已创建的小组序号及名称，如图 11－6 所示。

(4)教师合建了小组后，学生端在注册新成员信息页面的“小组”栏，选择要加入的小组。其他所有标志“ * ”的表示该栏信息必须输入，有些信息是后面工商登记注册需要用到的。完成全部信息输入后，点击“注册”，如图 11－7 所示。

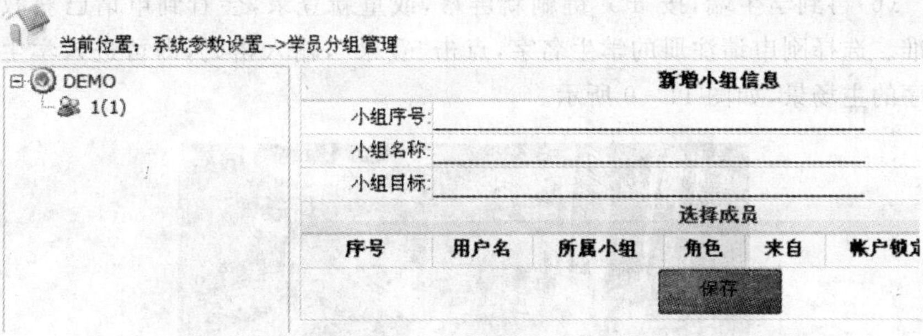

图 11－6　创建小组界面

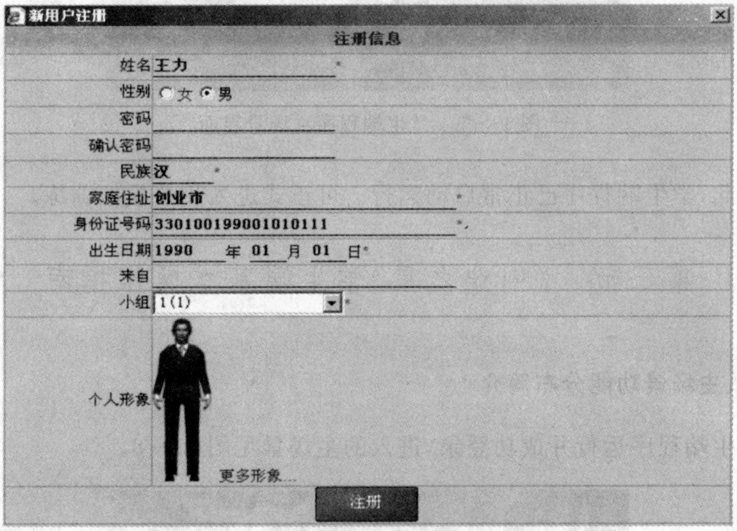

图 11－7　新用户注册界面

(5)学生提交注册申请后，在教师端程序，点击左边菜单“系统参数设置－学员分组管理”，右边会显示出新申请的学生姓名，如图 11－8 所示。点击该名字右边的“账户锁定”一栏的加锁标志，标志变为“ ”，则表示已同意该学生注册。

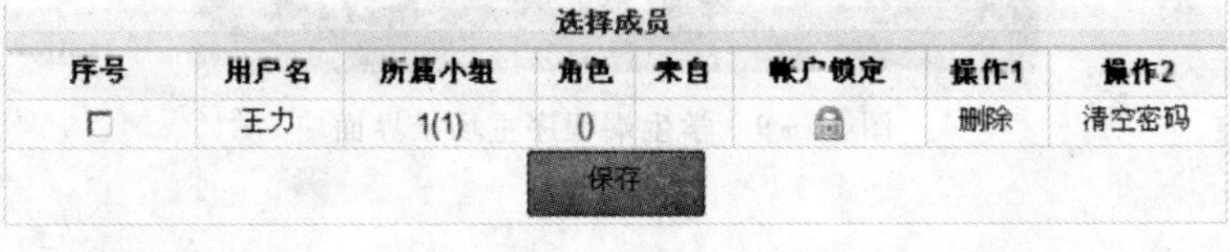

图 11－8　成员选择界面

(6)再到学生端,按“F5”键刷新屏幕,或重新登录,会看到申请已获教师批准。选择刚申请注册的学生名字,点击“登录”,输入密码,即可进入学生端程序的主场景,如图 11-9 所示。

图 11-9　学生端程序主场景界面

至此,学生端程序已正常启动运行。可正式进入相关模拟训练。

第三节　《创业之星》学生端基本操作指南

一、主场景功能分布简介

学生端程序运行并成功登录,进入的主场景见图 11-9。

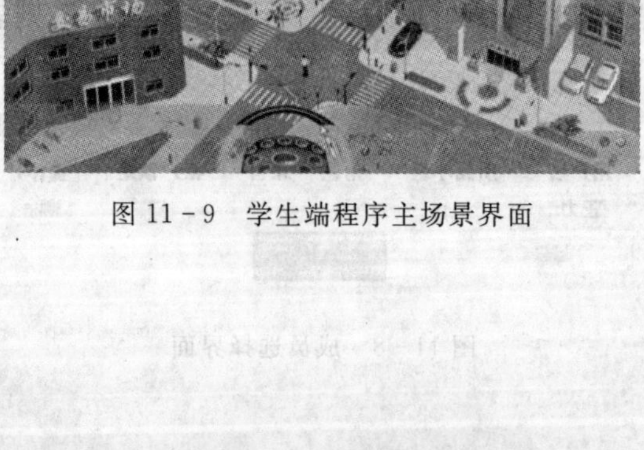

图 11-9　学生端程序主场景界面

主场景是一个创业园区的示意图，每幢楼分别代表着某一办事机构，分别可以去办理相关事宜。在主场景下面居中位置是一个快速导航仪表盘，上面有进入各个办事机构的快捷菜单，以及系统信息提示和帮助等信息。

现在分别对各个大楼的功能与作用作说明。

(1)“创业大厦”：所有创业企业办公经营所在地，对应仪表盘上的“公司”。

(2)“创业银行”：创业园区的金融机构，可以到这里办理公司开户注资与申请借款等业务，对应仪表盘上的“银行”。

(3)“会计事务所”：公司创立时，办理股东注资的验证证明，对应仪表盘上的“会计”。

(4)“工商行政管理局”：公司创立时，办理公司注册登记、名称审核等事宜，对应仪表盘上的“工商”。

(5)“国家税务局”：公司创立时，办理国税税务登记，对应仪表盘上的“国税”。

(6)“地方税务局”：公司创立时，办理地税税务登记，对应仪表盘上的“地税”。

(7)“质量技术监督局”：公司创立时，办理组织机构代码证，对应仪表盘上的“质检”。

(8)“刻章店”：公司创立时，刻制公司各类印章，对应仪表盘上的“刻章”。

(9)“人力资源与社会保障局”：办理公司社会保险登记证，员工养老保险办理，对应仪表盘上的“劳保”。

(10)“交易市场”：办理人员招聘，原材料转让交易，厂房设备交易，商业情况购买、组间交易等，对应仪表盘上的“市场”。

每幢楼的入口处有一个进入大楼的标志“”，鼠标移到这个位置上，当出现“进入”提示时，点击鼠标左键，可以进入到相应的大楼办理相关业务。

二、公司场景功能分布

企业创立后，在经营阶段，大多工作主要在公司内部完成。公司内部包括了研发部、市场部、销售部、生产部、人力资源部、财务部等部门在内的各个管理部门，另外还有总经理室、会议室、生产车间、原料仓库、成品仓库等可以操作管理，如图 11－10 所示。

现在先介绍各部门或场景的主要功能与作用，再结合各部门或场景的操作来介绍相关功能的使用。

在主场景中点击进入“创业大厦”，或在导航仪表盘上点击“公司”，快速进入公司内部场景。公司场景的界面见图 11－10。在下半部分是一个快速导航仪表盘，可以帮助使用者快速进入到相关部门或场景中，界面是公司内部各个部门的情况。

◇“研发部”：负责新产品的设计，并对新设计产品进行研发，设计研发完成的产品才可生产与销售。

◇“市场部”：负责各区域市场的开发工作，并负责各阶段市场广告宣传投放方案的制订。

◇“销售部”：负责对公司产品定价、部门销售人员进行岗位调整、培训安排以及是否要计划辞退等决策。

◇“制造部”：负责采购原料、购置厂房、购置设备、生产资质认证投入等决策，并确定是否辞退生产工人，对销售部门接到的产品订单落实交付。

◇“财务部”：负责公司各阶段现金预算的制定，根据公司发展需要制订筹资计划等。

◇“人力资源部”：负责员工招聘、签订合同、解除合同、员工培训等所有与员工有关的决策。

◇“会议室”：在这里完成公司的创业计划书与经营计划书的撰写，完成公司章程的撰写；并可以看到完整的商业背景环境与运营规则。

◇“总经理”：对公司整体运营情况及各部门经营的数据进行分析查询。

◇“原料仓库”：查看公司原材料仓库中的原料信息。

◇“成品仓库”：查看公司产成品仓库中的产品信息。

◇“生产车间”：负责产品生产计划的编排与制订，对厂房与设备进行相关操作。

图 11－10　公司内部场景界面

三、导航仪表盘的操作使用

导航仪表盘的分布情况如图 11－11 所示，点击上面的各个按钮可以快速进入相关部门，方便在不同部门和机构间快速切换。如点击“公司”，可以快速跳转到“创业大厦”的公司办公场景；点击“主”，可以快速回到主场景等等。

图 11－11　导航仪表盘界面

在导航仪表盘的右边，还有一些快速操作的提示信息，如图 11－12 所示。

图 11－12　快速操作界面

(1)“”：显示当前系统的时间周期。“第 0 季度”表示的是公司成立前的阶段，即对应创业计划和创业准备阶段的时间，需要完成创业计划书及工商税务登记注册等任务；

(2)“”：显示公司目前拥有的现金数量，鼠标移至此位置会出现目前公司现金余额的提示信息；

(3)“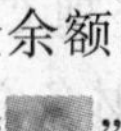”：背景音乐开关，点击可切换打开或关闭背景音乐；

(4)“”：系统帮助，打开后可查看到系统中的帮助信息；

(5)“”：小组成员信息，打开后可看到本小组所有成员的身份信息等

资料；

(6)“”:编辑个人信息，对个人的基本信息资料进行修改，分配担任的管理角色。

在导航仪表盘的左边区域，是系统信息的发布栏。系统中一些重要提示信息，包括其他公司需要转卖的原料、厂房、设备等信息商情均在这里发布。

四、管理岗位与角色分工

在正式开始经营管理前，首先需对团队中的每位成员进行岗位分工与角色任命。这项工作可能点击导航仪表盘上的“编辑个人信息”按钮，在弹出窗口中来完成角色分工如图 11－13 所示。

图 11－13　角色设置界面

打开窗口中可对公司基本信息进行配置调整，设置个人形象，并确定个人所担任的岗位角色。在系统中，默认设定了 6 个岗位角色：总经理 CEO、市场总监 CMO、研发总监 CTO、生产总监 CPO、销售总监 CSO、财务总监 CFO 等，根据团队人数多少，可一人担任一个角色或多个角色。完成后点击“保存”，重新运行学生端程序登录系统。

第四节　《创业之星》创业计划操作指南

根据《创业之星》整个训练系统平台的商业背景环境与数据规则，完成创业计划书的编写。创业者首先对背景环境进行商业机会分析，组建经营团队，制订资金筹措计划，撰写公司名称，制订公司章程，并编写一份完整的创业计划书。

在拿到商业背景环境的资料后，参加学习训练的学生需要完成以下几项工作：商业机会分析；组建管理团队；完成资金筹措计划；拟定公司名称；制定公司章程；完成创业计划书等工作。

组成创业公司的训练团队首先要对市场商业机会进行研究，并分析市场竞争形势，从而制订出合理的创业计划书。创业计划书的内容主要包括摘要、公司简介、市场分析、竞争分析、产品服务、市场营销、财务计划、风险分析、内部管理等方面。

创业计划书的撰写主要是在课余时间完成。写好创业计划书后，进入公司主场景，点击“会议室”，在弹出窗口中点击“创业计划”，将完成的创业计划书复制即可。创业计划书在撰写中应注意的问题前边章节已经论述，在此不再阐述。

创业计划书撰写不是目的，最终需要与企业创立后实际经营的数据结果相对比，检验创业计划书的规划与实际绩效之间的差异，分析主要原因，从而对创业计划书的撰写有更加全面与直观的认识。

第五节　《创业之星》创业准备操作指南

当创业者有了想法，并已经做好了资金、公司名称、技术、人员、场地、设备等方面的各项准备工作后，就进入了企业的初创阶段。参加训练的学生需要独立完成公司注册审批流程的所有工作。

公司注册的流程及主要工作如图 11－14 所示。

一、租赁办公场所

点击“创业大厦”的入口处，第一次进入，会提示是否租赁办公场所，点击“确定”，办理房屋租赁合同，如图 11－15 所示。

根据系统提示完成房屋租赁合同的签订，点击合同右下角的乙方负责人签字处的笔形标志，完成合同的签订，如图 11－16 所示。

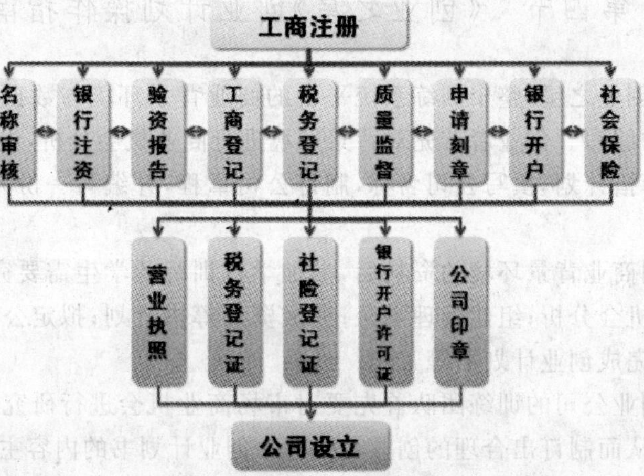

图 11－14　公司注册流程图

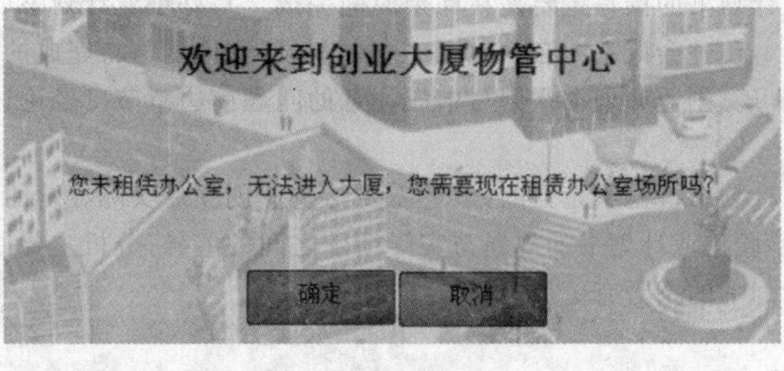

图 11－15　租赁界面

合同签订成功后，系统会自动为分配一间办公室，记下办公室的详细地址信息，后面注册会用到如图 11－17 所示。

二、公司名称登记

在主场景点击“工商行政管理局”入口，进入工商局，或在导航仪表盘上点击“工商”快速进入。

在办事大厅内可以看到有 3 个办事窗口，点击最左边的“
”窗口。

(1)在弹出窗口中，选择“指定代表证明”，按要求填写相关信息，并在窗口右下角的投资人签字位置点击签字确认，如图 11－18 所示。

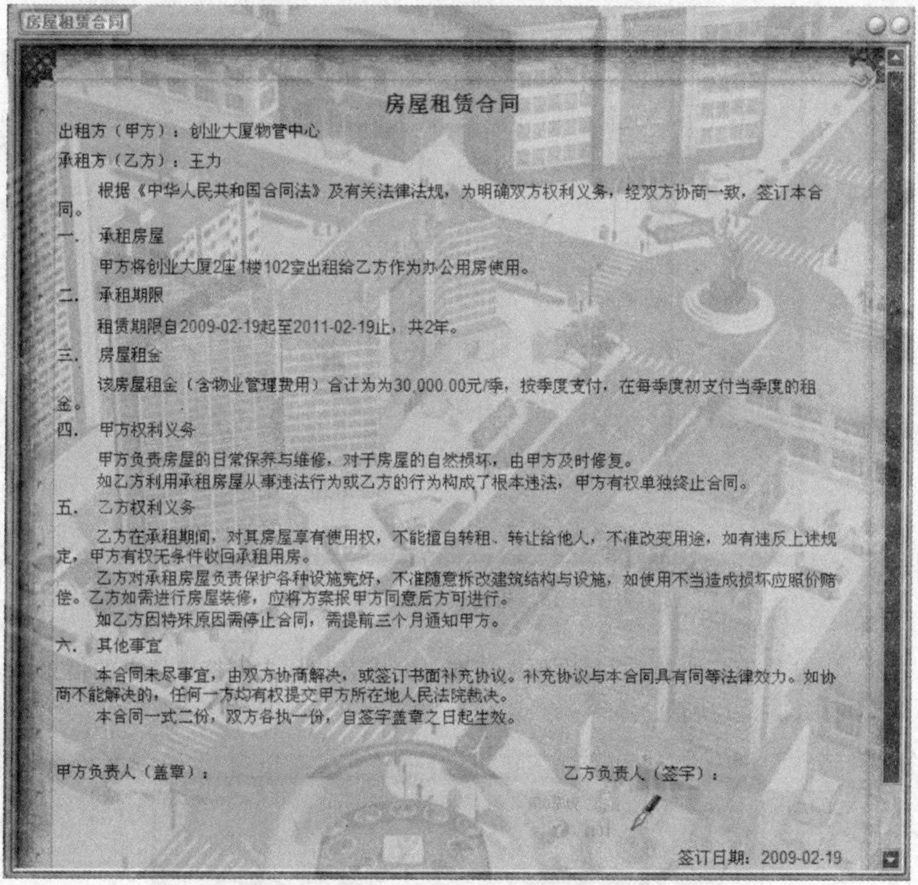

房屋租赁合同

出租方（甲方）：创业大厦物管中心

承租方（乙方）：王力

根据《中华人民共和国合同法》及有关法律法规，为明确双方权利义务，经双方协商一致，签订本合同。

一.　承租房屋

甲方将创业大厦2座1楼102室出租给乙方作为办公用房使用。

二.　承租期限

租赁期限自2009-02-19起至2011-02-19止，共2年。

三.　房屋租金

该房屋租金（含物业管理费用）合计为为30,000.00元/季，按季度支付，在每季度初支付当季度的租金。

四.　甲方权利义务

甲方负责房屋的日常保养与维修，对于房屋的自然损坏，由甲方及时修复。

如乙方利用承租房屋从事违法行为或乙方的行为构成了根本违法，甲方有权单独终止合同。

五.　乙方权利义务

乙方在承租期间，对其房屋享有使用权，不能擅自转租、转让给他人，不准改变用途，如有违反上述规定，甲方有权无条件收回承租用房。

乙方对承租房屋负责保护各种设施完好，不准随意拆改建筑结构与设施，如使用不当造成损坏应照价赔偿。乙方如需进行房屋装修，应将方案报甲方同意后方可进行。

如乙方因特殊原因需停止合同，需提前三个月通知甲方。

六.　其他事宜

本合同未尽事宜，由双方协商解决，或签订书面补充协议。补充协议与本合同具有同等法律效力。如协商不能解决的，任何一方均有权提交甲方所在地人民法院裁决。

本合同一式二份，双方各执一份，自签字盖章之日起生效。

甲方负责人（盖章）：　　　　乙方负责人（签字）：

签订日期：2009-02-19

图 11-16　房屋租赁合同界面

图 11-17　房屋租赁地址提示界面

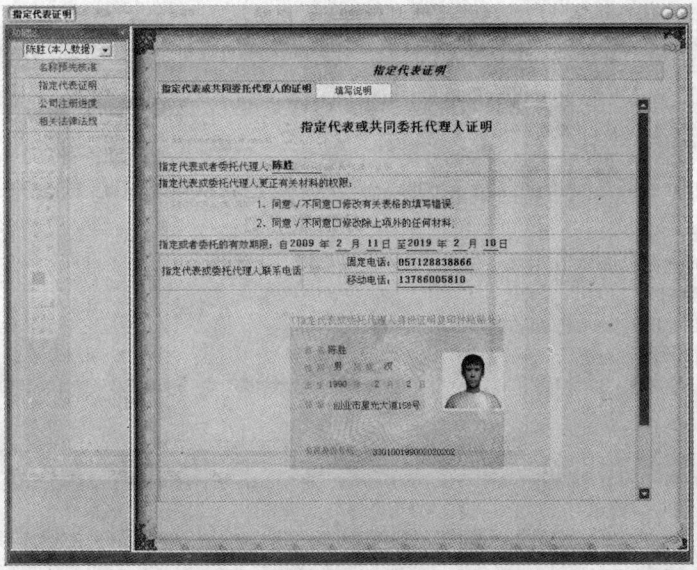

图 11-18　指定代表证明填写界面

（2）选择第一个菜单“名称预先核准”，完成名称预先审核申请书的信息填写，如图 11-19 所示。

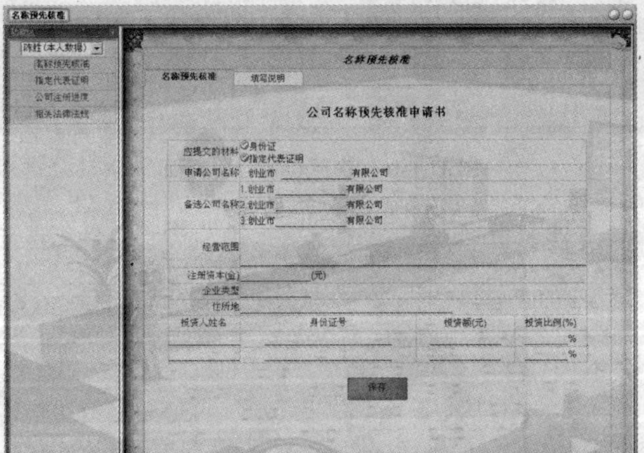

图 11-19　预告审核申请书填写界面

(3)全部填写完整后提交,如填写内容符合要求且公司名称没和其他组冲突,会提示申请成功,可保留申请的名称作为公司名称,如没通过则重名需重新命名。对于各个项目的填写注意事项,在“填写说明”页面中有简要说明,如不清楚时可以去查看相关帮助信息。

(4)点击菜单“公司注册进度”,可查看到目前公司的注册流程已完成的工作,进展到哪。公司注册涉及到的每一个机构的决策页面都会有这个帮助页面,可帮助学生快速了解注册流程的进展情况见图 11－20。

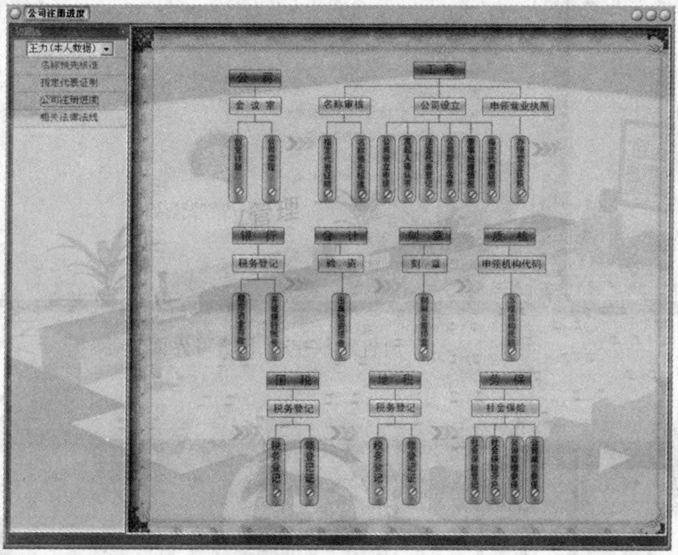

图 11－20

(5)点击菜单“相关法律法规”,提供与工商登记注册有关的国家法律法规,可帮助学生在学习中了解相关的知识,同时也可更好的理解注册中的一些规定与要求,如图 11－21 所示。

三、公司章程撰写

在主场景点击“创业大厦”入口,进入公司办公场景,或在导航仪表盘上点击“公司”进入公司。点击“会议室”,在弹出窗口中点击“公司章程”,编写完成公司章程。也可在其他地方写好后粘贴复制到此,如图 11－22 所示。

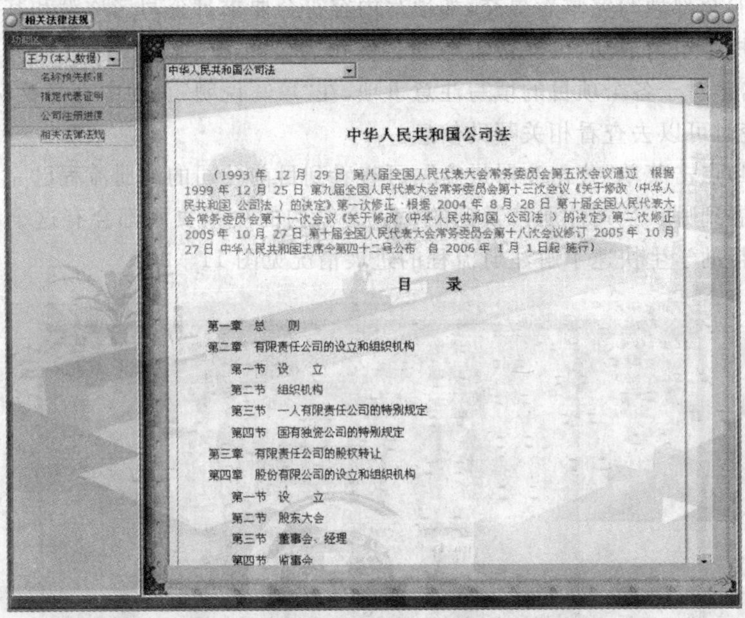

图 11 - 21　预告审核申请书填写界面

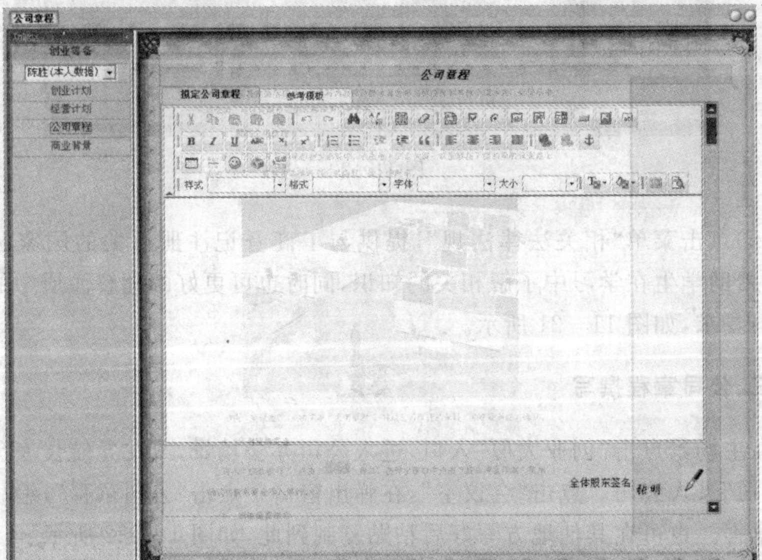

图 11 - 22　公司章程撰写界面

撰写完成，在公司章程的“全体股东签名”位置处，点击签名。如一个小组有多个股东，则其他股东自动完成签名。

四、公司注册资金

在主场景点击“创业银行”入口，进入银行，或在导航仪表盘上点击“银行”进入创业银行。点击“对公业务”窗口，在弹出窗口中点击菜单“股东资金存款”，确认将股东资金存入创业银行，如图 11－23 所示。

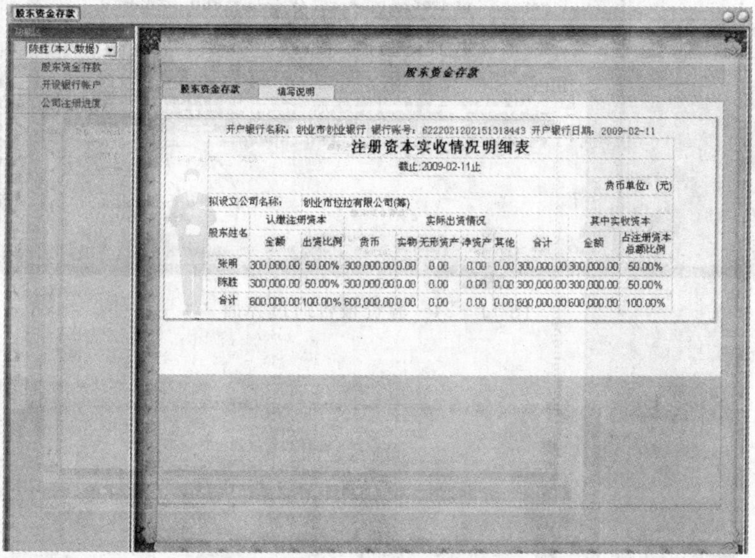

图 11－23 股东资金存款界面

五、验资证明领取

在主场景点击“会计师事务所”入口，进入会计师事务所，或在导航仪表盘上点击“会计”进入。在弹出窗口中点击菜单“出具验资报告”，完成公司股东注册资金的验资，领取验证证明，如图 11－24 所示。

六、公司设立登记

在主场景点击“工商行政管理局”入口，进入工商行政管理局，或在导航仪表盘上点击“工商”进入。公司设立需要提供的资料较多，需全部准备好，如图 11－25 所示。

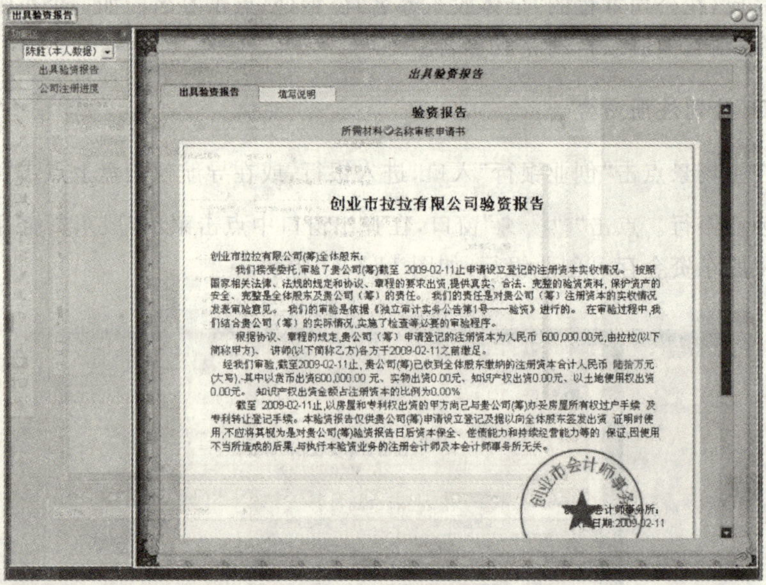

图 11－24　验资报告通过界面

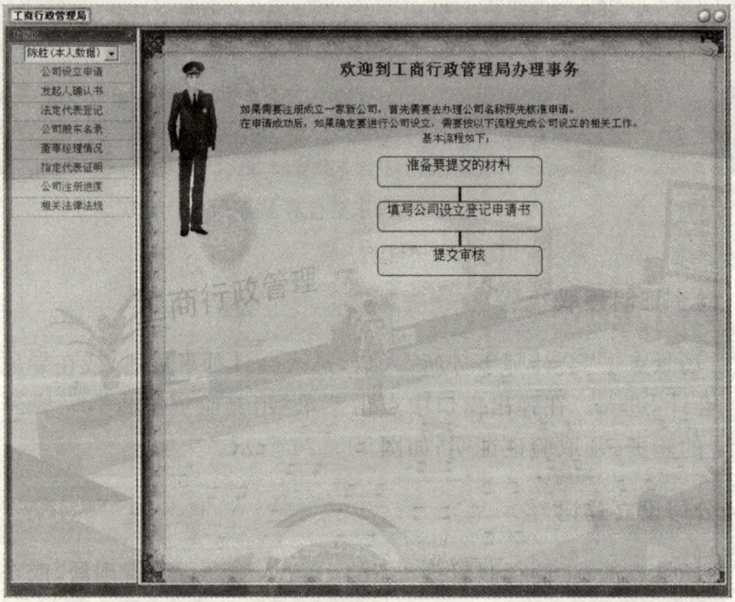

图 11－25　工商行政管理基本该程界面

(1)点击“发起人确认书”,在所有签字的地方确认签字。如公司由多名股东组成,系统会自动将其他股东的名字签好,如图 11 - 26 所示。

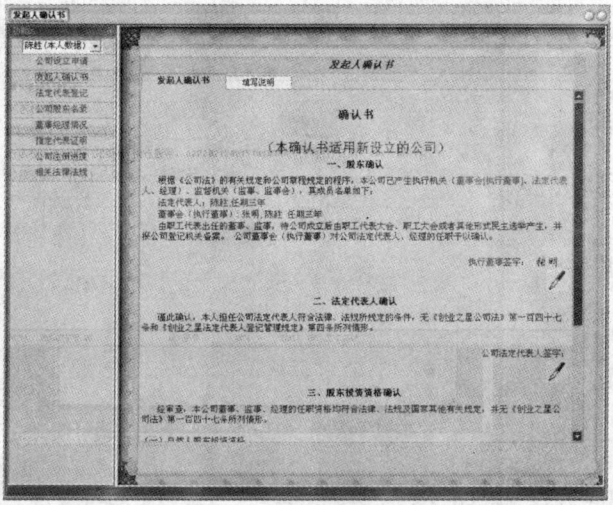

图 11 - 26　“发起人确认书”界面

(2)点击“法定代表登记”,填写法定代表人信息,确认签字。如公司由多名股东组成,系统默认当前使用者是法定代表人,如图 11 - 27 所示。

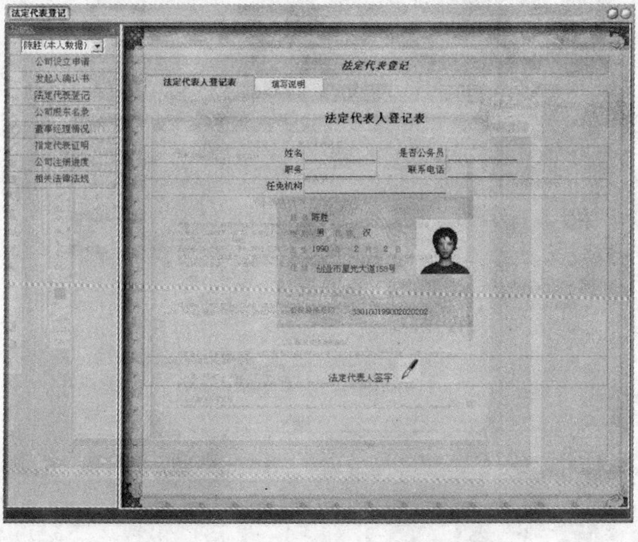

图 11 - 27　“法人代表登记”界面

(3)点击“公司股东名录”,填写公司股东(发起人)名录信息。如公司由多名股东组成,则需填写所有股东的有关信息,如图 11－28 所示。

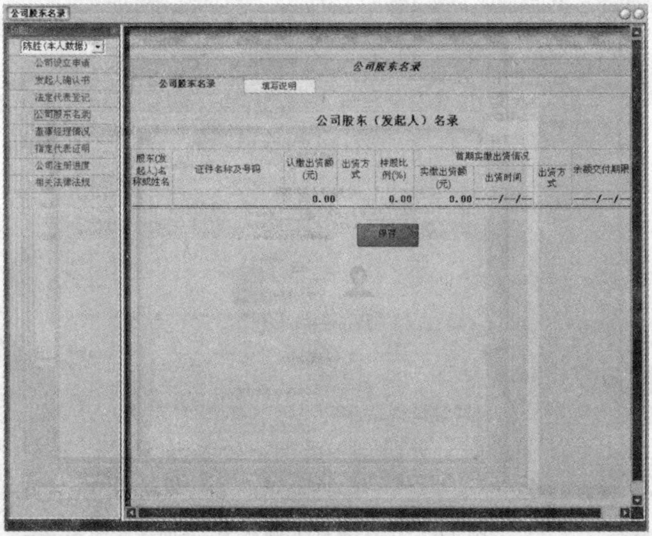

图 11－28 “公司股东名录”界面

(4)点击“董事经理情况”,填写公司董事、经理的相关信息,如图 11－29 所示。

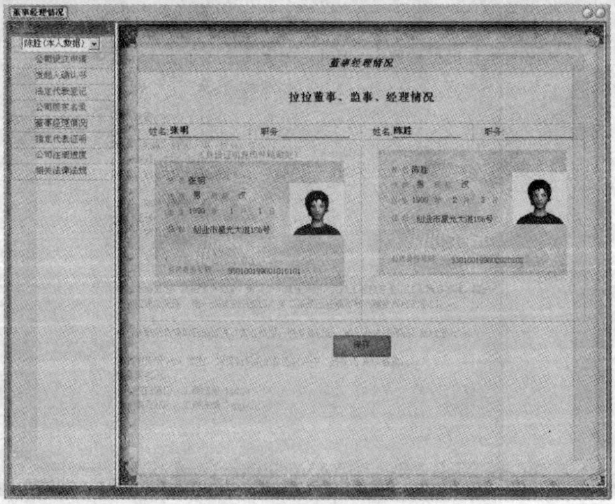

图 11－29 “董事经理情况”界面

(5)点击“指定代表证明”，指定办理公司登记注册的代表人。这项工作在公司名称预审核中已经做好，系统默认是同一个人来办理；

(6)完成了以上所有准备工作后，最后点击第一项菜单“公司设立申请”，填写公司设立申请表。这时可以看到最上面显示的办理公司设立申请需要准备的所有材料已经都准备好了，相应资料名称前面会用如标志“√”表示，否则会显示“×”。根据填表要求完成公司设立申请表，点击最后的签字确认，如图 11－30 所示。

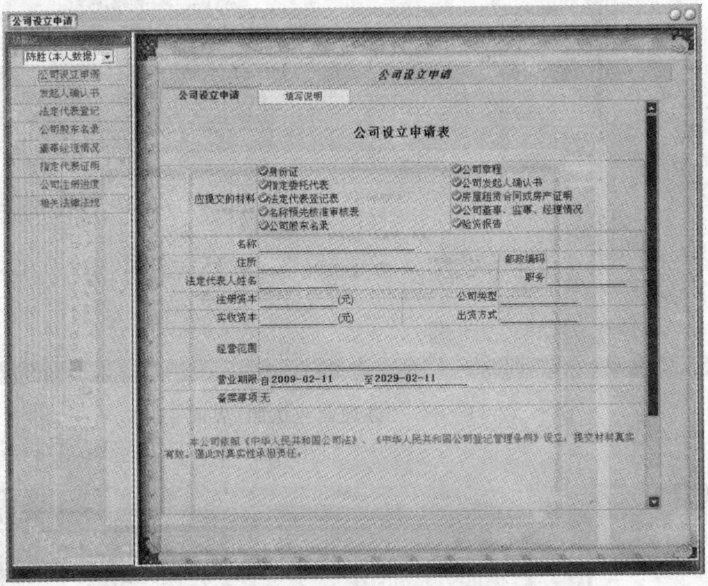

图 11－30 “公司设立申填表”界面

(7)点击工商行政管理局办事窗口的“”，在弹出窗口中点击“办理营业执照”，领取已办好的企业法人营业执照，如图 11－31 所示。

七、刻制公司印章

在主场景点击“刻章店”入口，进入刻章店，或在导航仪表盘上点击“刻章”进入。凭公司法人营业执照并提交刻制公司印章的申请，完成公司章、法人章、财务章等的刻制，如图 11－32 所示。

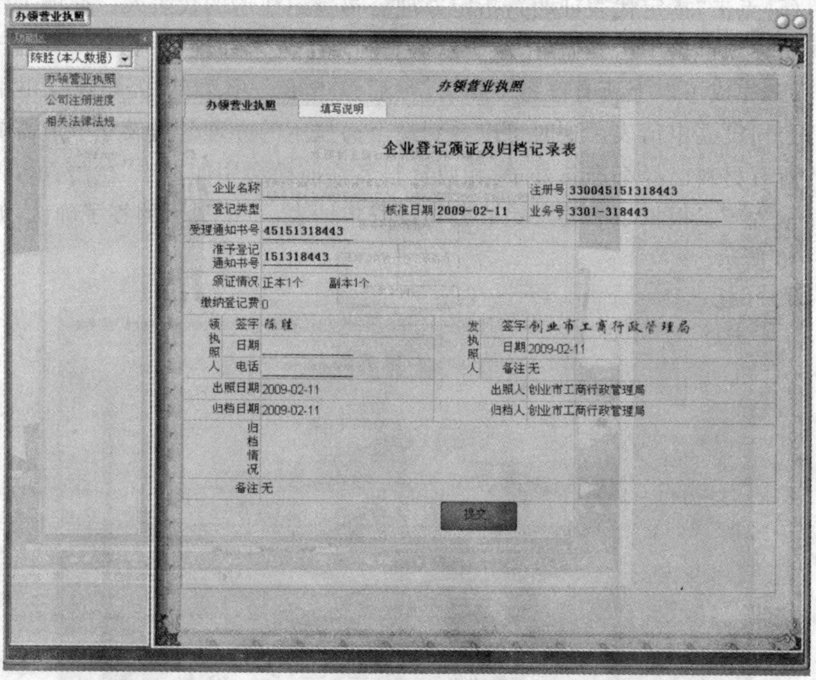

图 11－31 “办理营业执照”界面

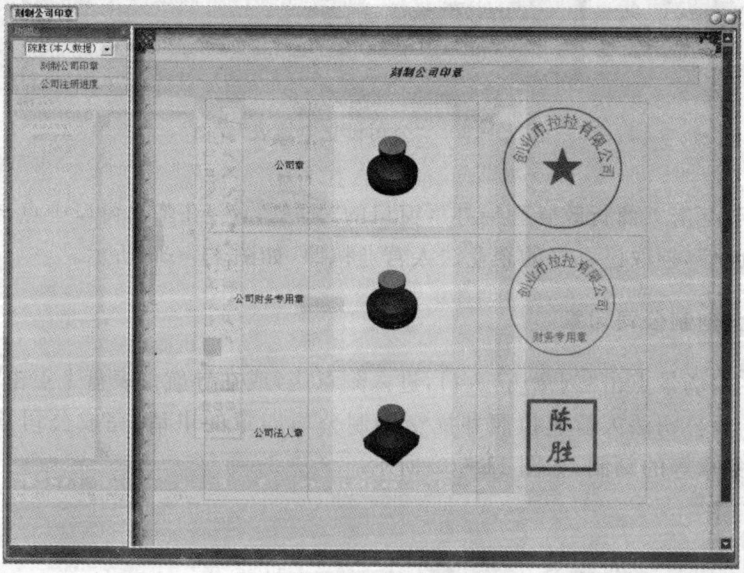

图 11－32 “刻制公司印章”界面

八、办理机构代码

在主场景点击“质量技术监督局”入口，进入质量技术监督局，或在导航仪表盘上点击“质检”进入质量技术监督局。办理公司组织机构代理证，如图 11－33 所示。

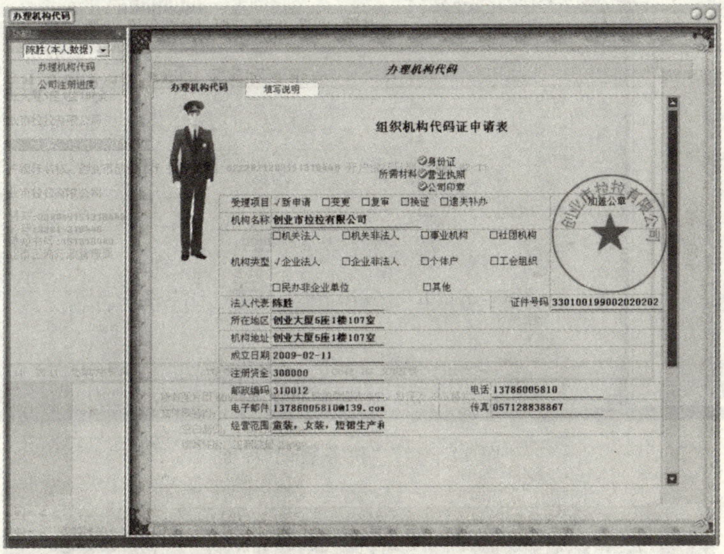

图 11－33　“办理机构代码”界面

九、办理税务登记

在主场景点击“国家税务局”入口，进入国家税务局，或在导航仪表盘上点击“国税”进入。要办理税务登记证，首先要在办事大厅中点击“”窗口，在弹出窗口中点击“税务登记（国税）”，按要求填写完成税务登记表所有项目，在表格最后面盖上公司章和法人章，如图 11－34 所示。

办理好后，再点击“领登记证（国税）”，领取正式的国税税务登记证。

地税税务登记证与国税税务登记证的办理流程类似。国税登记证和地税登记证用的是两个部门的联合发证，上有两个部门的公章，如图 11－35 所示。

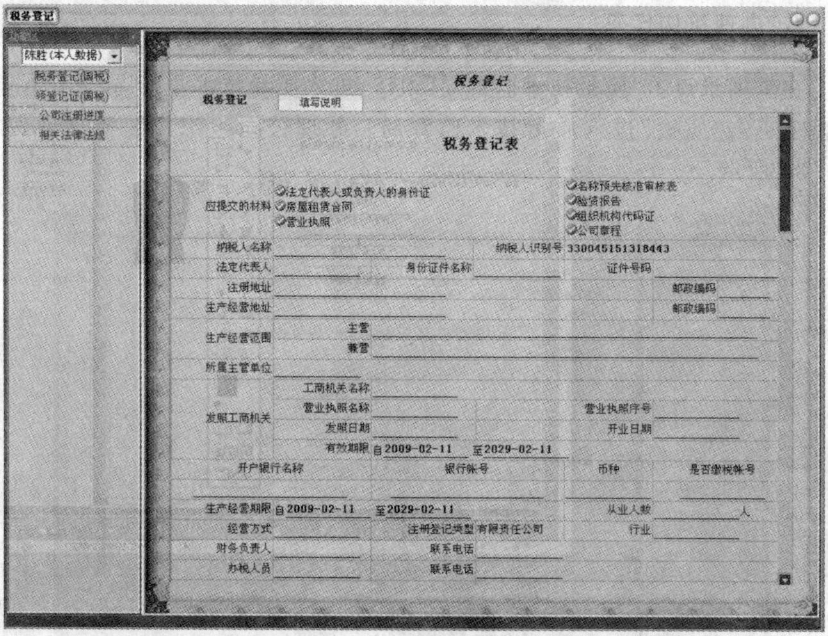

图 11－34　“税务登记”界面

图 11－35　税务登记证需有两个部门的公章

十、公司账户开设

在主场景点击“创业银行”入口，进入创业银行，或在导航仪表盘上点击“银行”进入。点击“

”，在窗口中点击“开设银行账户”菜单，如图 11－36 所示。完成相关内容填写，完成公司账户开设。

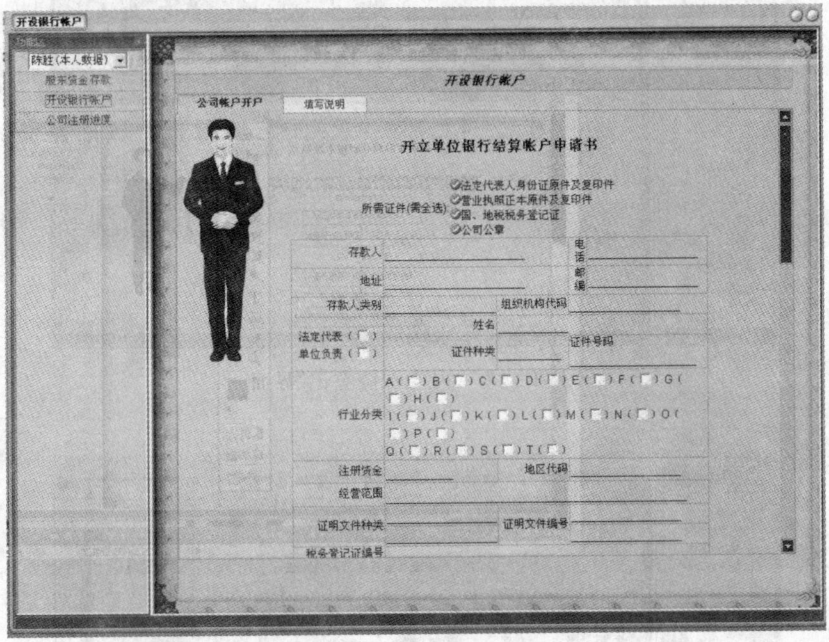

图 11－36 “开设银行账户”银行

十一、社会保险办理

在主场景点击“人力资源和社会保障局”入口，进入人社局，或在导航仪表盘上点击“社保”进入。点击“”窗口，在弹出窗口中点击“社会保险登记”，完成“用人单位社会保险登记表”的填写，如图 11－37 所示。

再点击“社会保险开户”，完成企业社会保险开户登记表的填写，如图 11－38 所示。

到此，已完全完成公司工商税务登记所有流程工作，公司正式成立，可以开张营业了。接下来将进入到创业企业经营管理阶段。

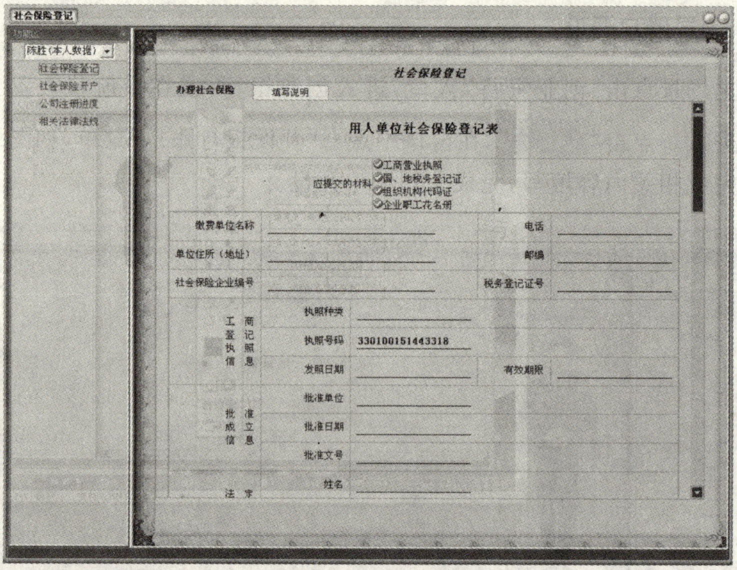

图 11－37　“社会保险登记”界面

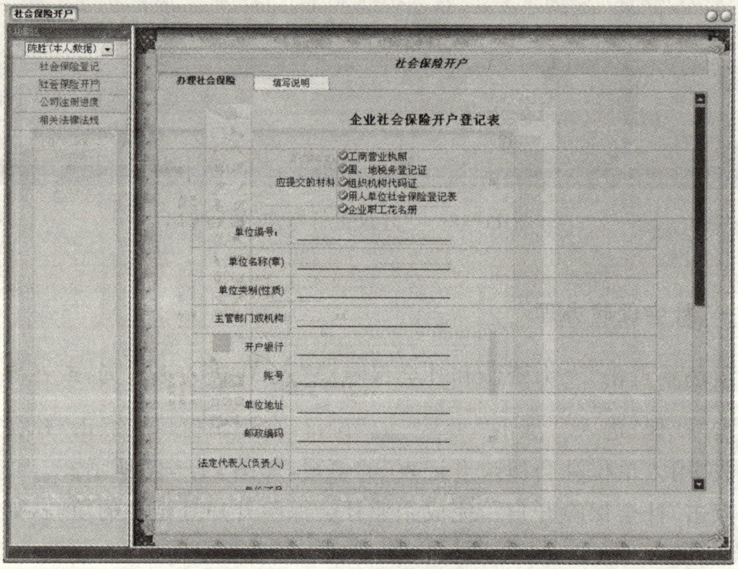

图 11－38　“社会保险开户”界面

第十二章 《创业之星》经营管理操作指南

《创业之星》在经营管理模块环节就是让学生实战中模拟创业企业的经营管理，围绕企业发展及产品的生命周期，制定相关策略，最终推动企业成长壮大，相关流程如图 12 - 1 所示。

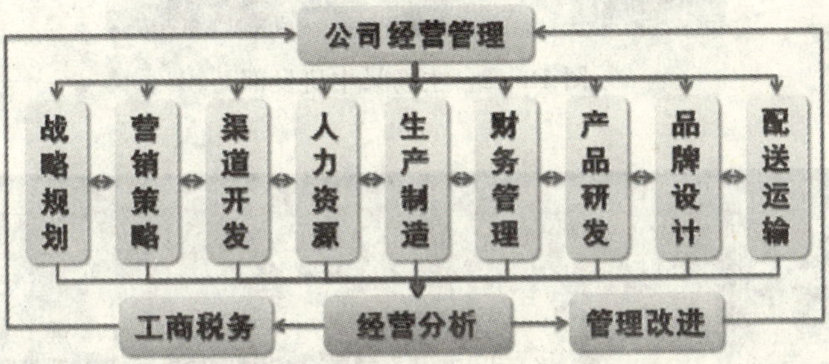

图 12 - 1 创业公司经营管理流程图

第一节 各项经营决策操作指南

一、产品研发计划

研发部负责公司新产品的研发工作。点击“研发部”，弹出窗口会显示研发部需要完成的决策任务以及相关操作，如图 12 - 2，图 12 - 3 所示。应注意根据目标市场的需求设计产品。

1. 设计新产品

在窗口右边，决策内容是产品设计的主界面，显示构成产品的所有可用原料类型及组合；规则说明标签显示有关设计产品的相关操作说明。

点击“决策内容—产品设计”，根据市场需求分析的情况及公司发展战略设计需生产的产品，产品名称由公司确定，并确定产品原料配置清单及计划服务的消费群体，即目标市场。如图 12－4 所示。

图 12－2　主场景中研发部

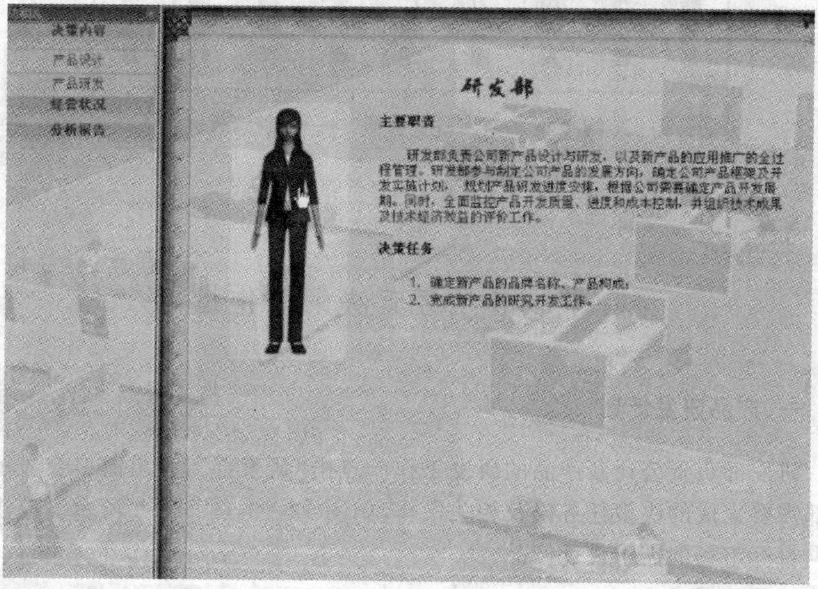

图 12－3　“研发部”界面

（1）“新产品名称”栏：输入设计的新产品名称，即品牌。

（2）“目标消费群体”栏：市场上共有几类消费群体（根据系统初始化设定），选择确定该品牌产品所面对的消费群体，即计划针对哪一类客户进行销售。

(3)“BOM 配置表”栏：构成该产品的原料组合选择，该产品的原料组合不同，生产成本不相同，对消费者的影响也不同。

(4)选择好原料组合后，在后面会动态显示构成该产品的所有原料的成本价以及完成该产品所需要花的研发时间，选择好后，点击“保存”。

(5)在窗口的下方会显示已完成设计的产品品牌。将鼠标移到“ⓘ”标志这个位置，会显示该产品的原料构成等信息，如图 12－5 所示。

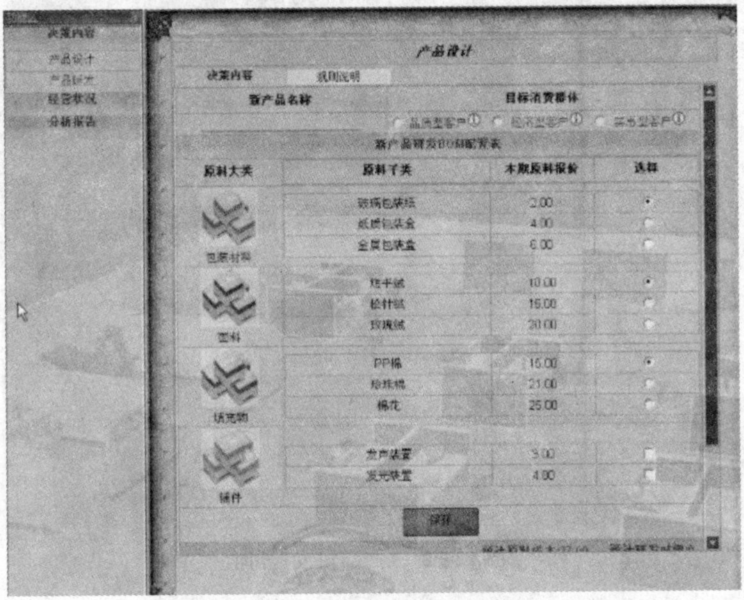

图 12－4　产品原料及清单

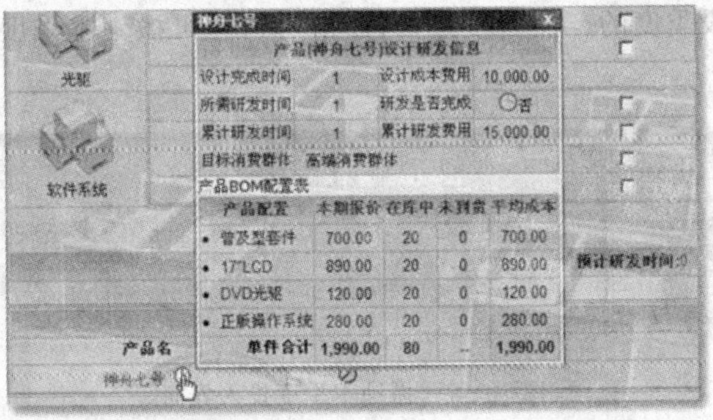

图 12－5　原料构成信息界面

同时，如果产品还没有投入研发，点击“撤销”可随时撤销刚设计的品牌。

2.新产品研发

进入公司，点击“研发部”，在弹出窗口选择“决策内容－产品研发”，完成公司相关产品的研发投入，完成了产品的全部研发后，才允许正式生产制造该产品，如图 12－6 所示。

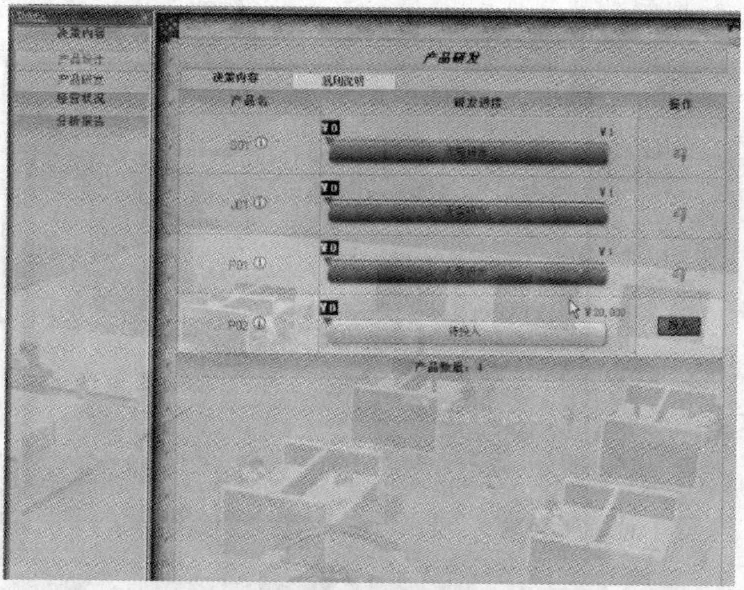

图 12－6　“产品研发”界面

根据产品原料的组合情况，不同设计的产品研发周期也不相同。原材料组成种类越多，设计的复杂性越高，所要花费的研发时间及费用会越多。点击“投入”即可投季度的产品研发经费，点击“撤销”可撤销本季度的投入，如图 12－7 所示。

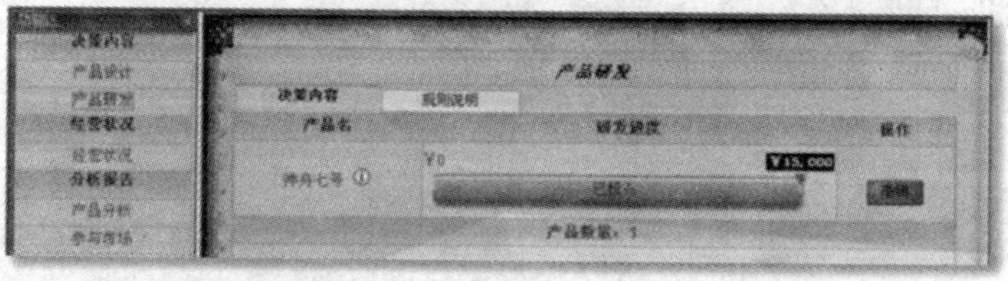

图 12－7　撤销本季度投入界面

二、物料需求计划

在公司场景点击“制造部”，在弹出窗口出选择“决策内容－原料采购”，根据产品品牌的原料构成、销售预测、到货周期等信息，完成所有需要生产产品的原料采购。

(1)根据企业产品设计的组合情况，先计算好总共需要采购的原料种类与数量，在“采购数量”一栏输入需要采购相应原料的数量，完成后点击“保存”。

(2)在制订原料采购计划时要注意的是，这里所有的单价都是指不含税的价格，实际支付的金额是最右边的价税合计金额。此外，不同原料的订货周期是不同的，要根据公司整个生产计划的安排前提做好所有原料的采购计划，如图 12－8 所示。

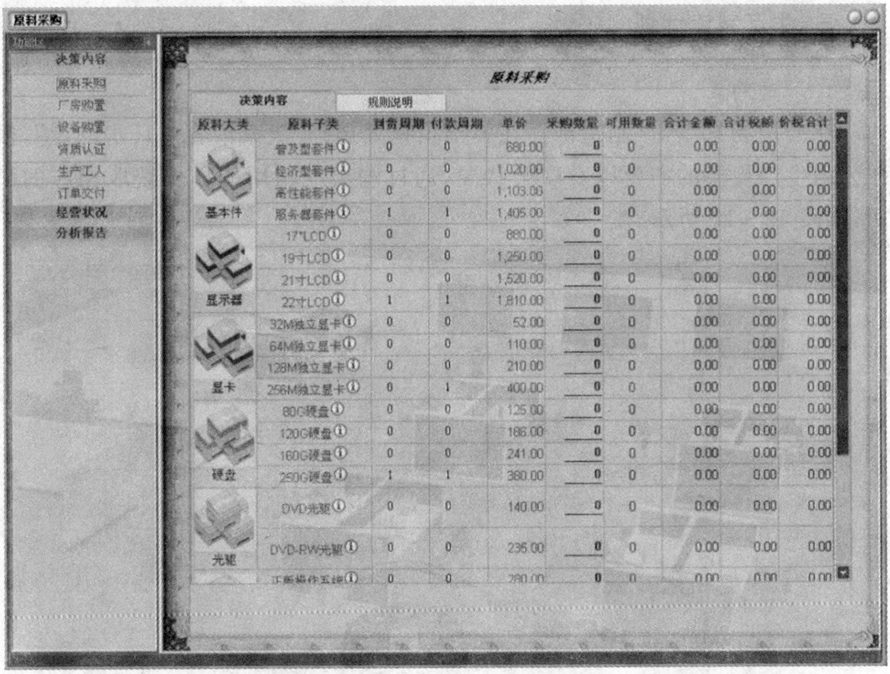

图 12－8 “原料采购”界面

(3)原料如果买的不对可以取消购买操作，将鼠标移到“原料子类”下相关的原料名称边的“ⓘ”标志上，会显示出该类原料的采购计划。在要取消的采购计划最右边的“操作”栏点击“撤销”即可取消该笔采购计划，如图 12－9

所示。

普及型套件

原料状态

数量	单价	购买时间	到货时间	合计金额	合计税额	状态	操作
3	1,400.00	1	1	4,200.00	714.00	在库中	撤销
2	1,400.00	1	1	2,800.00	476.00	在库中	撤销
合计							
5	在库中:5	未到货:0		总价值：8,190.00			

图 12－9　撤销原材料操作界面

三、生产制造计划

1. 厂房购置

在公司场景点击“制造部”，在弹出窗口处选择“决策内容－厂房购置”，根据公司生产规模的需要以及现金状况，通过购买或租用的方式获取相应的厂房，如图 12－10 所示。

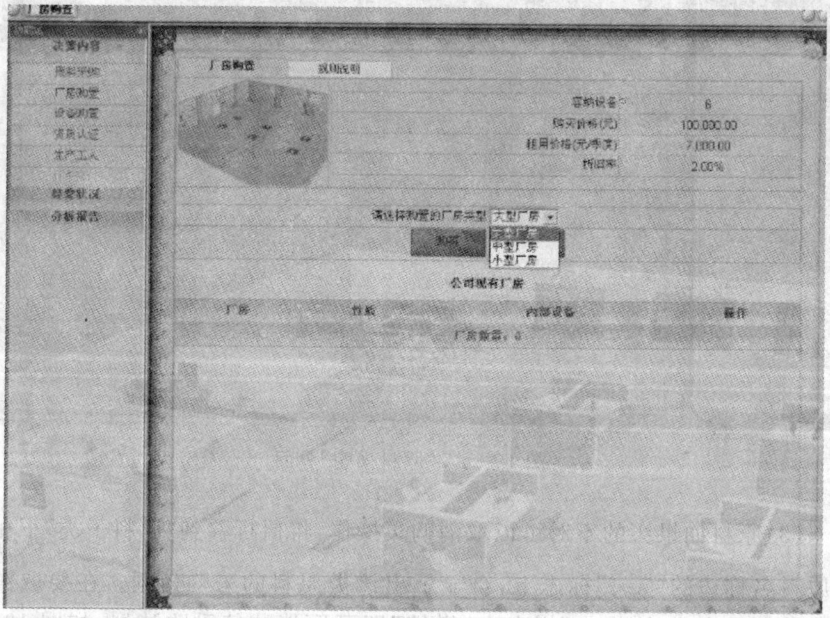

图 12－10　“厂房购置”界面

(1)在“厂房类型”下拉框内选择需要的厂房大小，再点击“购买”或“租用”按钮，完成对选择厂房的操作。

(2)购买或租用的厂房会在下面列表显示，鼠标移至厂房名称旁的“ⓘ”标志上，会显示出该厂房有关的详细信息。

(3)“内部设备”栏显示的是该厂房内的设备最大安装能力与已经安装的设备数量，鼠标移至该栏相关信息旁的“ⓘ”标志上，可以看到该厂房内安装的生产设备详情。

2.设备购置

在公司场景中点击“制造部”，弹出窗口中选择“决策内容—设备购置”，根据公司生产规模的需要以及现金状况，购买所需要的生产设备。

(1)软件中设备只能购买而不能租用，因此要购买设备首先确保公司有足够的现金。

(2)在“厂房类型”下拉框内选择需要购买的设备类型，上面会实时显示出该设备的主要参数资料；在“设备安装到厂房”选择该设备需要安装到哪个厂房，点击“购买”按钮，完成对选择设备的购买，如图12-11所示。

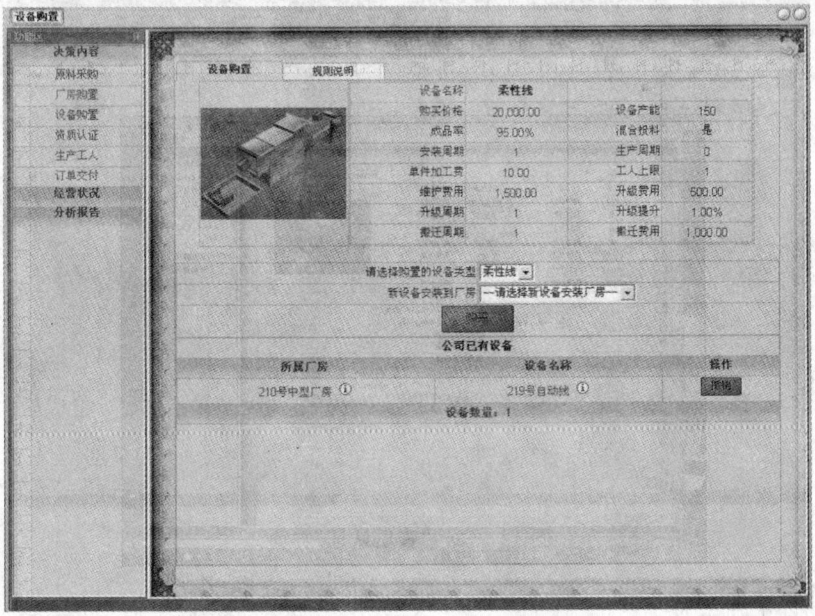

图12-11 “设备购置”界面

(3)购买了设备以后,在下面能看到公司目前所有厂房以及厂房内安装的所有设备情况。对于刚采购的设备,如果没有设备在线上生产,可以点击该设备名称右边的“撤销”按钮取消购买决策。

3.资质认证

在公司场景点击“制造部”,在弹出窗口中选择“决策内容—资质认证”,对公司确认要投资的认证体系投入认证费用,如图 12-12 所示。

(1)认证是对整个公司的生产资质进行的认证,而不是针对某一个产品品牌。在市场要求具体相应资质而公司没有时,将不允许进入该市场销售产品。

(2)点击认证名称右边相关的“投入”按钮,完成本季度对该认证的费用投入。各类认证所需要花费的时间周期及总费用不同,需要多个季度的投入才能完成获取资质。

(3)对当季度投入的认证费用,可以点击“操作栏”的“撤销”按钮取消当季投入。

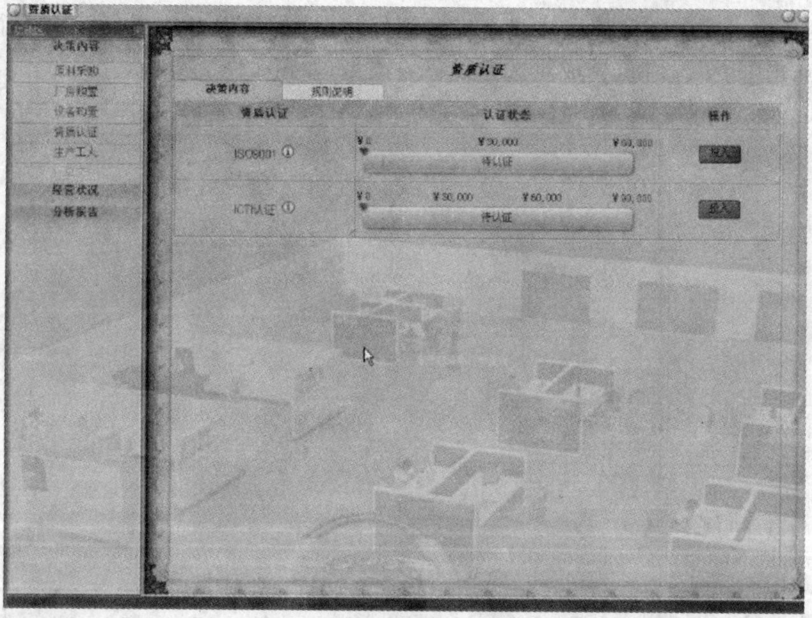

图 12-12 “资质认证”界面

4.生产工人

在公司场景点击“制造部”,在弹出窗口中选择“决策内容—生产工人”,对制造部门现有的所有生产工人进行管理。

(1)生产设备需要配备生产工人才能完成设备使用生产工作。生产工人的招聘由人力资源来完成,详见人力资源部相关操作,如图 12 - 13 所示。

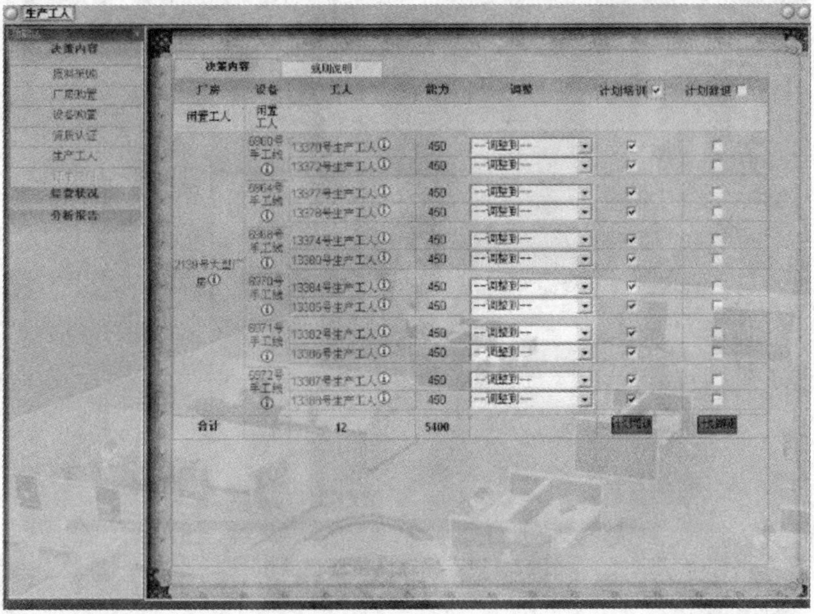

图 12 - 13 生产工人资料

(2)在这里可以看到生产制造部门的所有生产工人列表,鼠标移到工人名字旁的“ⓘ”标志上,可以看到该工人的简要介绍资料。

(3)在每一名工人的右边,可以针对该工人完成岗位调整(调到其他生产设备上)、计划培训、计划辞退等操作,如图 12 - 14 所示。

(4)所有培训与辞退计划设置好,会递交到人力资源部,由人力资源部来完成具体的培训或辞退工作。如递交了计划但人力资源部还未确认,则可撤销相应的申请,如图 12 - 15(a)～(d)所示。

5. 生产计划

在公司场景点击“生产车间”,在弹出窗口出可以看到所有的厂房情况及生产设备情况,如图 12 - 16 所示。

(1)“厂房”栏显示了公司目前所有的厂房情况,同时标志出该厂房是购买的还是租用的。点击厂房名称旁“出售”或“退租”按钮,可出售或退租厂房。

(2)“生产线”栏显示了该厂房内装有几条生产设备,点击“出售”可以卖掉该设备。如果设备上还有产品在生产中,则设备不能马上出售,只制订出售计划，到季度结束产品下线后才能出售；

图 12-14　保存岗位调整操作

(a)

图 12-15　员工培训操作

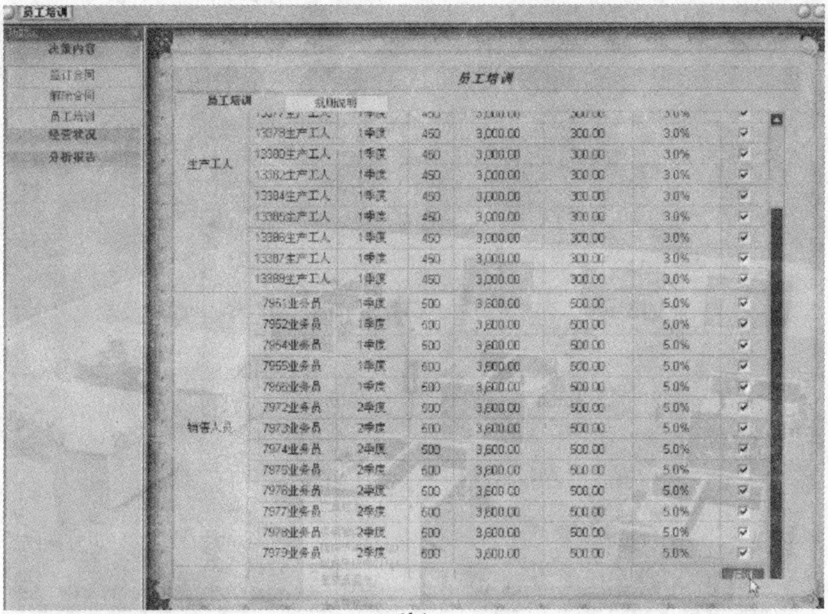

(b)

(c)

续图 12 - 15 员工培训操作

(d)

续图 12-15　员工培训操作

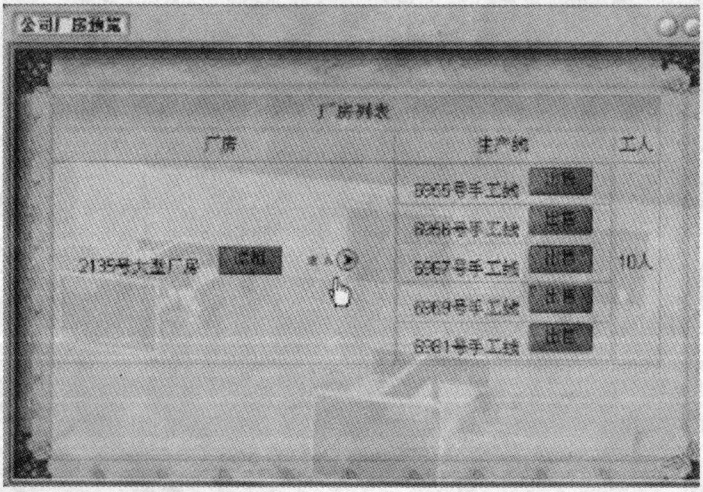

图 12-16　公司厂房预览

(3)每一个厂房名称的右边有一个在闪动的"进入"标志,点击该标志可以进入到厂房内部，能看到厂房内的所有生产设备情况，并对生产设备编排本季度的生产计划，如图 12－17 所示。

图 12－17　厂房内部界面

(4)如果要对某一条生产进行计划编排，则点击这个生产线，在弹出窗口中完成对该生产设备的生产计划编排，如图 12－18 所示。

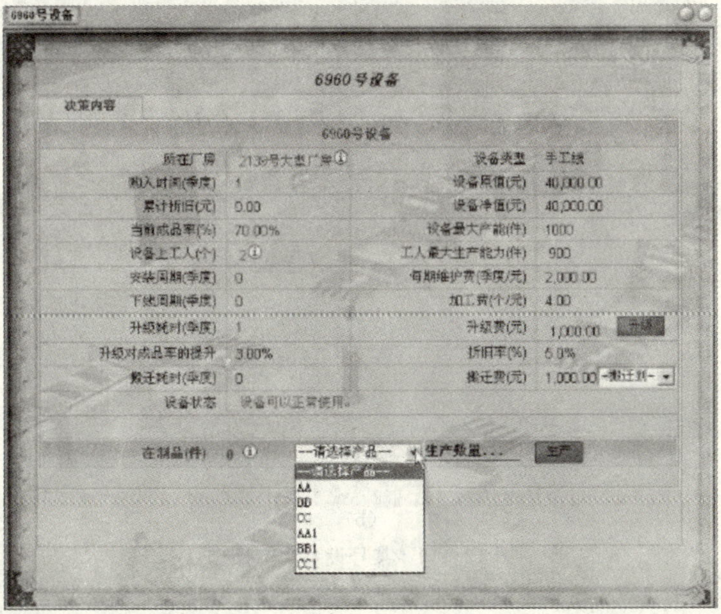

图 12－18　某号设备计划编排

(5)点击产品选择下拉框，选择需生产的产品；在“生产数量”位置输入本季度需要生产的数量，点击“生产”可以开始产品的生产，如图 12 - 19(a)～(c)所示。

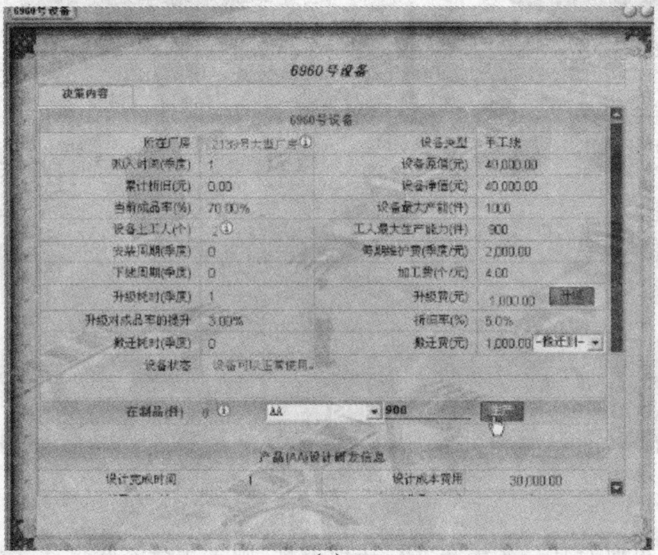

(a)

(b)

图 12 - 19　某号设备生产操作

(c)

续图 12-19 某号设备生产操作

(6)成功在生产后,“在制品”旁会显示计划生产的数量,如图 12-20 所示。

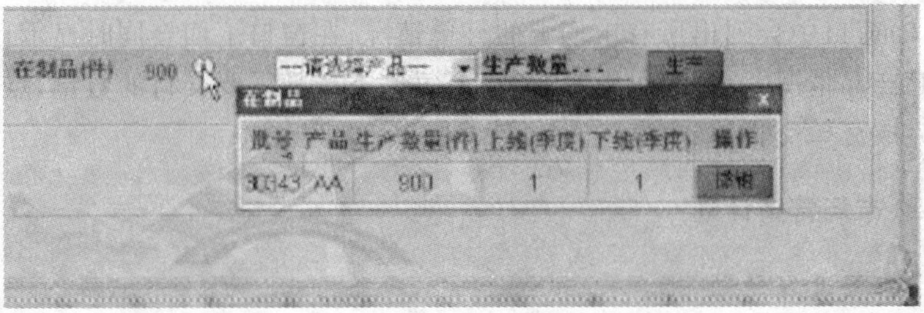

图 12-20 生产数量控制操作

(7)点击数量旁的“ ”标志,可看到该生产设备当前已经安排的全部生产计划情况。包括每批次的产量、上线时间、下线时间等,如果想取消某一计划,只需点击右边的“撤销”即可。

6. 订单交货

当季获取的订单,在公司存货充足的情况下,可以到制造部去完成订单交货。

(1)在公司场景中点击“制造部”,弹出窗口中点击“决策内容－订单交货”,如图 12－21 所示。

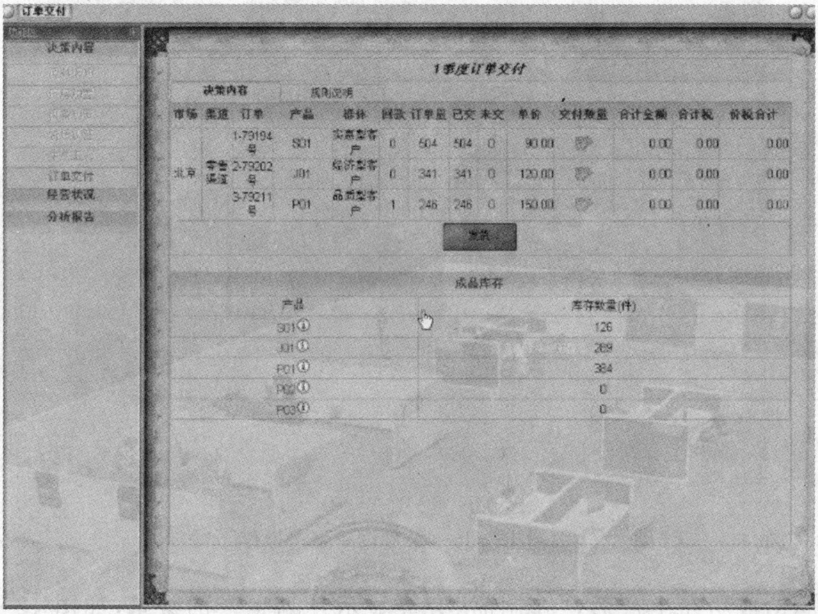

图 12－21　订单交付界面

(2)窗口中会列出所有市场上的订单情况,在窗口下面会同时显示目前所有库存产品情况。在“交付数量”栏输入每一类产品需要交付的数量,点击“发货”,完成订单交货。

四、市场营销计划

1.市场开发计划

在公司场景点击“市场部”,在弹出窗口中选择“决策内容－市场开发”,开发目标市场。

(1)选择需开发的市场,在“操作”栏点击“开发”按钮,完成本期对该市场的开发投入。如果不需要投入,可以在本期已投入的市场开发的操作栏点击“撤销”按钮,如图 12－22(a)～(d)所示。

(2)如某个市场开发需要多个周期才能完成,在后面的经营中,还需要继续持续完成市场开发投入,直到完成该市场的开发,才可在该市场进行产品销售；

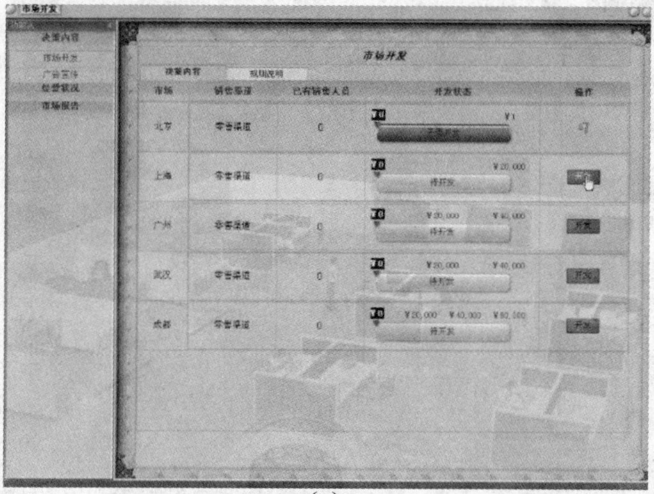

(a)

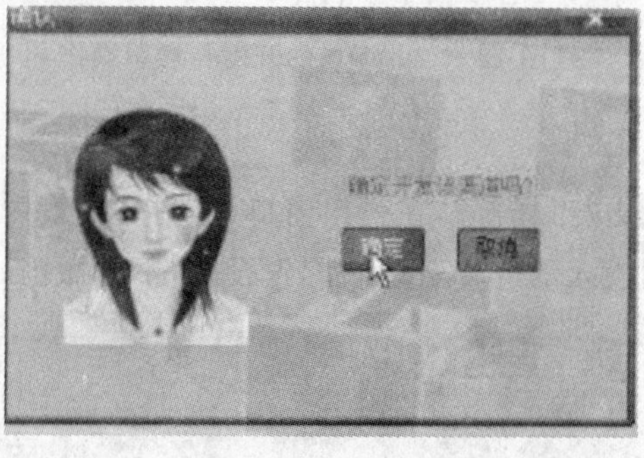

(b)

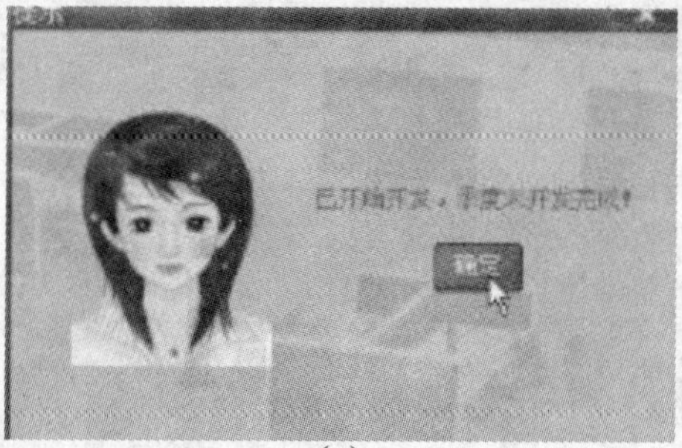

(c)

图 12－22 市场的开发与撤销操作

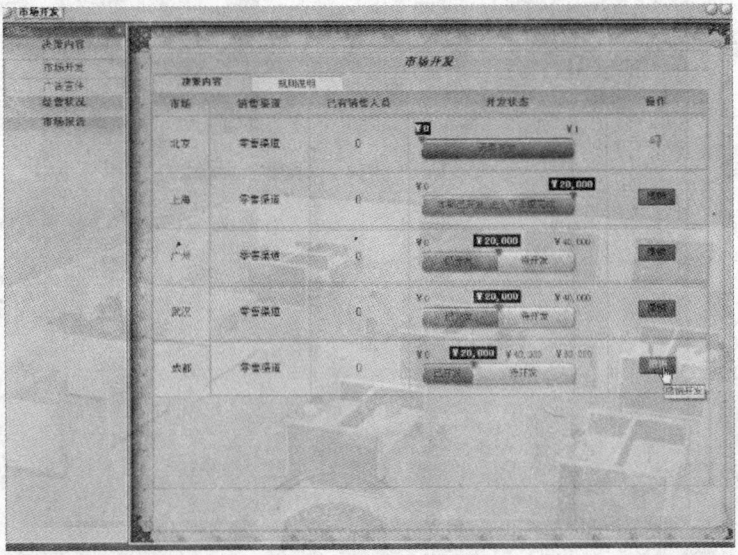

(d)

续图 12－22　市场的开发与撤销操作

2. 宣传广告计划

在公司场景点击“市场部”，在弹出窗口中选择“决策内容－广告宣传”，确定当季度公司计划投入的广告费用。广告投放，不许撤销，如图 12－23 所示。

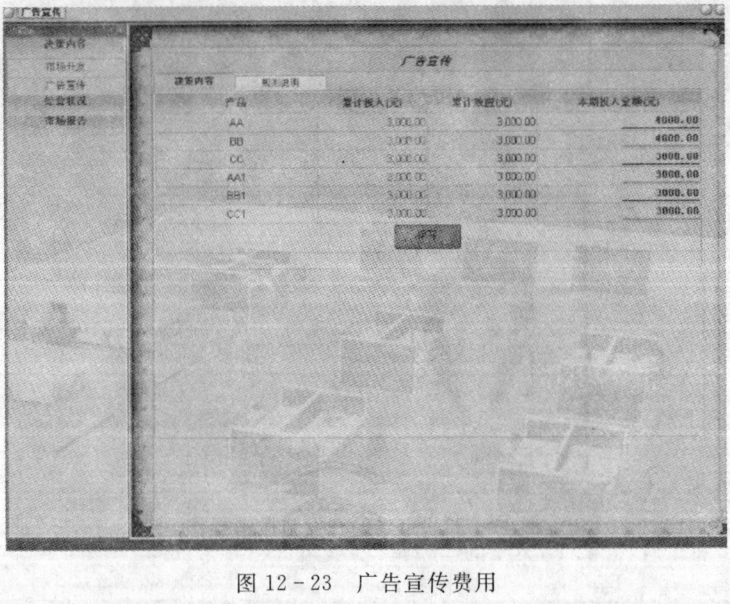

图 12－23　广告宣传费用

(1)广告宣传以产品品牌为单位投放,公司可针对每一产品的竞争程度及期望值来设定相应的投放金额。“在本期投入金额”栏输入本季度需要投放的广告金额,点击“保存”。

(2)“累计投入”显示的是公司累计在该品牌上的广告投放金额,“累计效应”显示的是广告投放至今仍对消费者产生的影响力,这个效应会随着时间推移逐步减弱。

五、人力资源计划

1.人员招聘

需要招聘的公司员工包括销售人员和生产工人,在人才市场上完成人员招聘,如图 12－24 所示。

图 12－24 人才市场主界面

(1)招聘销售人员。主场景中点击“交易市场”,进入后,点击“人才市场—招聘销售人员”。选择需要招聘的销售人员的类型,并指定工作的市场区域,点击“招聘”,将该销售员招聘到相关区域市场,如图 12－25(a)～(c)所示。

(a)

(b)

图 12-25　人才招聘操作

(c)

续图 12－25 人才招聘操作

(2)招聘生产人员。在“交易市场”场景中,点击“人才市场－招聘生产工人”,选择工人类型及安排到哪一条生产设备,点击“招聘”,将该生产工人招聘到公司并安排到相应设备上,如图 12－26 所示。

图 12－26 招聘生产工人界面

2. 签订合同

进入公司内部场景，点击“人力资源部”，在弹出窗口中选择“决策内容－签订合同”，与公司管理层人员和招聘的人员签订劳动合同，如图 12－27(a)(b)所示。

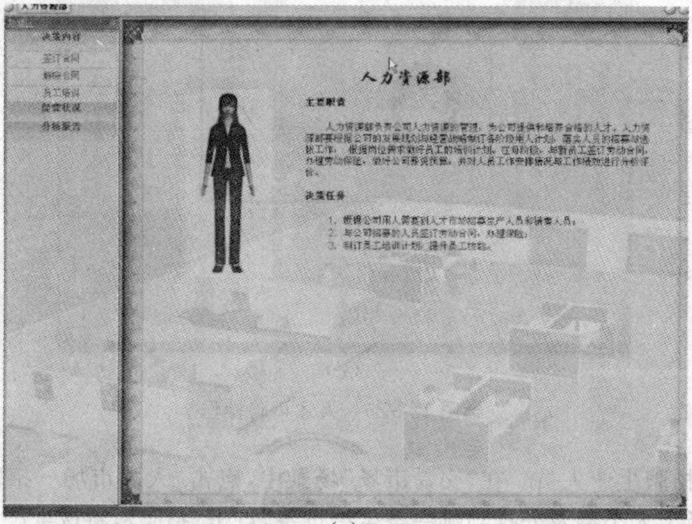

(a)

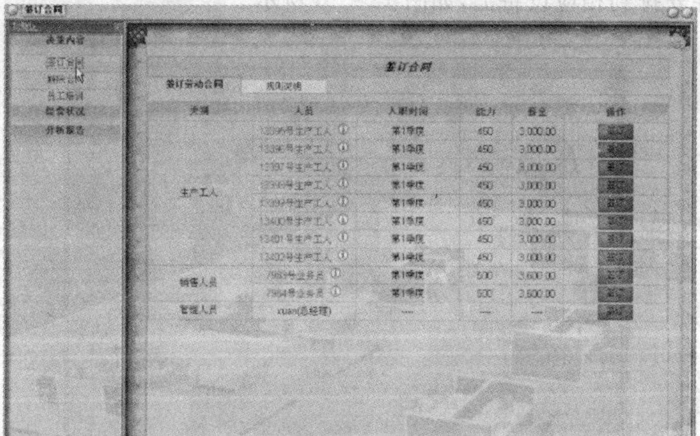

(b)

图　12－27

(a)人才招聘需求公布栏；(b)劳动合同签订

包括管理团队成员、招聘的销售人员、生产人员在内的所有员工在正式入职后都要签订劳动合同，办理养老保险。在需要签订合同的人员名字右边点击“签订”，会出现合同提示，如图 12－28 所示。

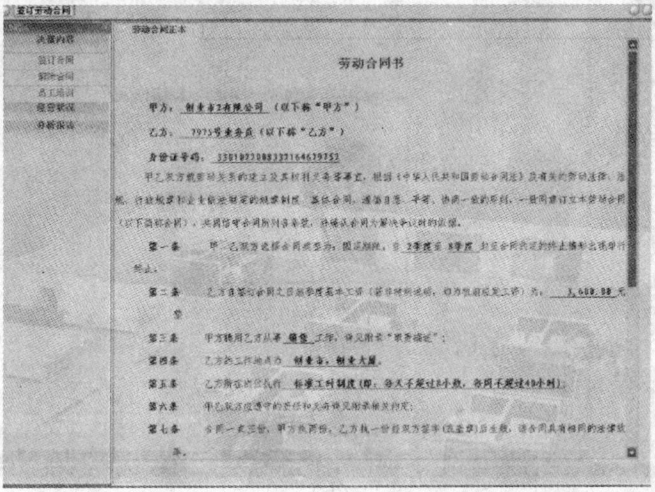

图 12－28 劳动合同书

在甲方盖章处点击印章盖章。当出现公司合同专用章时，该合同即正式生效，如图 12－29 所示。

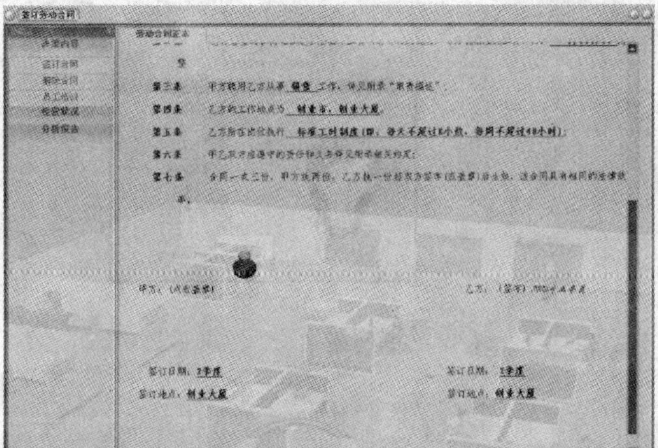

(a)

图 12－29 公司签订操作

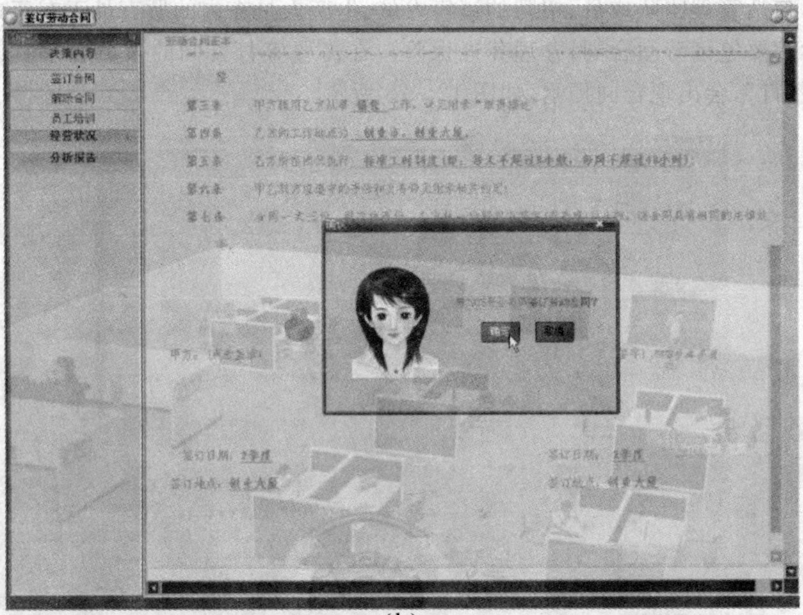

(b)

(c)

续图 12-29 公司签订操作

3. 解除合同

如果需要对不适用的员工解除劳动合同，首先需由相关部门提供解聘申请，再到人力资源部门完成劳动合同解聘事项。进入公司内部场景，点击“人力资源部”，在弹出窗口中选择“决策内容－解除合同”，列表显示相关部门已提交辞退的人员清单，人力资源予以确认是否正式解除劳动合同并辞退，如图12－30所示。

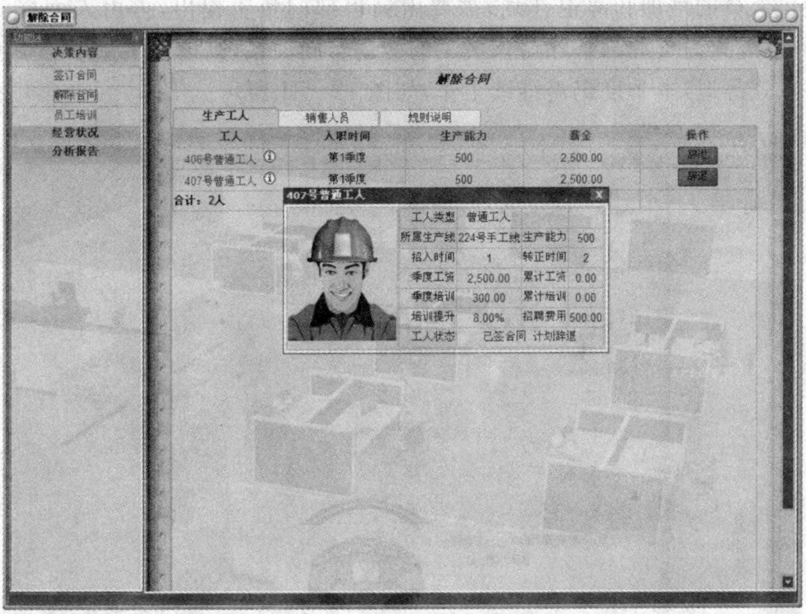

图12－30 解除合同操作

4. 人员培训

培训可以帮助员工提高技能，提升员工的工作效率。要对员工培训，首先需要由部门提出培训计划，再到人力资源部完成培训工作。

(1)如要培训销售人员，先到销售部，点击“决策内容－销售人员”，对相关的销售人员安排培训计划。

(2)如要培训生产工人，先到制造部，点击“决策内容－生产工人”，对相关的生产工人安排培训计划。

(3)公司内部场景中点击“人力资源部”，在弹出窗口中选择“决策内容－员工培训”，点击人员名字右边的“培训”，对该员工开展技能培训。

(4)对当季安排的培训计划，点击“撤销”可以取消已制订的培训计划。

六、产品销售计划

1. 销售人员

进入公司内部场景，点击“销售部”，在弹出窗口中选择“决策内容－销售人员”，对销售部门的所有销售人员进行主要包括管辖区域调整、培训计划、以及辞退计划等的工作安排。其中，管辖区域调整直接由销售部就可完成，对相关销售人员的培训和辞退计划，需要由销售部门负责提出，再由人力资源审核，同意后人力资源部解除与该员工的劳动合同关系，则该员工从下一季度开始将正式辞退，本季度仍需继续工作，如图 12－31 所示。

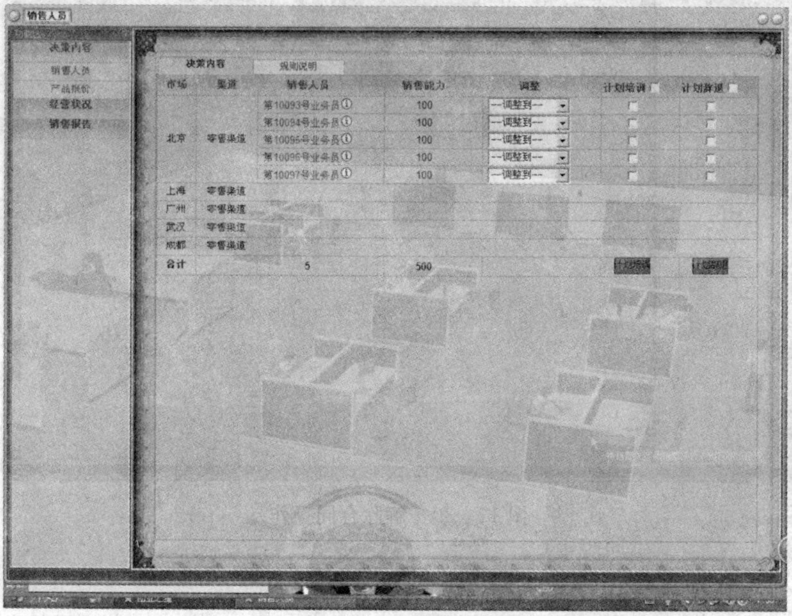

图 12－31　销售人员管理图

2. 产品报价

进入公司内部场景，点击“销售部”，在弹出窗口中选择“决策内容－产品报价”，填写各产品的市场报价以及期望的最大订货数量，如图 12－32 所示。

(1)每个区域市场，公司在完成市场开发的情况下可进入该市场销售产品，最右边的“报价”栏和“上限数”可以设定，否则不允许参与销售。

(2)“报价”栏的金额指的是产品销售单价，不能超过该市场该产品的最高限价。

(3)“上限数”栏的数字表示在该市场上该产品最多期望拿到多少订货量，以防止拿到过多订货量而产能不足导致的违约罚金。

(4)全部报价及上限数填好后，点击“保存”提交产品销售报价，如图 12-33 所示(a)(b)。价格为“0”时，表示该企业本产品在该市场上不销售。

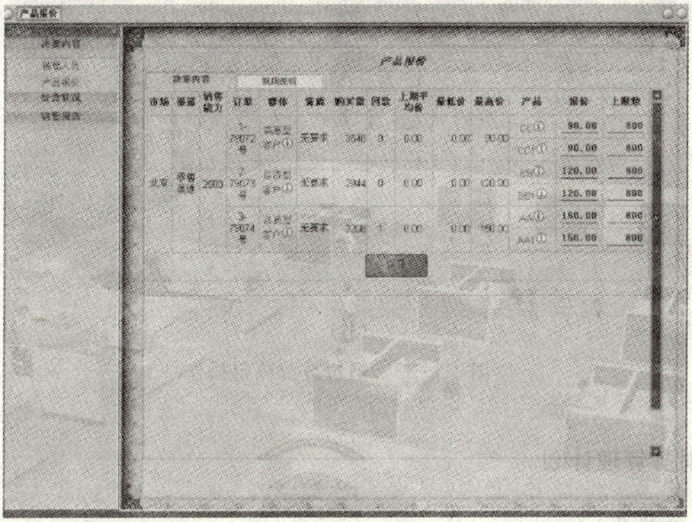

图 12-32　产品报价界面

(a)

图 12-33　销售报价该定操作

(b)

续图 12-33 销售报价该定操作

七、财务管理计划

1.现金预算

进入公司内部场景,点击"财务部",在弹出窗口中选择"决策内容—财务预算",根据公司本季度的整体规划及各部门的经营计划,制订公司本季度的财务现金预算表。

2.银行借款

进入主场景,点击"创业银行",进入创业银行,点击"信贷业务"窗口,在弹出窗口中完成借款决策任务。当季借款的金额不能超过本期授信额度,累计借款的金额不能超过总的授信额度,如图 12-34(a)(b)所示。

第二节 查询分析功能操作指南

一、查询研发部门数据

1.查看经营状况

在公司场景中点击"研发部",在弹出窗口中选择"经营状况",可以查看到公司已设计的所有产品的配置情况,以及该产品的研发进度情况,如图12-35所示。

(a)

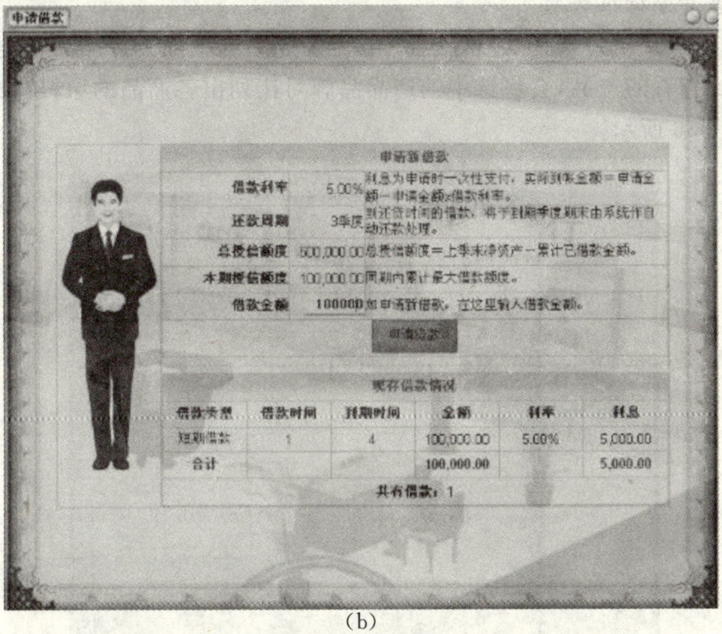

(b)

图 12－34

(a)创业银行大万界面；(b)申请贷款操作

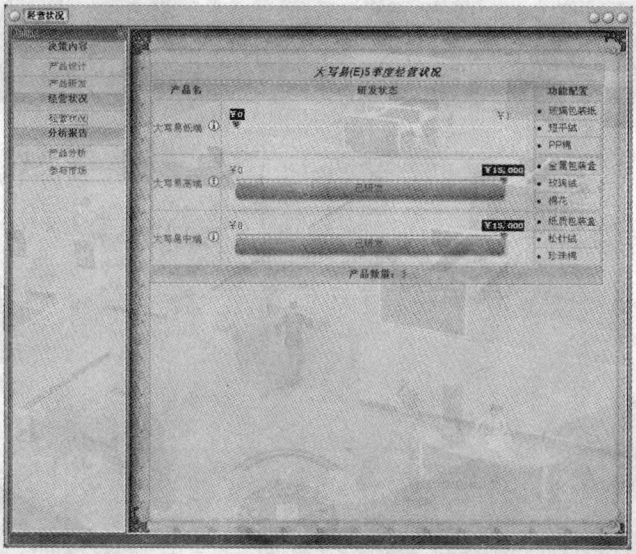

图 12 - 35　经营状况界面

2.查看分析报告

(1)产品分析。选择“分析报告—产品分析”,在上面的产品品牌类别选择需要对比查看的产品,会将选中的产品品牌对比列出各产品的原料构成情况,如图 12 - 36 所示。

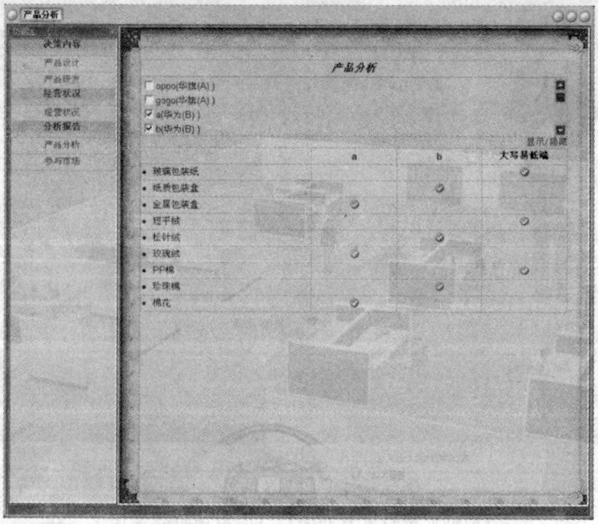

图 12 - 36　产品分析界面

(2)参与市场。选择“分析报告—参与市场”，选择要查看的季度及市场，查看到该季度在选中市场上所有公司销售的产品品牌，如图 12－37 所示。

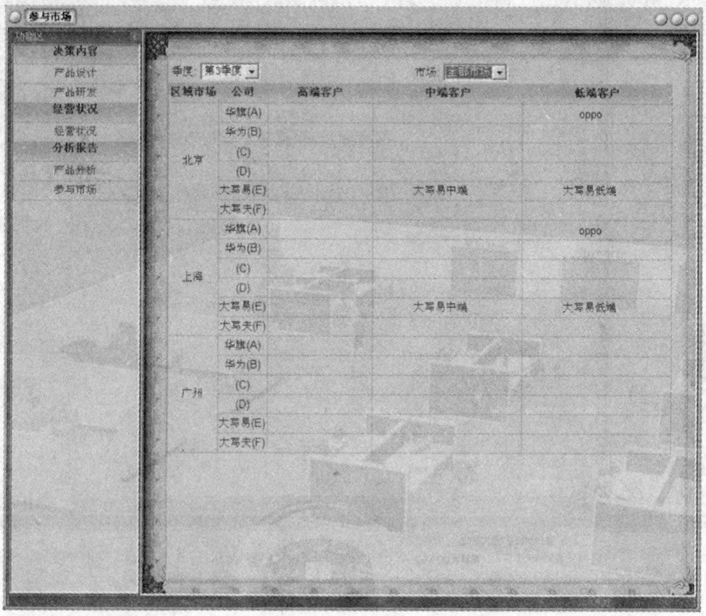

图 12－37 市场上所有公司销售产品品牌查询

二、查询市场部门数据

1. 查看经营状况

在公司场景中点击“市场部”，在弹出窗口中选择“经营状况”，可以查看到公司在各个区域市场的开发进度及完成情况，如图 12－38 所示。

2. 查看分析报告

(1)产品评价。选择“分析报告—产品评价”，选择要查看的季度、市场、渠道、消费群体，可以查看到各区域市场各消费群体对公司产品的评价分数，如图 12－39 所示。

(2)产品分析。选择“分析报告—产品分析”，选择要查看的产品品牌，可查到不同产品品牌的原料构成对比资料，如图 12－40 所示。

(3)价格评价。选择“分析报告—价格评价”，选择要查的产品品牌及季度，可看到不同产品品牌在市场上报价的消费者评价分数，如图 12－41 所示。

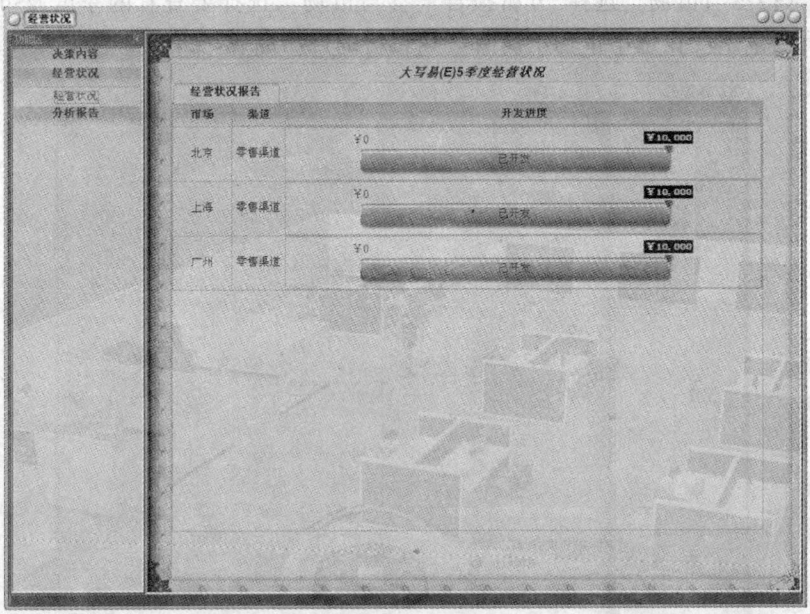

图 12-38　经营状况界面

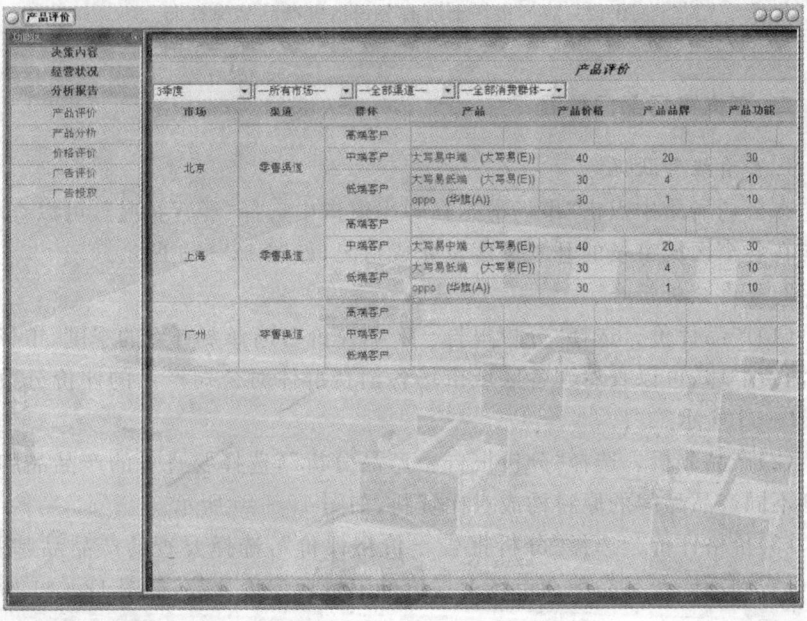

图 12-39　产品评价界面

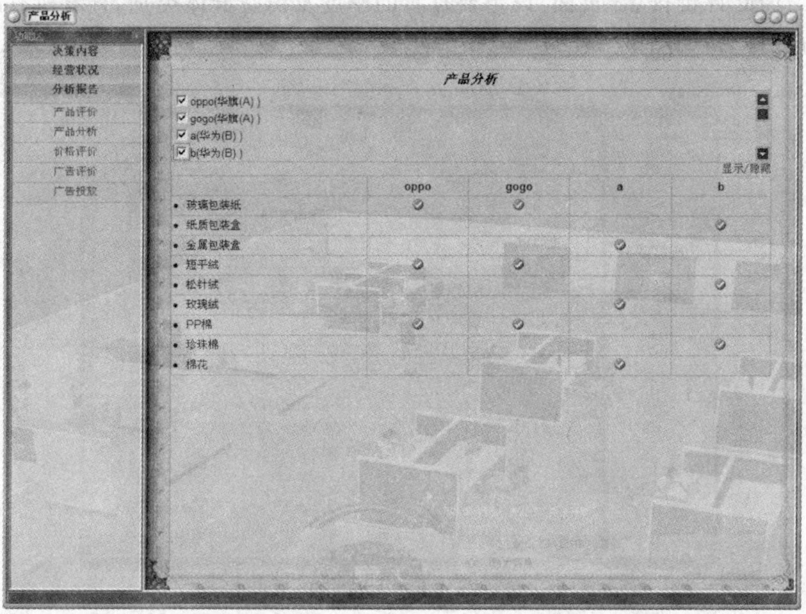

图 12-40 产品分析界面

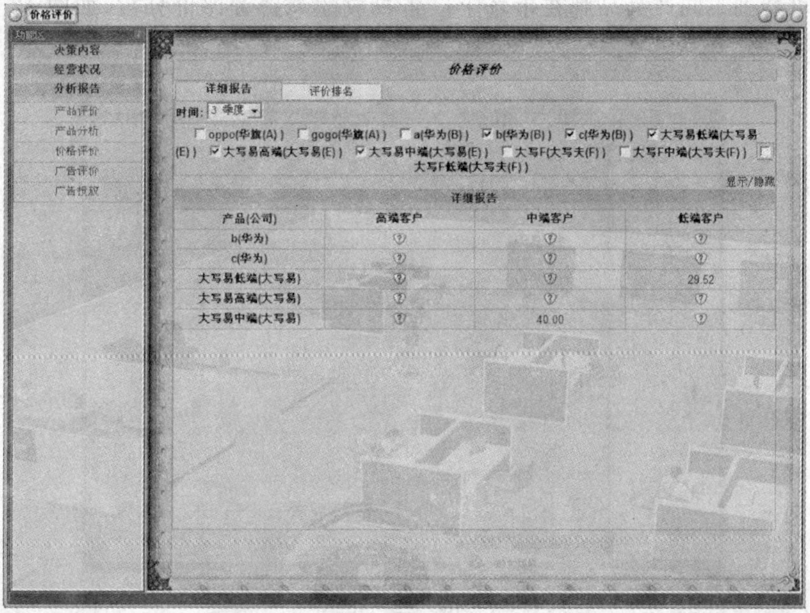

图 12-41 价格评价界面

选择“评价排名”页面，设定要查看的季度及消费群体类别，查看所有品牌的分数排名，如图 12－42 所示。

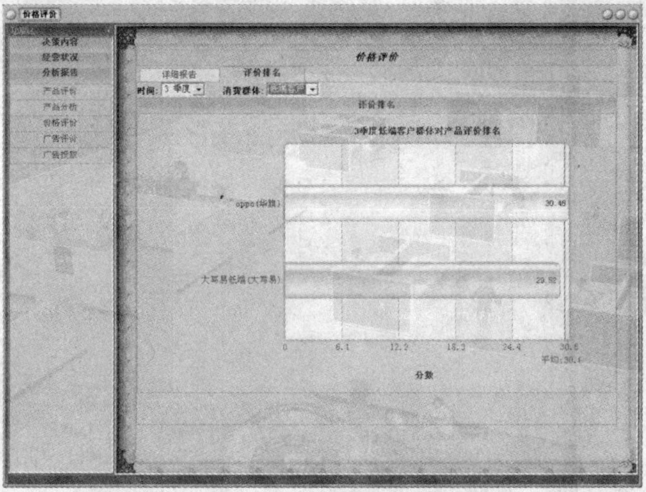

图　12－42

(4)广告评价。选择“分析报告－广告评价”，选择要看的产品品牌及季度，可看到不同产品品牌在市场上广告投放的消费者评价分数，如图 12－43 所示。

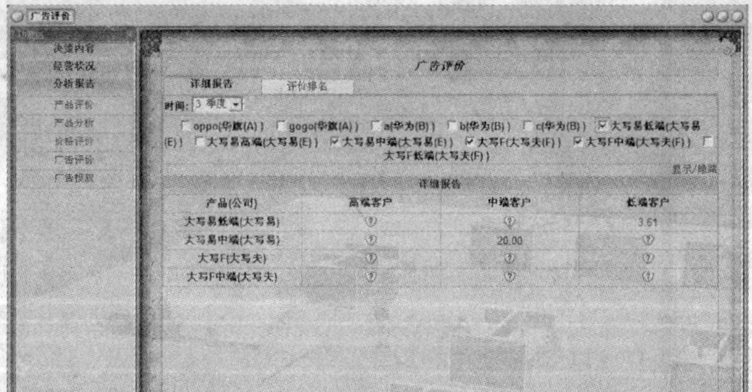

图　12－43

(5)广告投放。选择"分析报告一广告投放",选择要查看的产品品牌,可看到消费者对不同产品品牌在市场上投放广告的评价分数,如图 12-44 所示。

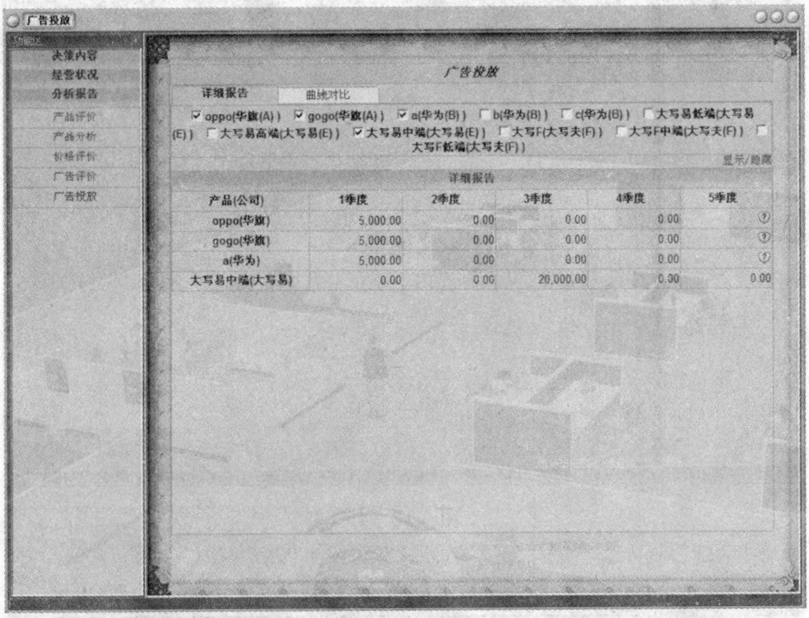

图 12-44

三、查询分析销售部门数据

1. 查看经营状况

(1)销售状况。在公司场景中点击"销售部",在弹出窗口中选择"经营状况一销售状况",并选择要查看的季度数,可看到公司各产品在市场上的销售情况,如图 12-45 所示。

(2)市场状况。在公司场景中点击"销售部",在弹出窗口中选择"经营状况一市场状况",可看到公司在各个市场上的销售能力分布情况,如图 12-46 所示。

2. 查看分析报告

(1)市场分布。在公司场景中点击"销售部",在弹出窗口中选择"分析报告一市场分布",选择要查看的经营期间,可看到公司在指定季度期间内的各细分市场的占有率情况如图 12-47 所示。

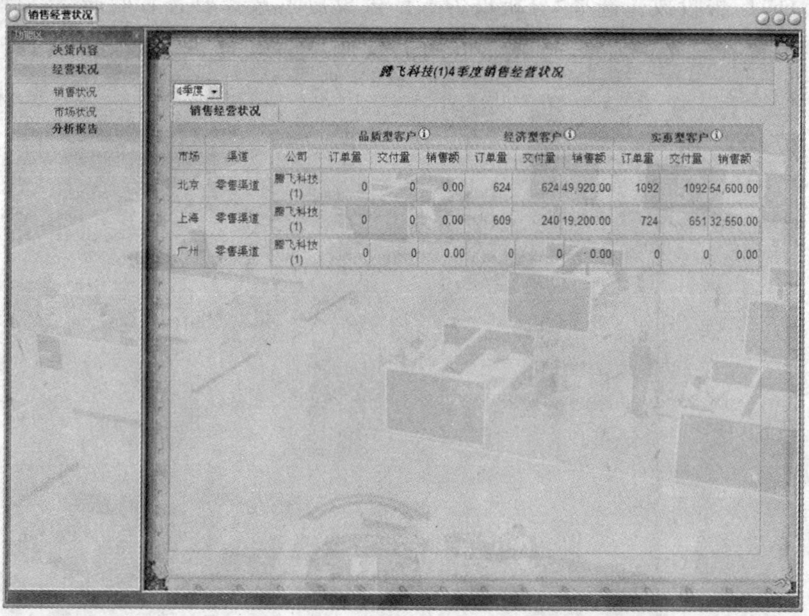

			品质型客户			经济型客户			实惠型客户		
市场	渠道	公司	订单量	交付量	销售额	订单量	交付量	销售额	订单量	交付量	销售额
北京	零售渠道	腾飞科技(1)	0	0	0.00	624	624	49,920.00	1092	1092	54,600.00
上海	零售渠道	腾飞科技(1)	0	0	0.00	609	240	19,200.00	724	651	32,550.00
广州	零售渠道	腾飞科技(1)	0	0	0.00	0	0	0.00	0	0	0.00

图　12-45

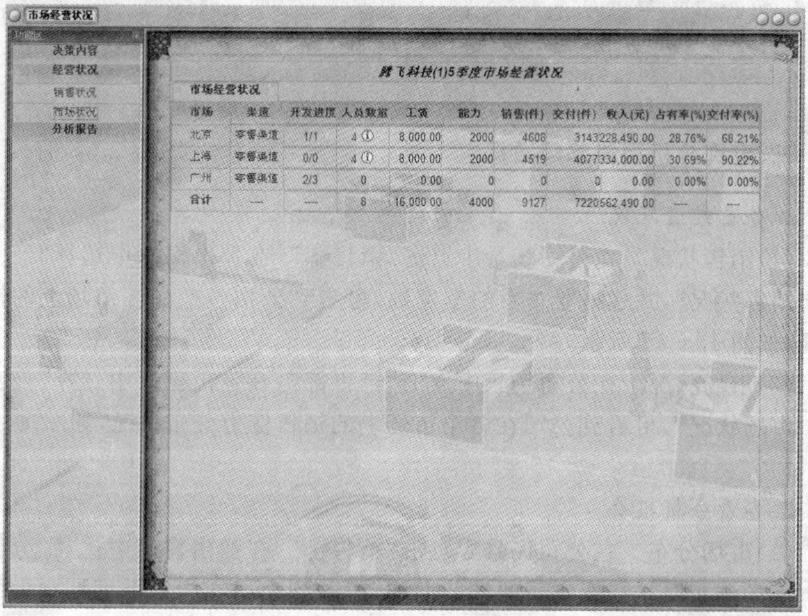

市场	渠道	开发进度	人员数量	工资	能力	销售(件)	交付(件)	收入(元)	占有率(%)	交付率(%)
北京	零售渠道	1/1	4	8,000.00	2000	4608	3143	228,490.00	28.76%	68.21%
上海	零售渠道	0/0	4	8,000.00	2000	4519	4077	334,000.00	30.69%	90.22%
广州	零售渠道	2/3	0	0.00	0	0	0	0.00	0.00%	0.00%
合计	---	---	8	16,000.00	4000	9127	7220	562,490.00	---	---

图　12-46

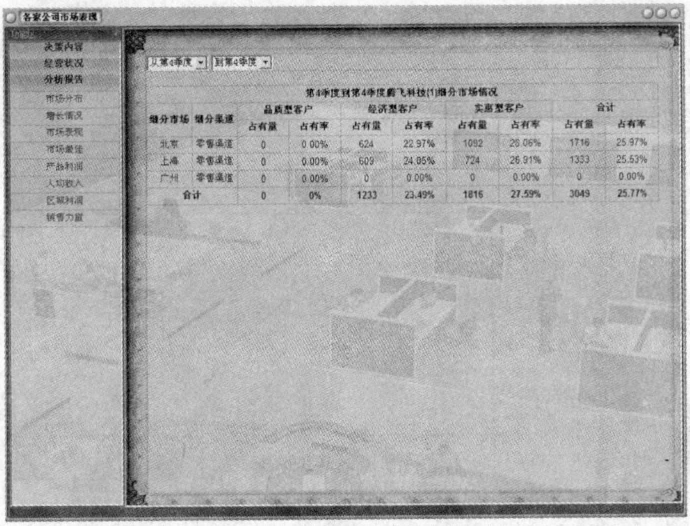

图 12-47

(2)增长情况。在公司场景中点击“销售部”,在弹出窗口中选择“分析报告一增长情况”,选择要查看的经营期间,可看到公司在指定季度期间内的各细分市场的占有率情况如图 12-48(a)(b)(c)所示。

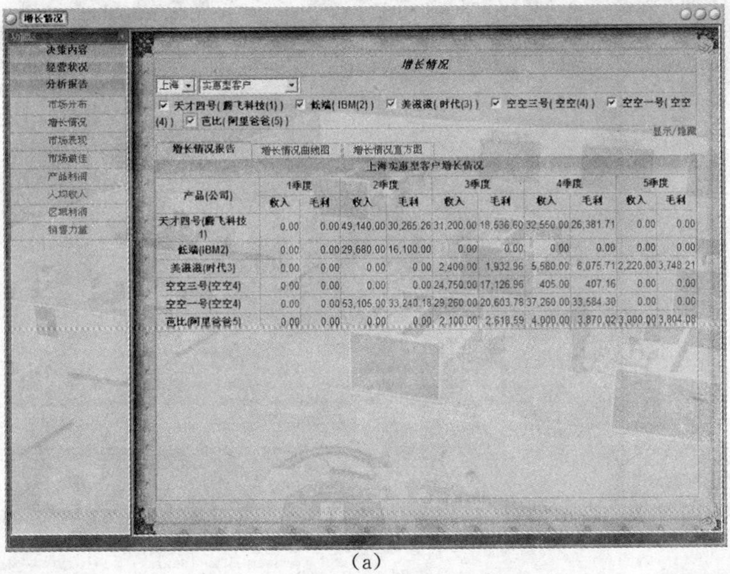

(a)

图 12-48

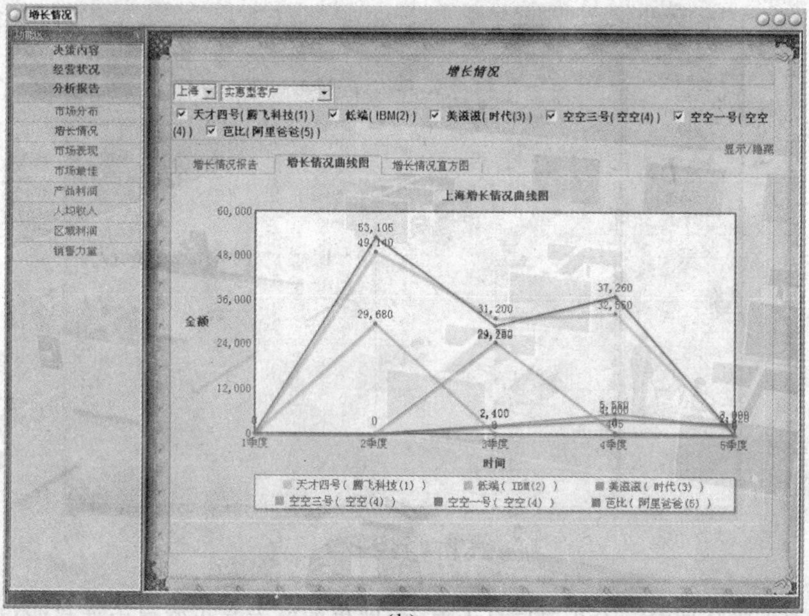
增长情况
功能区
决策内容
经营状况
分析报告
市场分布
增长情况
市场表现
市场最佳
产品利润
人均收入
区域利润
销售力量
增长情况
上海
实惠型客户
天才四号(鹏飞科技(1)) 低端(IBM(2)) 美滋滋(时代(3)) 空空三号(空空(4)) 空空一号(空空(4)) 芭比(阿里爸爸(5))
显示/隐藏
增长情况报告
增长情况曲线图
增长情况直方图
上海增长情况曲线图
金额
时间
1季度
2季度
3季度
4季度
5季度
天才四号(鹏飞科技(1)) 低端(IBM(2)) 美滋滋(时代(3)) 空空三号(空空(4)) 空空一号(空空(4)) 芭比(阿里爸爸(5))

(b)

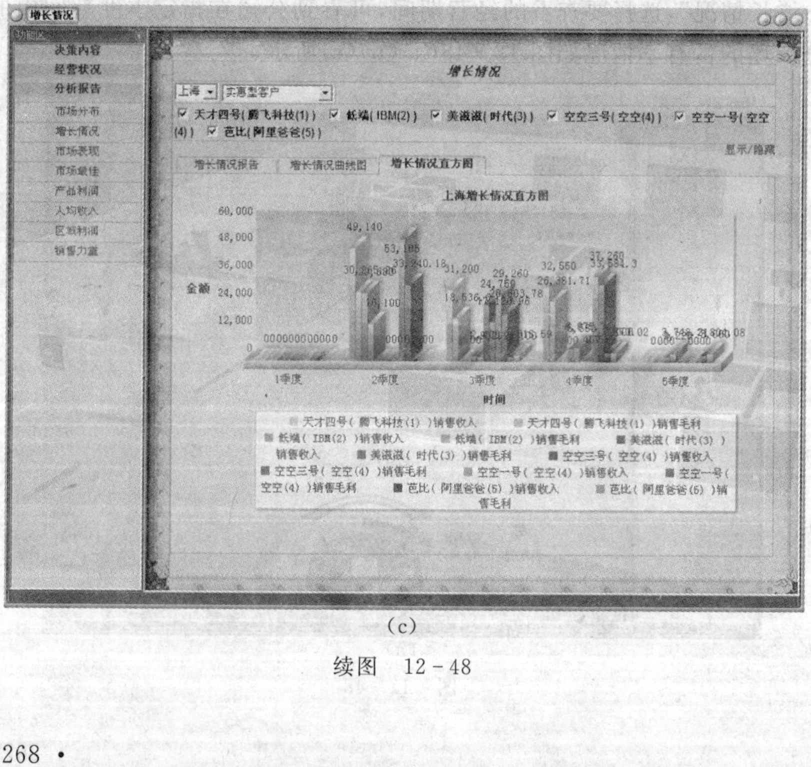
增长情况
功能区
决策内容
经营状况
分析报告
市场分布
增长情况
市场表现
市场最佳
产品利润
人均收入
区域利润
销售力量
增长情况
上海
实惠型客户
天才四号(鹏飞科技(1)) 低端(IBM(2)) 美滋滋(时代(3)) 空空三号(空空(4)) 空空一号(空空(4)) 芭比(阿里爸爸(5))
显示/隐藏
增长情况报告
增长情况曲线图
增长情况直方图
上海增长情况直方图
金额
时间
1季度
2季度
3季度
4季度
5季度
天才四号(鹏飞科技(1))销售收入 天才四号(鹏飞科技(1))销售毛利 低端(IBM(2))销售收入 低端(IBM(2))销售毛利 美滋滋(时代(3))销售收入 美滋滋(时代(3))销售毛利 空空三号(空空(4))销售收入 空空三号(空空(4))销售毛利 空空一号(空空(4))销售收入 空空一号(空空(4))销售毛利 芭比(阿里爸爸(5))销售收入 芭比(阿里爸爸(5))销售毛利

(c)

续图 12-48

(3)市场表现。在公司场景中点击“销售部”，在弹出窗口中选择“分析报告—市场表现”，选择要查看的经营期间、市场区域、销售渠道、消费者类别等，可看到公司各产品在相关市场的占有率情况，如图 12-49(a)(b)所示。

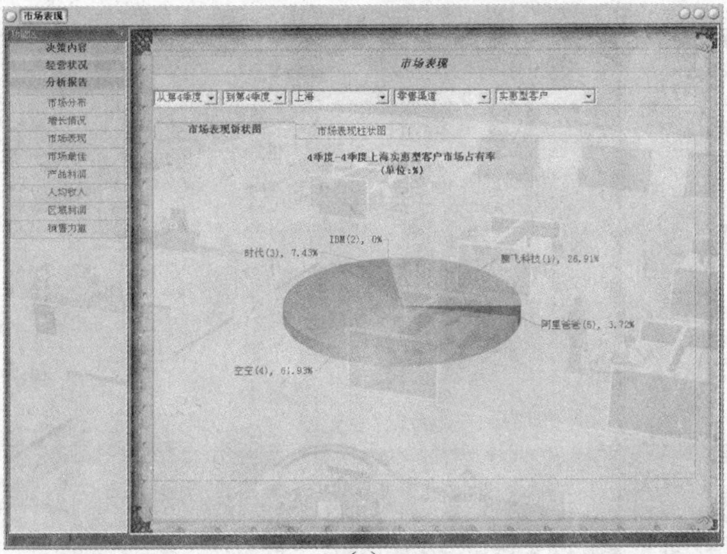

(a)

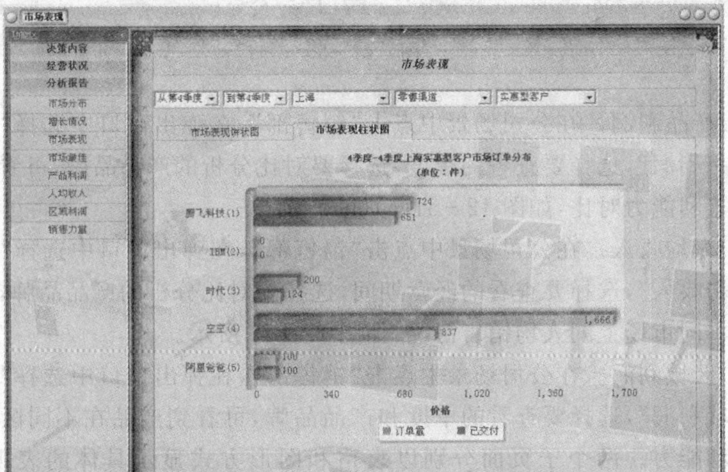

(b)

图 12-49

(4)市场最佳。在公司场景中点击“销售部”,在弹出窗口中选择“分析报告一市场最佳”,选择要查看的经营期间,可看到在指定季度期间内的各细分市场表现最好的公司情况,如图 12-50 所示。

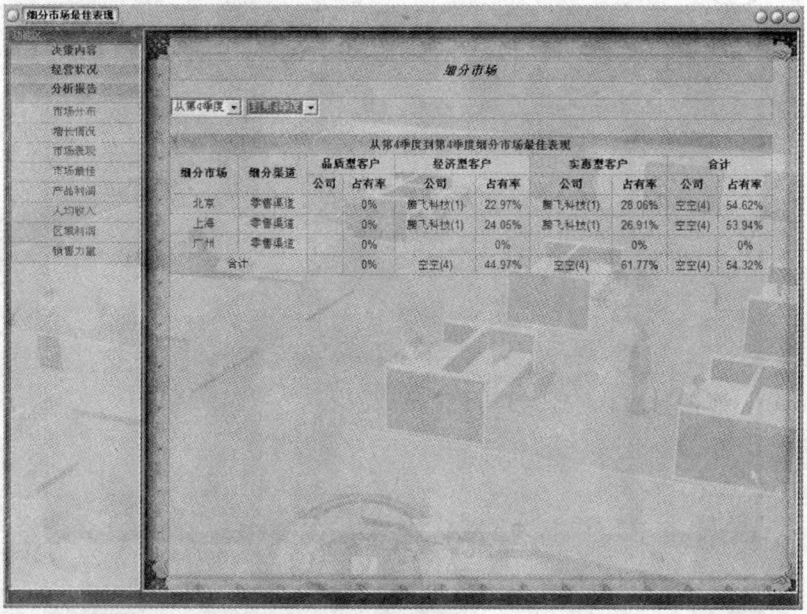

图 12-50

(5)产品利润。在公司场景中点击“销售部”,在弹出窗口中选择“分析报告一产品利润”,选择要查看的季度,选择要对比分析的产品品牌,可看到不同产品的盈利能力对比,如图 12-51(a)(b)所示。

(6)人均收入。在公司场景中点击“销售部”,在弹出窗口中选择“分析报告一人均收入”,选择要查看的经营期间,选择要对比分析的产品品牌,可看到产品在不同市场上的人均销售情况,如图 12-52 所示。

(7)区域利润。在公司场景中点击“销售部”,在弹出窗口中选择“分析报告一区域利润”,选择要查看的季度和产品品牌,可看到产品在不同区域市场上的盈利能力。两个子页面分别以表格和图形方式显示具体的表现,如图 12-53(a)(b)所示。

(8)销售力量。在公司场景中点击“销售部”,在弹出窗口中选择“分析报告一销售力量”,选择要查看的季度,可看到所有区域市场上销售人员的配置情况及销售能力的分布情况,如图 12-54(a)(b)所示。

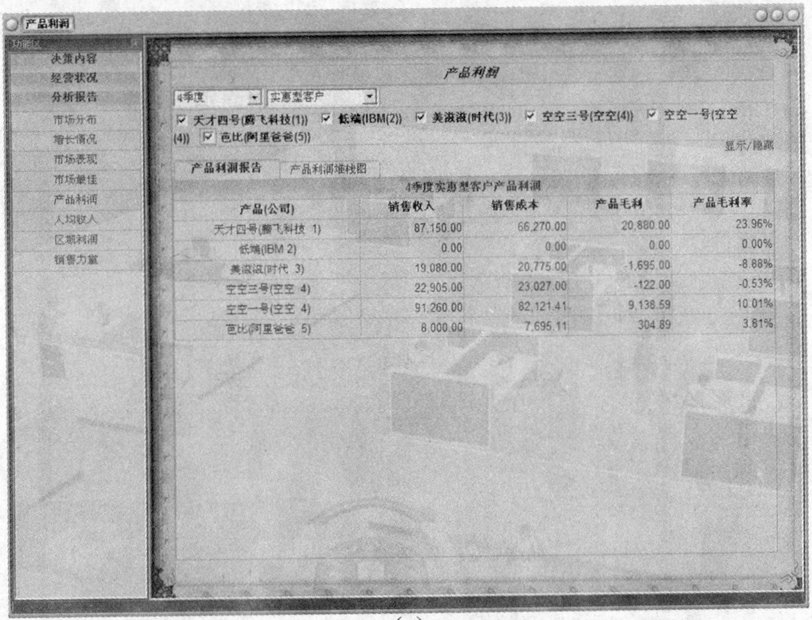

产品(公司)	销售收入	销售成本	产品毛利	产品毛利率
天才四号(腾飞科技 1)	87,150.00	66,270.00	20,880.00	23.96%
低端(IBM 2)	0.00	0.00	0.00	0.00%
美滋滋(时代 3)	19,080.00	20,775.00	-1,695.00	-8.88%
空空三号(空空 4)	22,905.00	23,027.00	-122.00	-0.53%
空空一号(空空 4)	91,260.00	82,121.41	9,138.59	10.01%
芭比(阿里爸爸 5)	8,000.00	7,695.11	304.89	3.81%

(a)

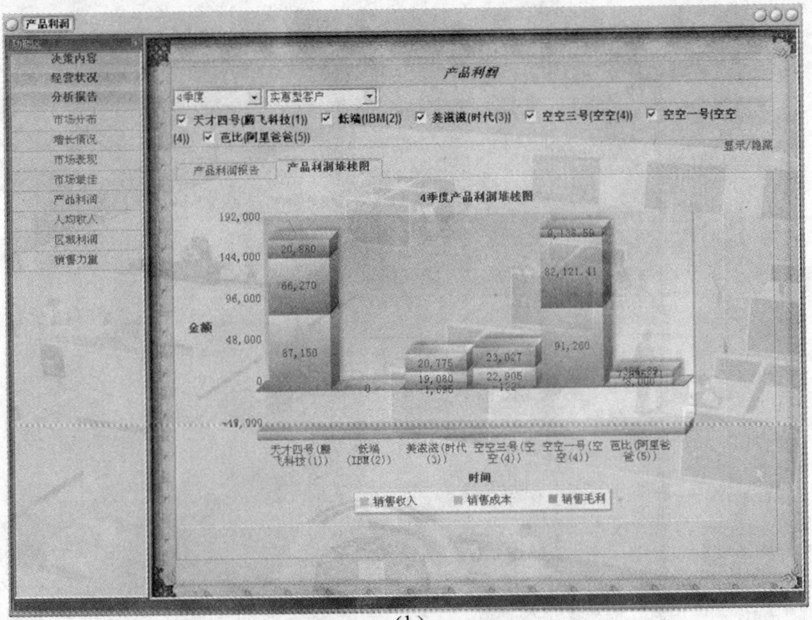

(b)

图 12-51

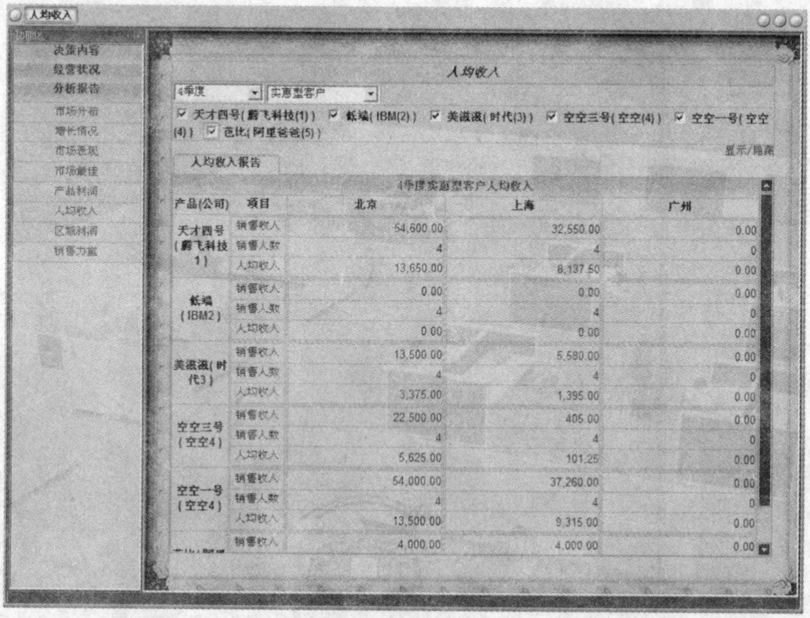

产品(公司)	项目	北京	上海	广州
天才四号(腾飞科技1)	销售收入	54,600.00	32,550.00	0.00
	销售人数	4	4	0
	人均收入	13,650.00	8,137.50	0.00
蚝端(IBM2)	销售收入	0.00	0.00	0.00
	销售人数	4	4	0
	人均收入	0.00	0.00	0.00
美滋滋(时代3)	销售收入	13,500.00	5,580.00	0.00
	销售人数	4	4	0
	人均收入	3,375.00	1,395.00	0.00
空空三号(空空4)	销售收入	22,500.00	405.00	0.00
	销售人数	4	4	0
	人均收入	5,625.00	101.25	0.00
空空一号(空空4)	销售收入	54,000.00	37,260.00	0.00
	销售人数	4	4	0
	人均收入	13,500.00	9,315.00	0.00
	销售收入	4,000.00	4,000.00	0.00

图 12-52

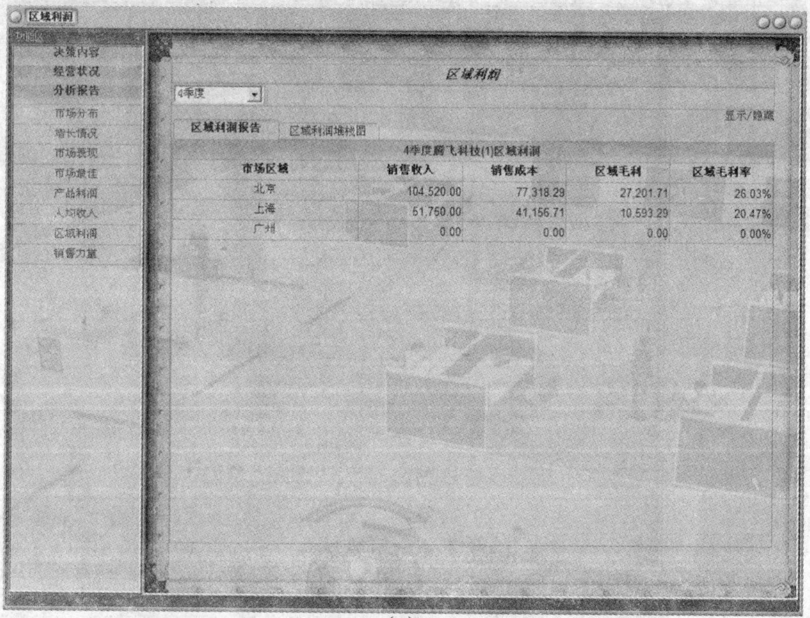

市场区域	销售收入	销售成本	区域毛利	区域毛利率
北京	104,520.00	77,318.29	27,201.71	26.03%
上海	51,760.00	41,156.71	10,593.29	20.47%
广州	0.00	0.00	0.00	0.00%

(a)

图 12-53

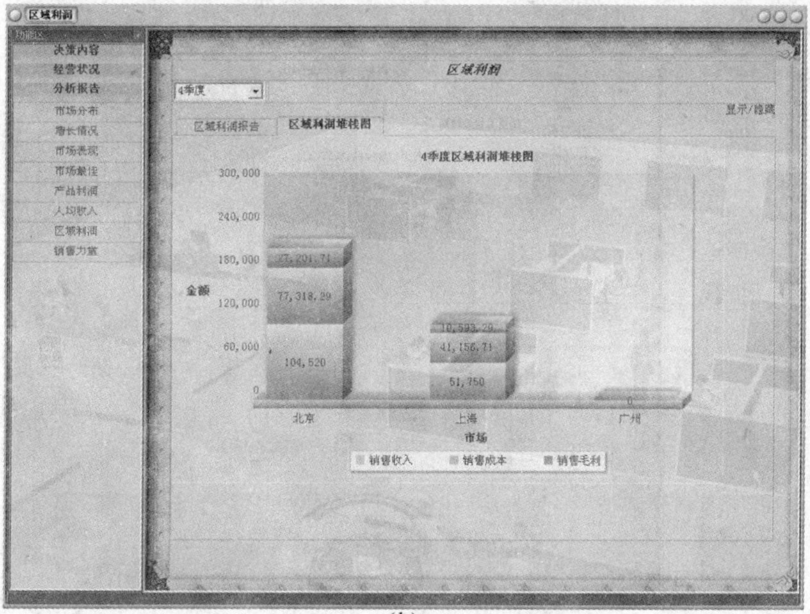

(b)

续图 12-53

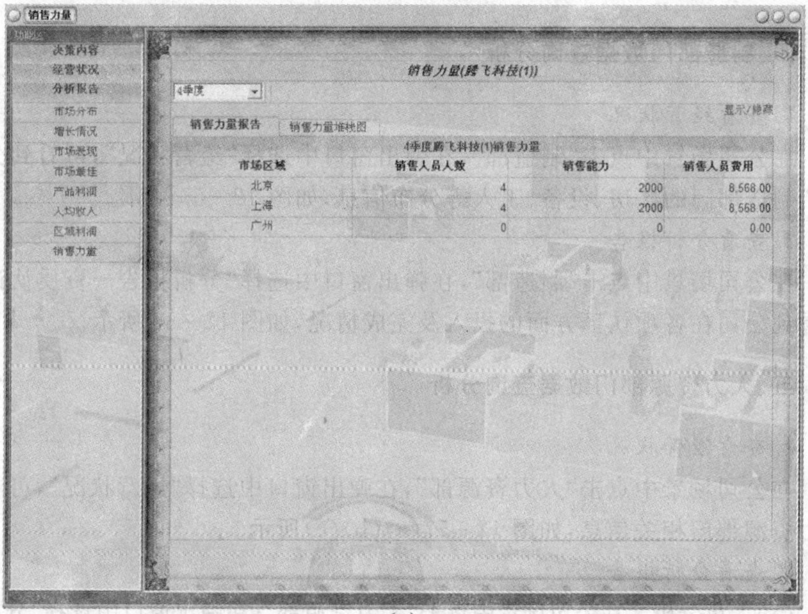

(a)

图 12-54

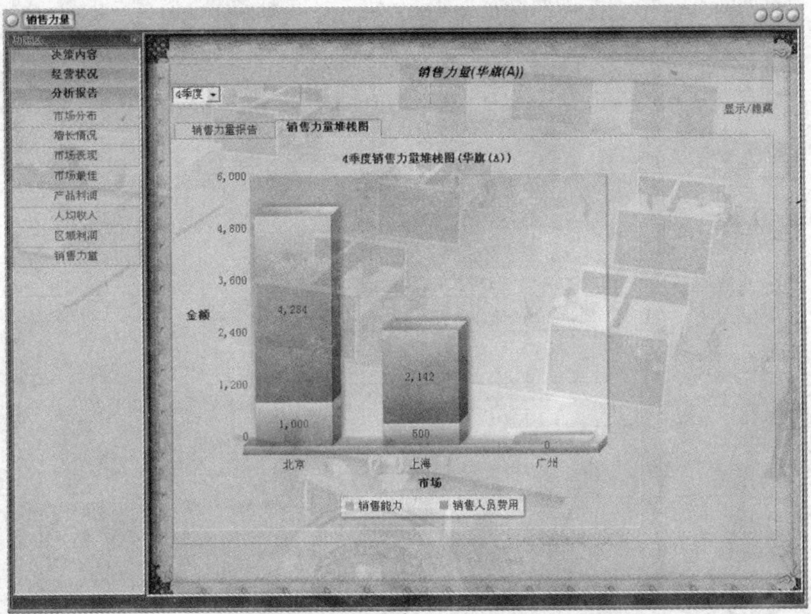

(b)

续图 12-54

四、制造部门数据查询分析

1. 查看经营状况

在公司场景中点击“制造部”，在弹出窗口中选择“经营状况”，可看到公司生产制造部门的厂房、设备、工人等分布信息，如图 12-55 所示。

2. 查看分析报告

在公司场景中点击“制造部”，在弹出窗口中选择“分析报告—资质认证”，可看到公司在各项认证方面的投入及完成情况，如图 12-56 所示。

五、人力资源部门数据查询分析

1. 查看经营状况

在公司场景中点击“人力资源部”，在弹出窗口中选择“经营状况”，可看到人力资源部门相关信息，如图 12-57(a)(b)(c)所示。

2. 查看分析报告

(1)人员分析。在公司场景中点击“人力资源部”，在弹出窗口中选择“分析报告—人员分析”，可看到人力资源部所有人员的分布情况，如图 12-58(a)(b)所示。

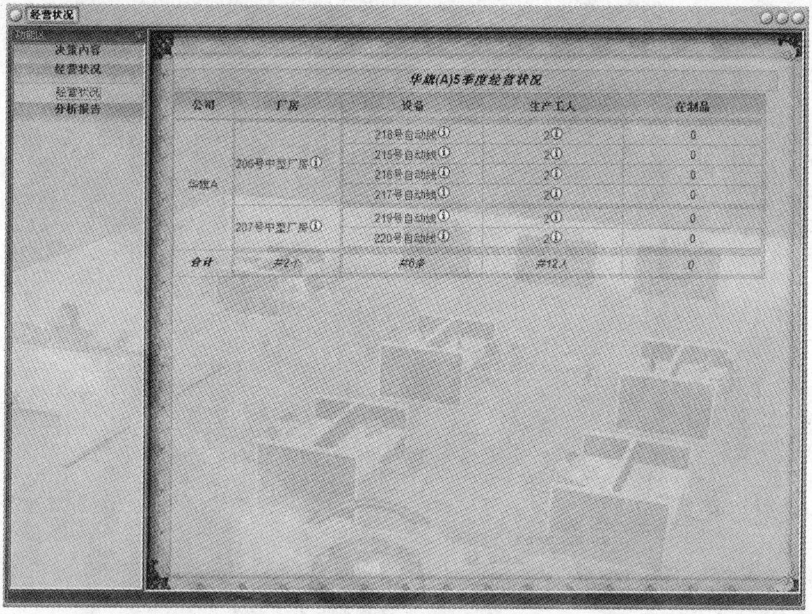

图 12-55 经营状况

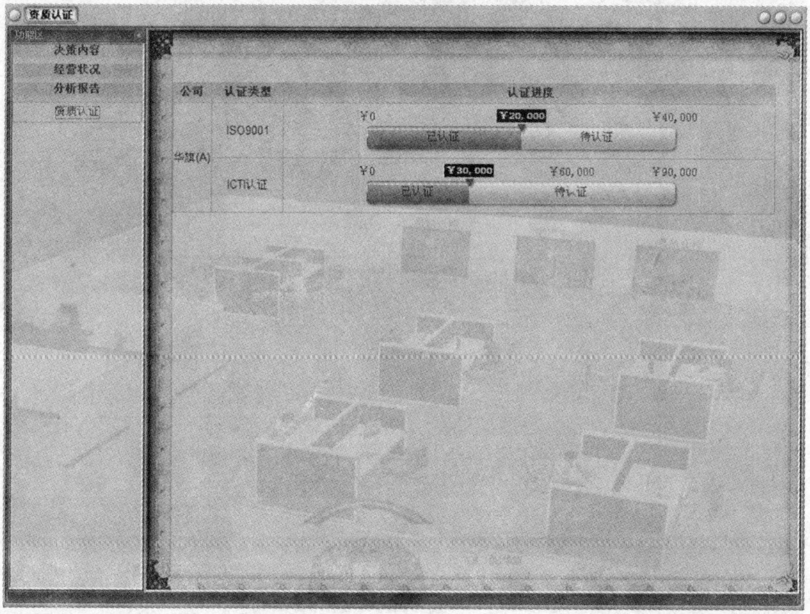

图 12-56 资质认证

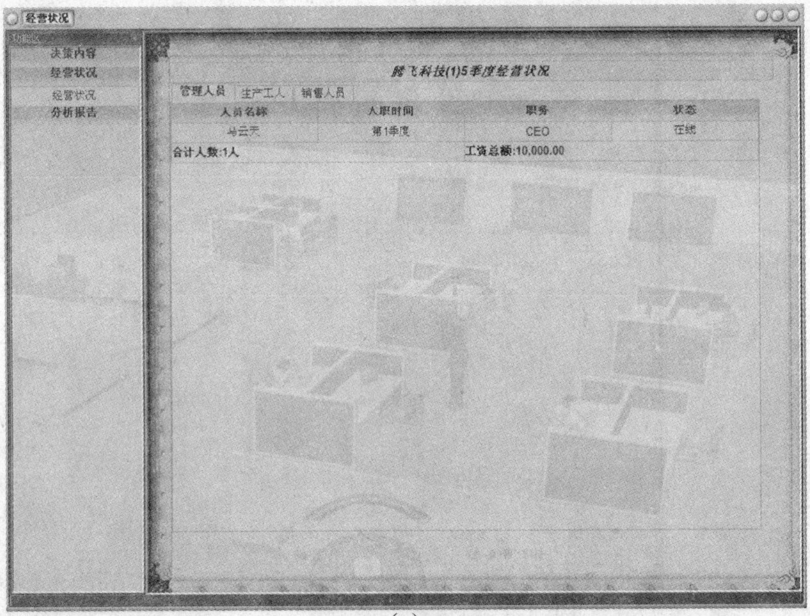

(a)

(b)

图 12-57 经营状况相关资料

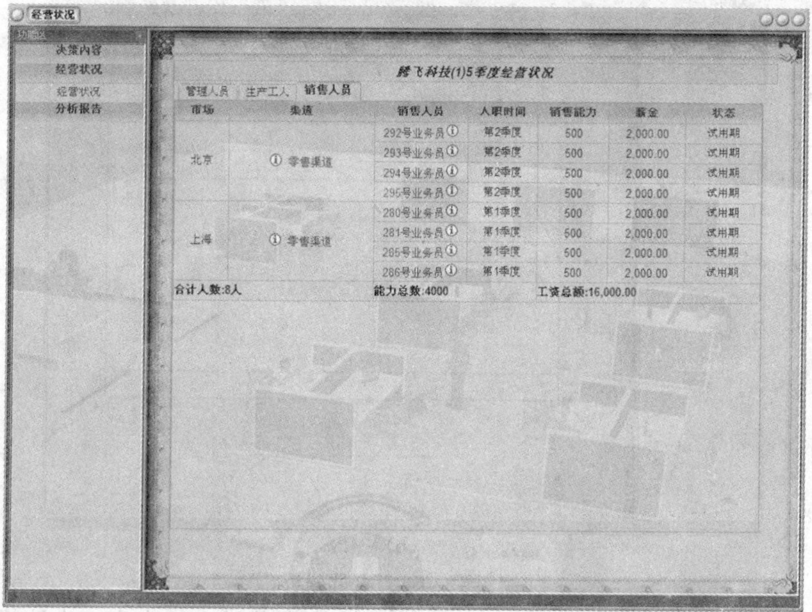

市场	渠道	销售人员	入职时间	销售能力	薪金	状态
北京	零售渠道	292号业务员	第2季度	500	2,000.00	试用期
		293号业务员	第2季度	500	2,000.00	试用期
		294号业务员	第2季度	500	2,000.00	试用期
		295号业务员	第2季度	500	2,000.00	试用期
上海	零售渠道	280号业务员	第1季度	500	2,000.00	试用期
		281号业务员	第1季度	500	2,000.00	试用期
		285号业务员	第1季度	500	2,000.00	试用期
		286号业务员	第1季度	500	2,000.00	试用期
合计人数:8人		能力总数:4000		工资总额:16,000.00		

(c)

续图 12－57 经营状况相关资料

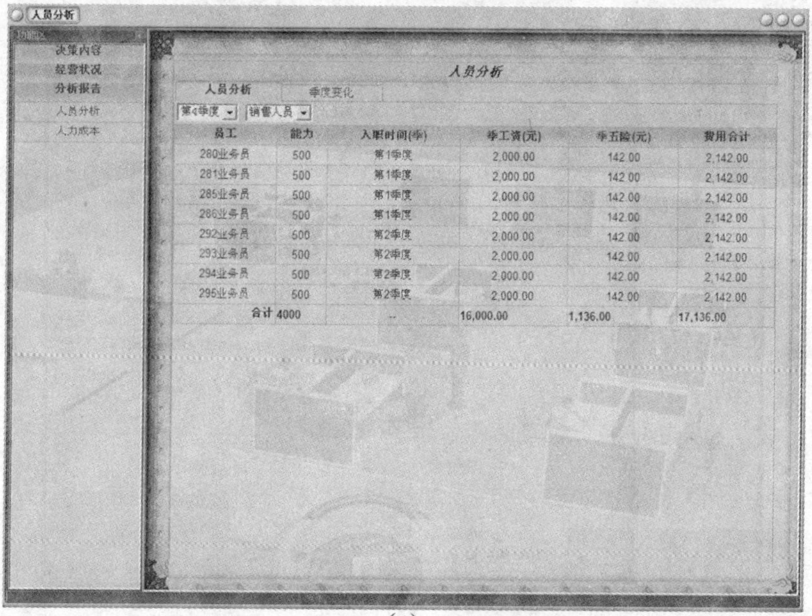

员工	能力	入职时间(季)	季工资(元)	季五险(元)	费用合计
280业务员	500	第1季度	2,000.00	142.00	2,142.00
281业务员	500	第1季度	2,000.00	142.00	2,142.00
285业务员	500	第1季度	2,000.00	142.00	2,142.00
286业务员	500	第1季度	2,000.00	142.00	2,142.00
292业务员	500	第2季度	2,000.00	142.00	2,142.00
293业务员	500	第2季度	2,000.00	142.00	2,142.00
294业务员	500	第2季度	2,000.00	142.00	2,142.00
295业务员	500	第2季度	2,000.00	142.00	2,142.00
合计	4000	--	16,000.00	1,136.00	17,136.00

(a)

图 12－58 人员分析

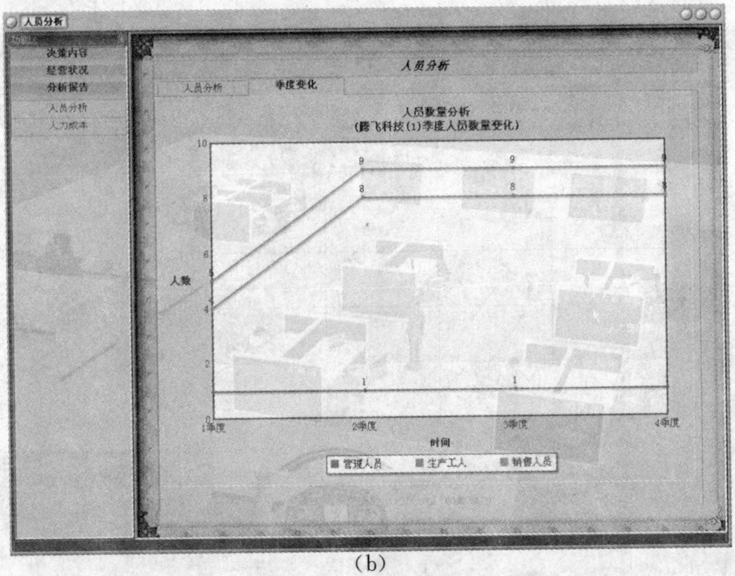

(b)

续图 12-58　人员分析

(2)人力成本。在公司场景中点击“人力资源部”,在弹出窗口中选择“分析报告—人力成本”,可看到人力资源部所有人员的人力成本支出分布情况,如图 12-59(a)(b)所示。

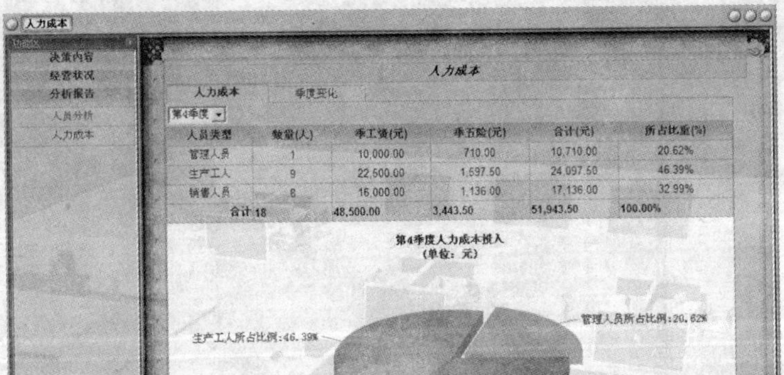

(a)

图 12-59　人力成本

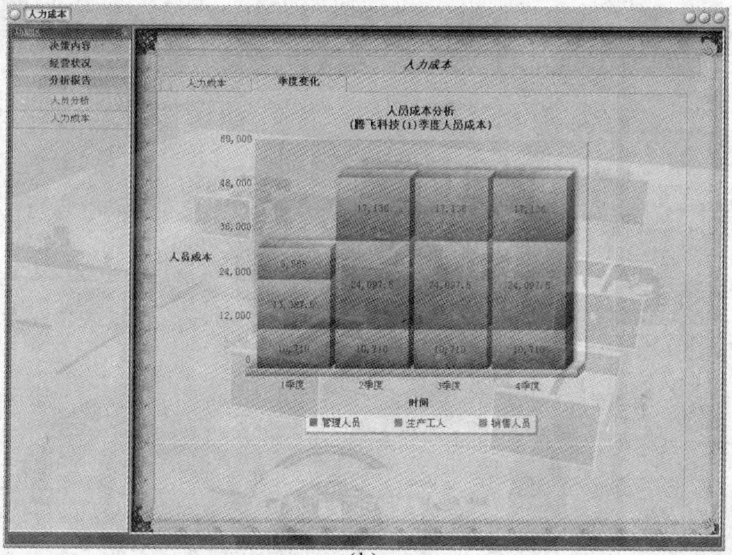

(b)

续图 12-59 人力成本

六、财务部门数据查询分析

1. 查看经营状况

在公司场景中点击“财务部”,在弹出窗口中选择“经营状况”,可看到财务部门相关信息。大多和总经理数据查询一样。

2. 查看分析报告

在公司场景中点击“财务部”,在弹出窗口中选择“分析报告”,可看到财务分析信息。大多和总经理数据分析重复。

七、总经理数据查询分析

1. 管理驾驶舱

在公司场景中点击“总经理”,在弹出窗口中选择“管理驾驶舱—财务管理”,可看到公司关键财务绩效指标的数据及行业平均值,如图 12-60 所示。

2. 查看经营绩效

(1)综合评价。在公司场景中点击“总经理”,在弹出窗口中选择“经营绩效—综合评价”,可看到公司总体经营绩效评价分数与排名情况。综合评价是最终各公司的排名分数,如图 12-61(a)(b)所示。

图 12－60 “财务管理”界面

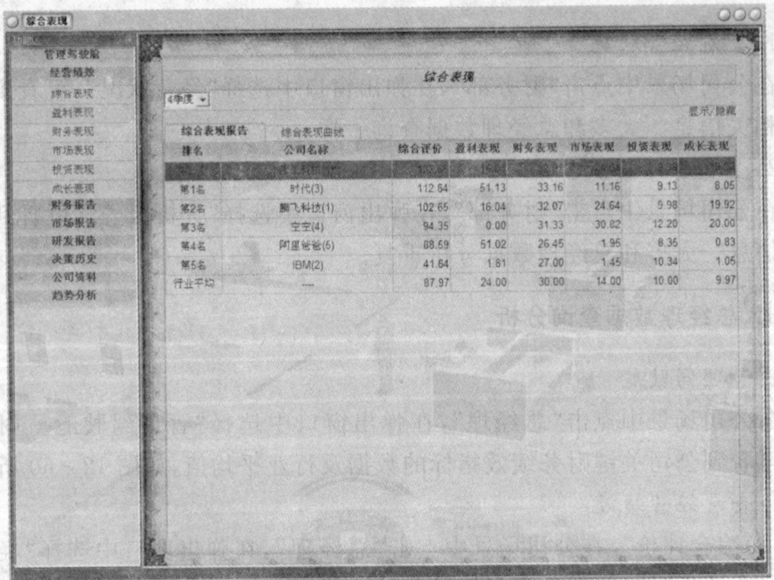

(a)

图 12－61 综合表现

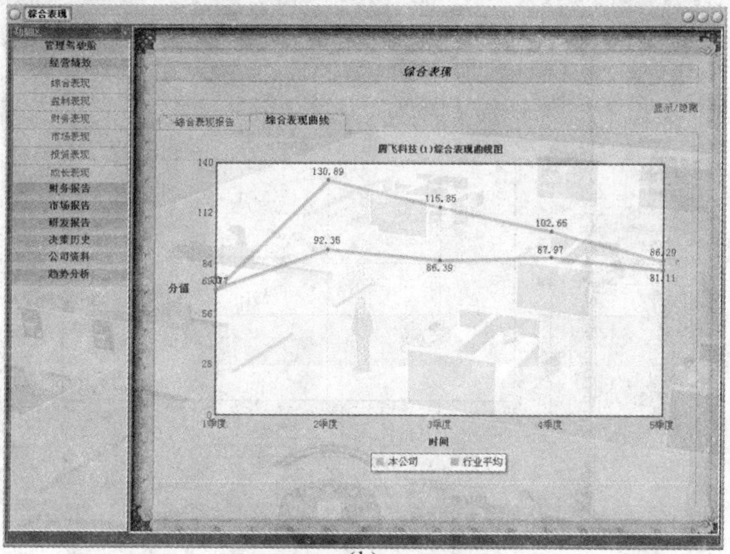

(b)

续图 12-61　综合表现

(2)盈利表现。在公司场景中点击“总经理”,在弹出窗口中选择“经营绩效—盈利表现”,可看综合评价分数其中的盈利表现分数情况,如图 12-62 所示。

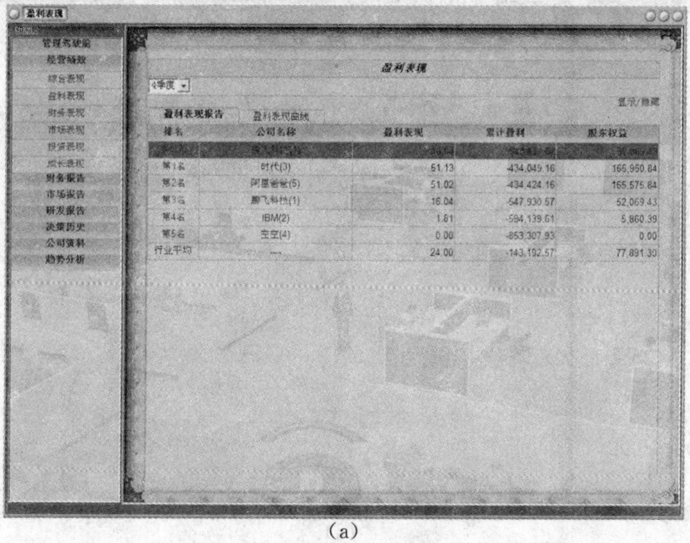

(a)

图 12-62　盈利表现

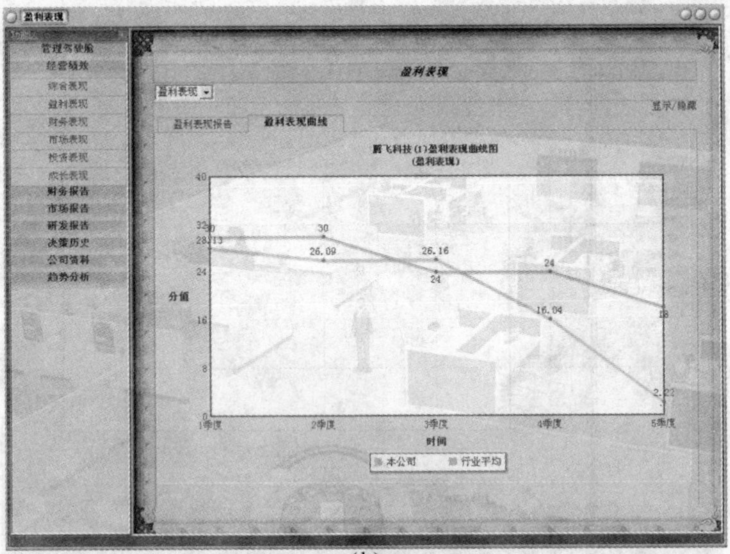

(b)

续图 12-62　盈利表现

(3)财务表现。在公司场景中点击“总经理”,在弹出窗口中选择“经营绩效—财务管理”,可看综合评价分数其中的财务表现分数情况,如图 12-63 所示。

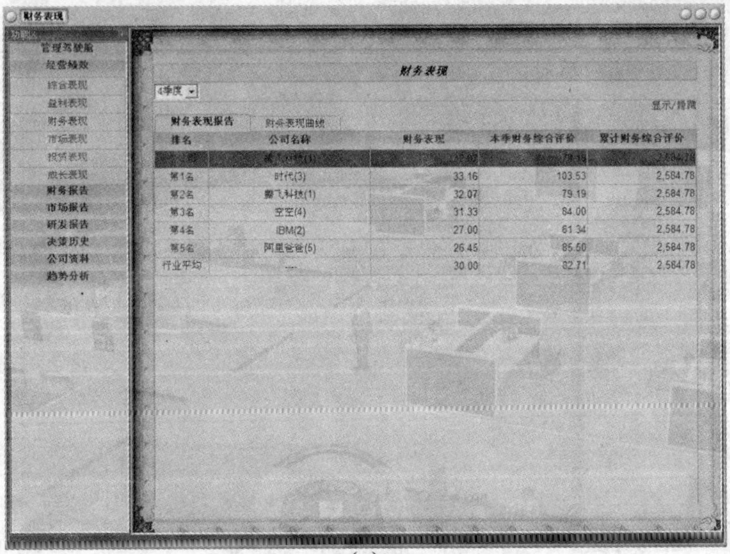

(a)

图 12-63　财务表现

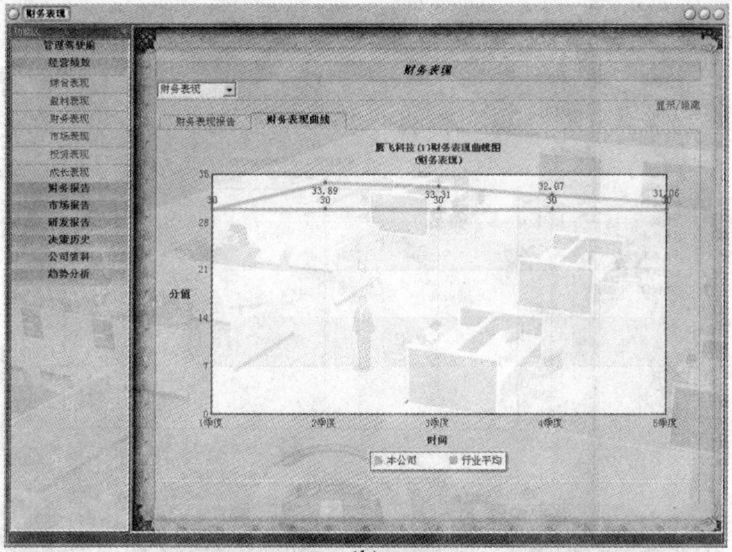

(b)

续图 12-63 财务表现

(4)市场表现。在公司场景中点击“总经理”,在弹出窗口中选择“经营绩效—市场管理”,可看综合评价分数其中的市场表现分数情况,如图 12-64 所示。

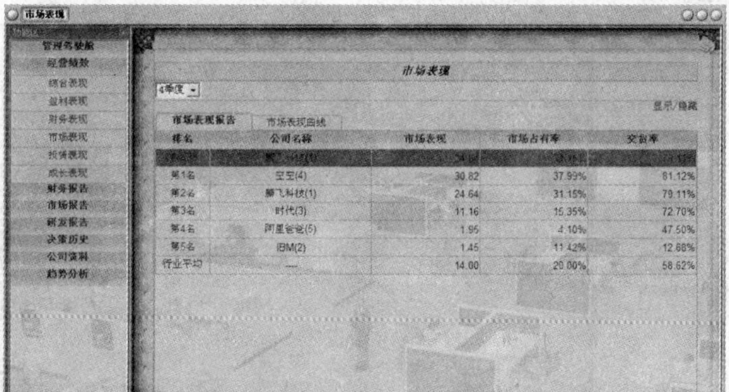

(a)

图 12-64 市场表现

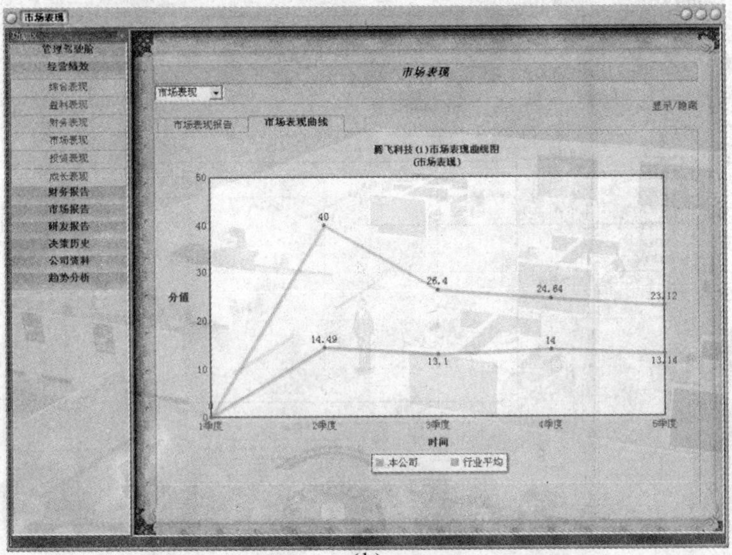

(b)

续图 12-64　市场表现

(5)投资表现。在公司场景中点击“总经理”,在弹出窗口中选择“经营绩效－投资管理”,可看综合评价分数其中的投资表现分数情况,如图 12-65(a)(b)所示。

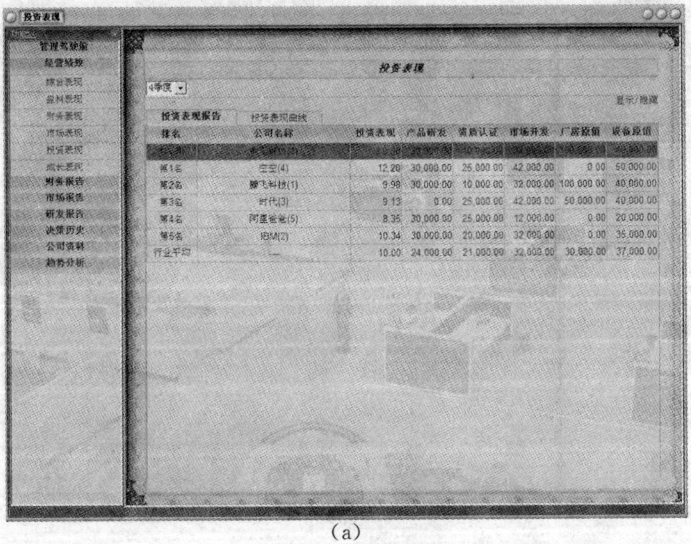

(a)

图 12-65　投资表现

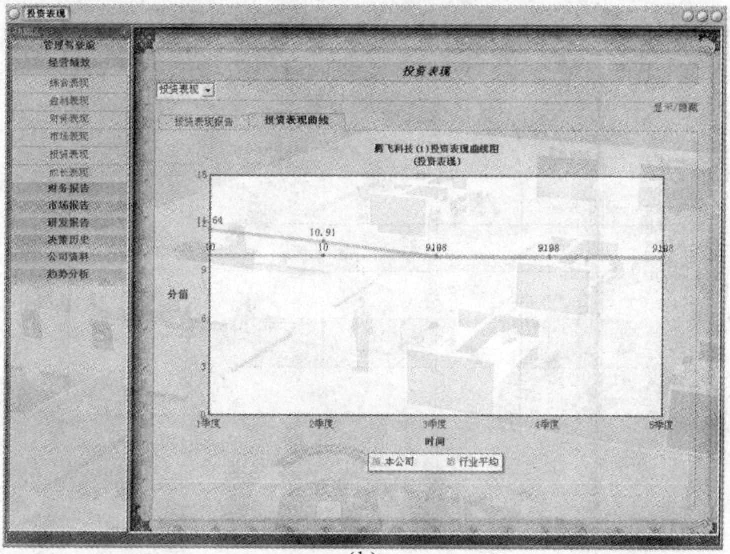

(b)

续图 12-65 投资表现

(6)成长表现。在公司场景中点击“总经理”,在弹出窗口中选择“经营绩效一成长管理”,可看综合评价分数其中的成长表现分数情况,如图 12-66(a)(b)所示。

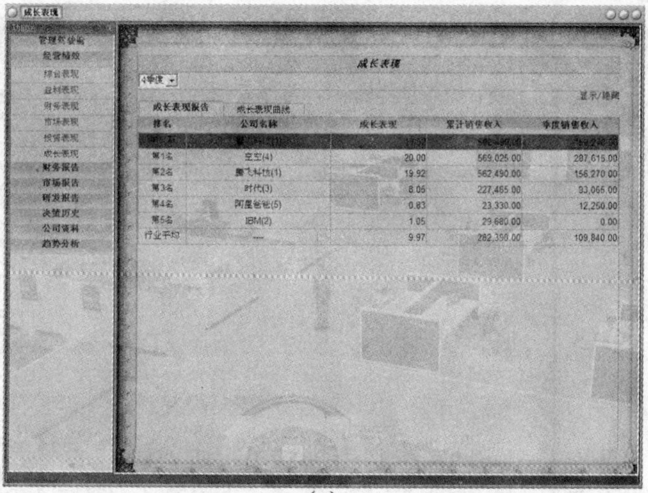

(a)

图 12-66 成长表现

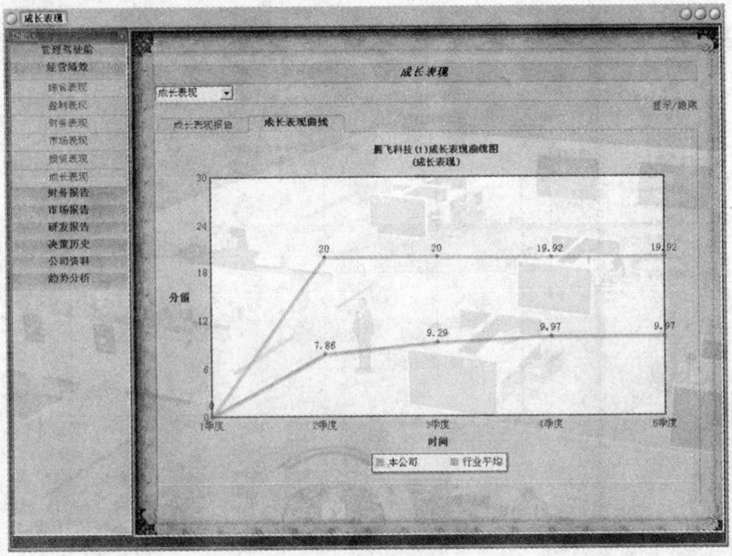

(b)

续图 12-66　成长表现

3. 查看财务报告

(1)财务报表。在公司场景中点击"总经理",在弹出窗口中选择"财务报告—财务报表",可看任一季度的3张财务报表,如图12-67所示。

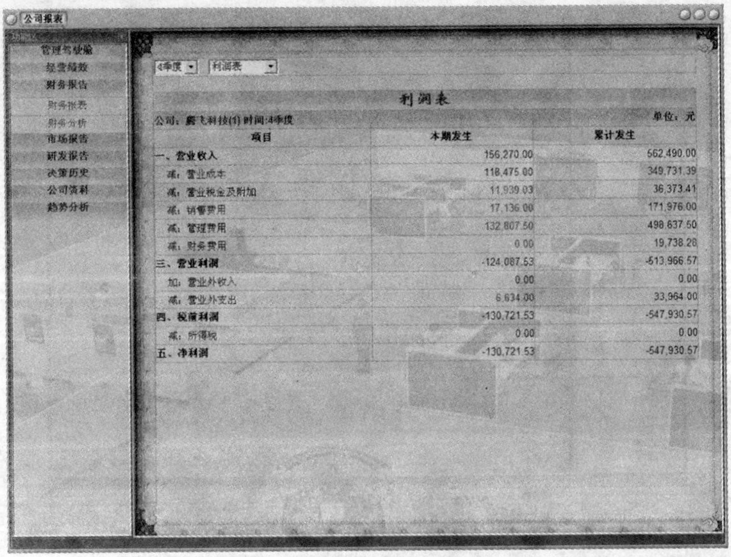

利润表

公司:腾飞科技(1) 时间:4季度　　单位:元

项目	本期发生	累计发生
一、营业收入	156,270.00	562,490.00
减:营业成本	118,475.00	349,731.39
减:营业税金及附加	11,939.03	36,373.41
减:销售费用	17,136.00	171,976.00
减:管理费用	132,807.50	498,637.50
减:财务费用	0.00	19,738.28
三、营业利润	-124,087.53	-513,966.57
加:营业外收入	0.00	0.00
减:营业外支出	6,634.00	33,964.00
四、税前利润	-130,721.53	-547,930.57
减:所得税	0.00	0.00
五、净利润	-130,721.53	-547,930.57

图 12-67　利润表界面

(2)财务分析。在公司场景中点击“总经理”,在弹出窗口中选择“财务报告—财务分析”,可看到任一季度的财务分析指标数值,以及综合财务评价分数,如图 12-68(a)(b)所示。

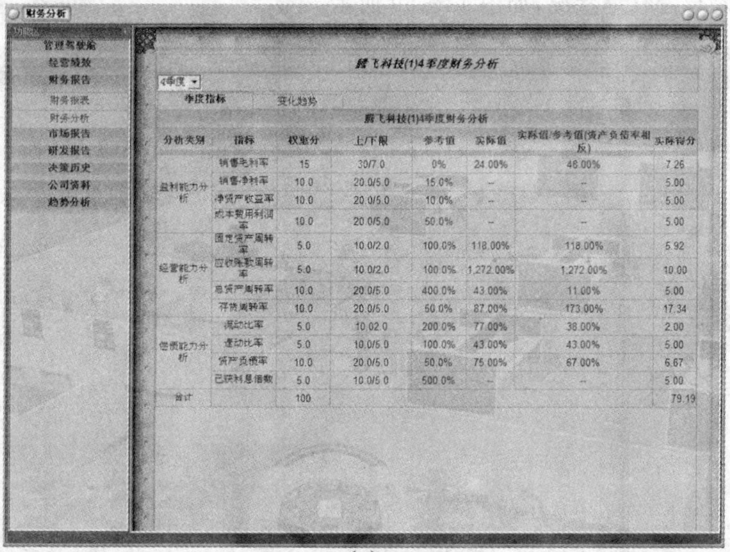

分析类别	指标	权重分	上/下限	参考值	实际值	实际值/参考值(资产负债率相反)	实际得分
盈利能力分析	销售毛利率	15	30/7.0	0%	24.00%	46.00%	7.26
	销售净利率	10.0	20.0/5.0	15.0%	--	--	5.00
	净资产收益率	10.0	20.0/5.0	10.0%	--	--	5.00
	成本费用利润率	10.0	20.0/5.0	50.0%	--	--	5.00
经营能力分析	固定资产周转率	5.0	10.0/2.0	100.0%	118.00%	118.00%	5.92
	应收账款周转率	5.0	10.0/2.0	100.0%	1,272.00%	1,272.00%	10.00
	总资产周转率	10.0	20.0/5.0	400.0%	43.00%	11.00%	5.00
	存货周转率	10.0	20.0/5.0	50.0%	87.00%	173.00%	17.34
偿债能力分析	流动比率	5.0	10.02.0	200.0%	77.00%	38.00%	2.00
	速动比率	5.0	10.0/5.0	100.0%	43.00%	43.00%	5.00
	资产负债率	10.0	20.0/5.0	50.0%	75.00%	67.00%	6.67
	已获利息倍数	5.0	10.0/5.0	500.0%	--	--	5.00
合计		100					79.19

(a)

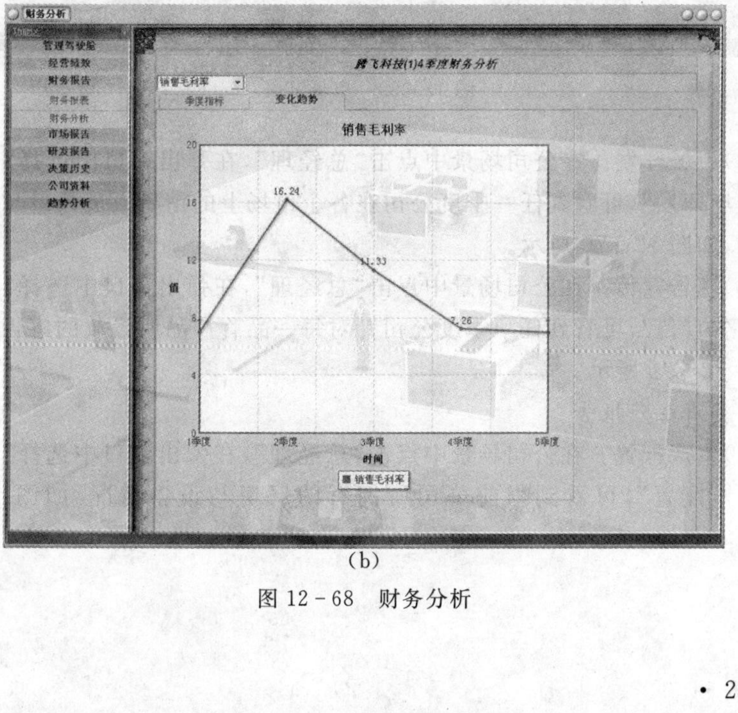

(b)

图 12-68 财务分析

4.查看市场报告

(1)市场开发。在公司场景中点击“总经理”,在弹出窗口中选择“市场报告一市场开发”,可看到目前公司在各个市场上的人员配置情况,以及在该市场的收入与占有率状况,如图 12-69 所示。

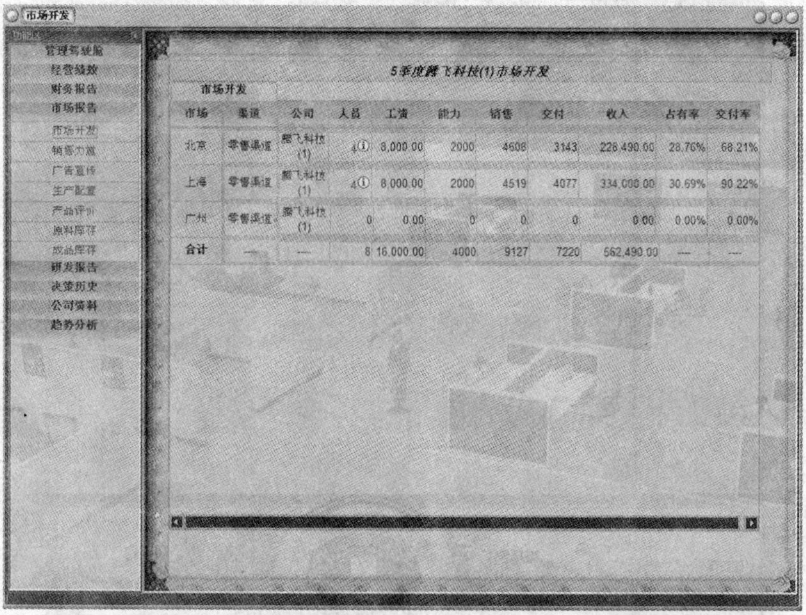

图 12-69　市场开发

(2)市场开发。在公司场景中点击“总经理”,在弹出窗口中选择“市场报告一市场开发”,可看到任一季度公司在各个市场上的销售人员数量与销售能力情况,如图 12-70 所示。

(3)广告宣传。在公司场景中点击“总经理”,在弹出窗口中选择“市场报告一广告宣传”,可看到任一季度公司针对每一品牌产品所投放的广告宣传情况如图 12-71 所示。

5.查看生产报告

(1)生产配置。在公司场景中点击“总经理”,在弹出窗口中选择“生产报告一生产配置”,可看到当前公司所拥有的厂房与设备情况,如图 12-72 所示。

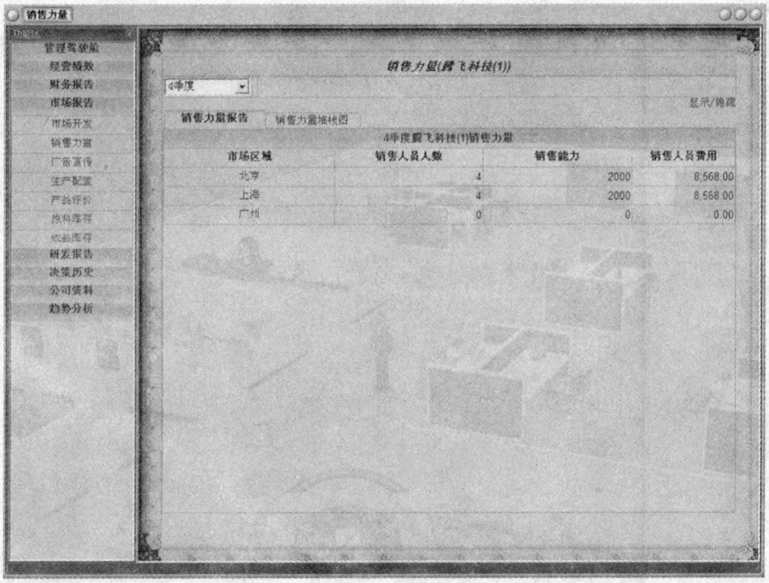

图 12-70 销售力量界面

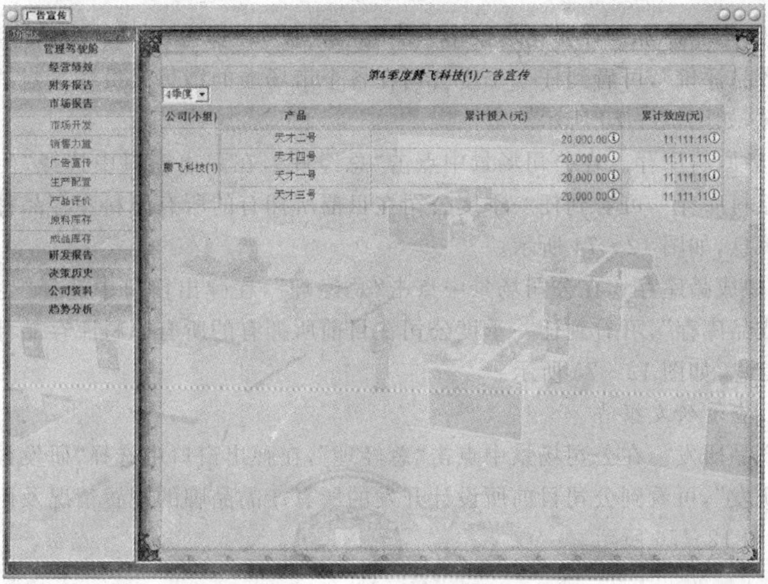

图 12-71 广告宣传界面

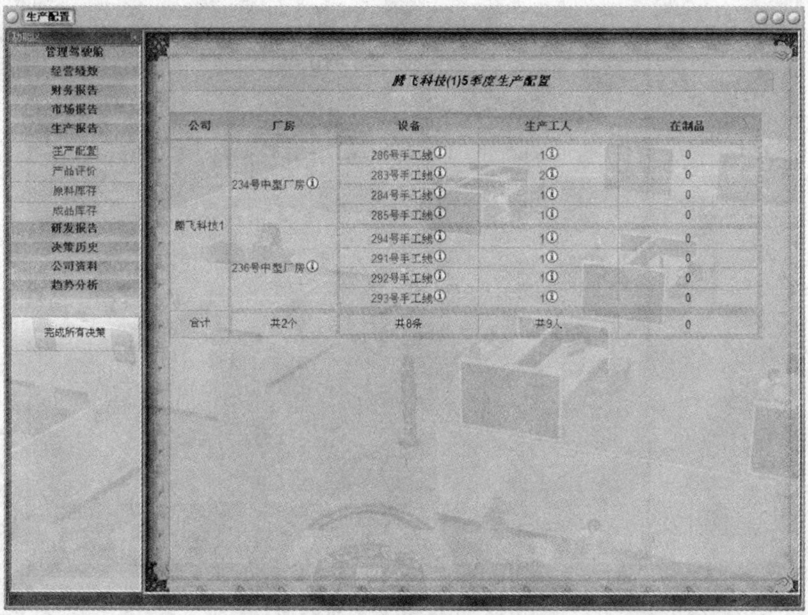

图 12-72　生产配置

(2)产品评价。在公司场景中点击"总经理",在弹出窗口中选择"生产报告一产品评价",可看到任一季度公司在各个市场上的销售人员数量与销售能力情况,如图 12-73 所示。

(3)原料库存。在公司场景中点击"总经理",在弹出窗口中选择"生产报告一原料库存",可看到任一季度公司在目前所拥有的所有原料库存品种及数量等信息,如图 12-74 所示。

(4)成品库存。在公司场景中点击"总经理",在弹出窗口中选择"生产报告一成品库存",可看到任一季度公司在目前所拥有的所有原料库存品种及数量等信息,如图 12-75 所示。

6.查看研发报告

产品研发。在公司场景中点击"总经理",在弹出窗口中选择"研发报告一产品研发",可看到公司目前所设计开发的所有产品品牌的配置情况及研发状态,如图 12-76 所示。

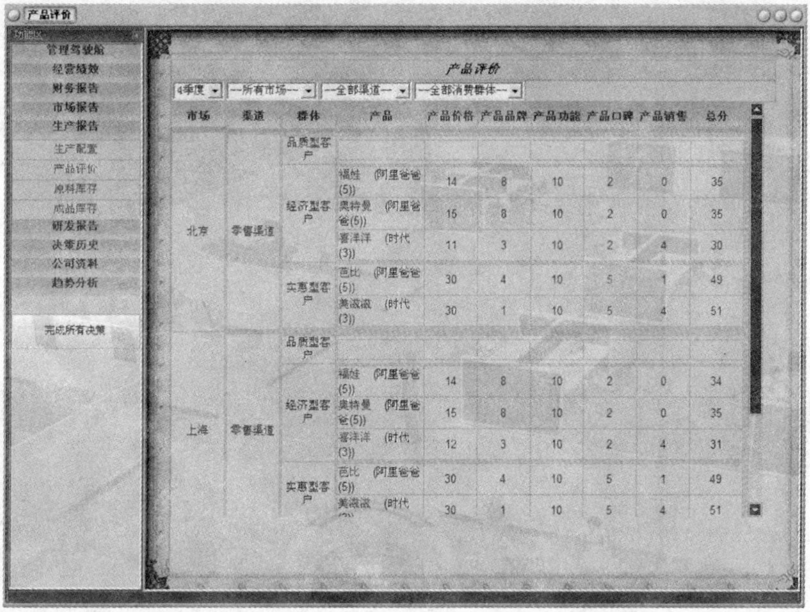

图 12-73 产品评价

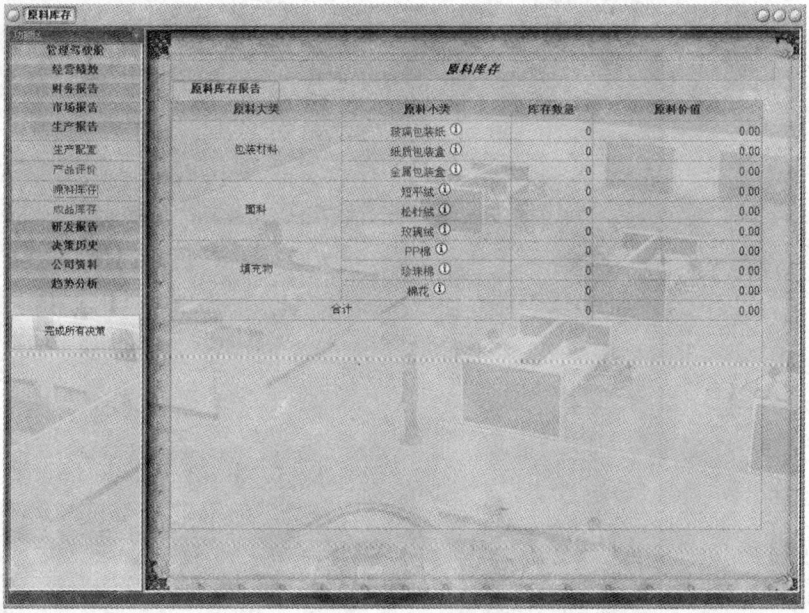

图 12-74 原料库存

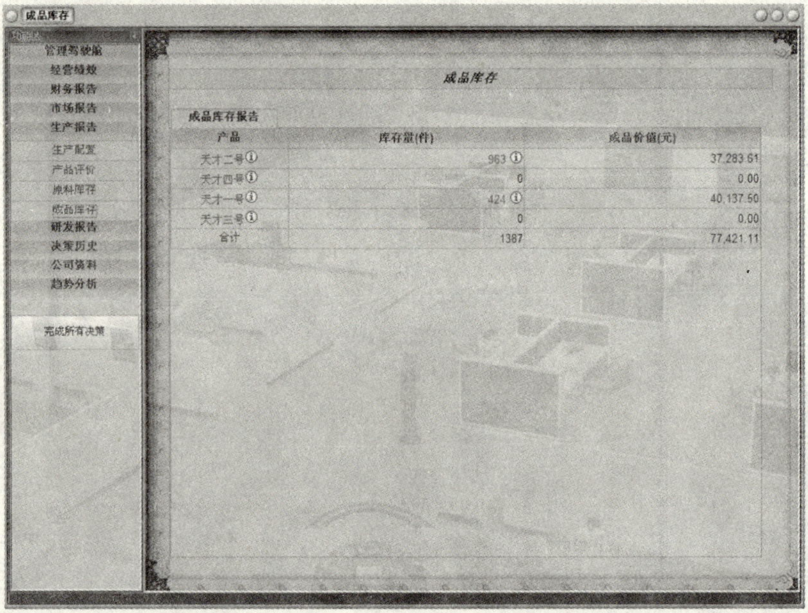

图 12-75　成品库存

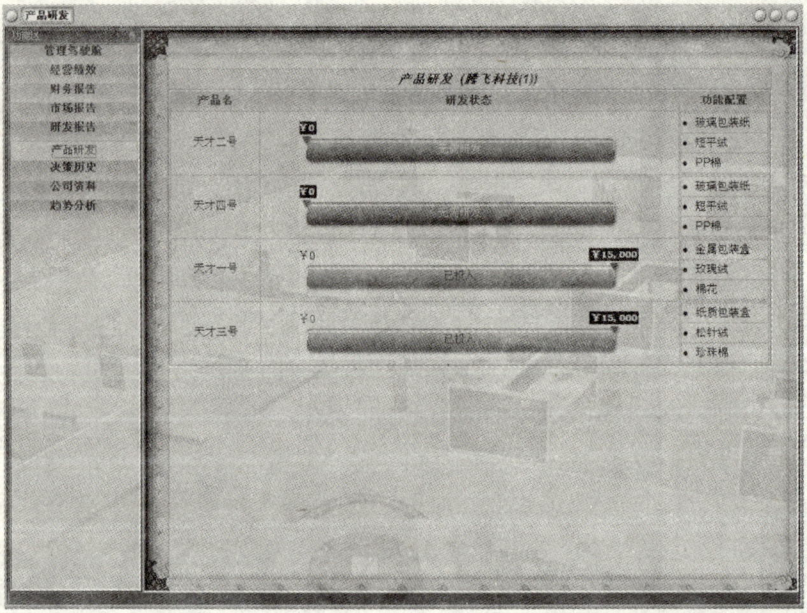

图 12-76　产品研发

7.查看决策历史

在公司场景中点击“总经理”,在弹出窗口中选择“决策历史—历史决策”,可看到公司在各个季度所做的所有决策任务汇总及详细的数据变化情况,如图 12-77 所示。

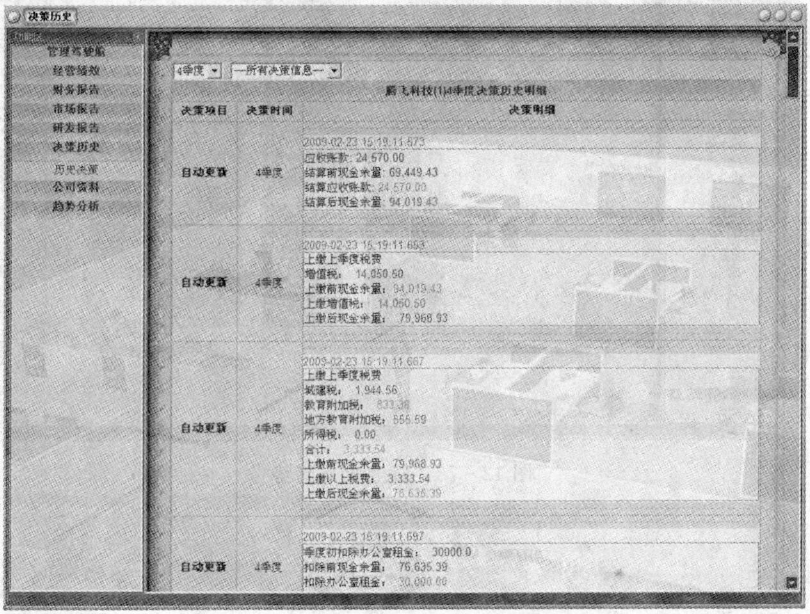

图 12-77 决策历史

8.查看公司资料

在公司场景中点击“总经理”,在弹出窗口中选择“公司资料”,可看到公司在工商注册阶段所完成的所有流程工作以及相关证件和报告。此部分内容已在前面创业准备环节进行了介绍,详细操作请参阅前面的创业准备部分的相关内容。

9.查看趋势分析

在公司场景中点击“总经理”,在弹出窗口中选择“趋势分析”,可看到公司各项经营指标在各个季度的发展趋势情况,如图 12-78 所示。

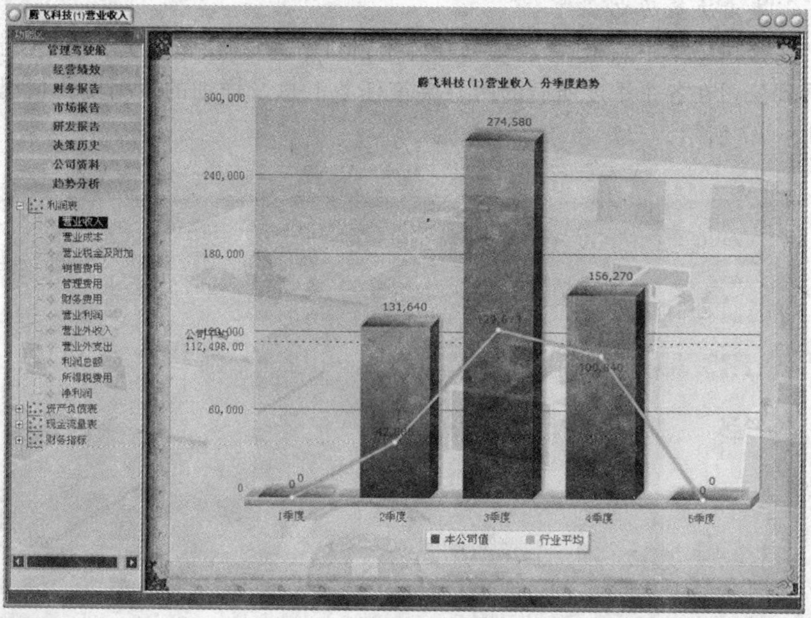

图 12－78　营业收入趋势

第十三章 模拟实验手册

第一节 创业模拟实验概述

一、创业模拟实验的性质、目的和任务

创业模拟实验是集知识性、趣味性、对抗性于一体的企业管理技能训练课程。受课学生被分成若干个团队，每个团队由若干个学生组成，学生将担任总经理、营销总监、生产总监、财务总监、供应总监等。借助模拟软件每个团队首先完成自己的创业计划书，接着在出资人融资若干万元的状况下，完成企业登记注册的流程，进入某一行业，对企业进行实际运营管理，并于其他小组模拟对抗实战，连续从事8期的经营活动。通过直观的电子沙盘，模拟企业实际状况，内容涉及企业创业管理、整体战略、产品研发、生产、市场、销售、财务管理、团队协作等多个方面，让学生在游戏般的训练中体验完整的企业经营过程，感受企业发展的典型历程，感悟正确的经营思路和管理理念。在实验中学生将遇到企业经营中常出现的各种典型问题，亲身参与创业企业的设立过程与经营管理，同学必须一同发现机遇，分析问题，制定策略，保证公司成功及不断的成长。在实验的过程中增强创业意识，提升管理能力。

二、创业模拟实验的基本内容和要求

(一)基本内容

1. 创业准备

(1)商业机会分析。创业机会是指创业者可以利用的商业机会。《21世纪创业》的作者杰夫里·A·第莫斯教授提出，好的商业机会有以下四个特征：第一，它很能吸引顾客；第二，它能在你的商业环境中行得通；第三，它必须在机会之窗存在的期间被实施；第四，你必须有资源(人、财、物、信息、时间)和技能才能创立业务。

(2)组建管理团队。企业仿真模拟首先是构建虚拟的组织架构、建立公司，把同学分成若干组，每组一般3～5人，形成20个左右相互竞争的虚拟企

业，然后对每个小组成员进行角色定位，明确企业内每个角色的岗位责任。

在模拟中，共设置多个职位角色：总经理、市场总监、运营总监、财务总监、销售总监等，同学可以一人身兼多职。在经营过程中，可以进行角色互换，从而体验角色转换后考虑问题的出发点的相应变化，也就是学会换位思考。

(3)完成创业计划书

1)创业计划书。创业计划书是将有关创业的想法，借由白纸黑字最后落实的载体。创业计划书的质量，往往会直接影响创业发起人能否找到合作伙伴、获得资金及其他政策的支持。创业计划书如何写创业计划书呢？要依目标，即看计划书的对象而有所不同，如是要写给投资者看呢？还是要拿去银行贷款，从不同的目的来写，计划书的重点也会有所不同。

创业计划书有相对固定的格式，几乎包括反映投资商所有感兴趣的内容。当选定了创业目标与确定创业的动机后，在资金、人脉、市场等各方面的条件都已准备妥当或已经累积了相当实力，这时，就必须提供一份完整的创业计划书，创业计划书是整个创业过程的灵魂。

2)融资。团队成员讨论确定融资的渠道与方式。融资的渠道主要有国家财政资本、银行信贷资本、非银行金融机构资本、其他企业资本、创业者的自有资本、亲朋好友的资本以及外商资本等。融资的方式主要有权益资本融资和债券资本融资两种形式。

3)确定公司名称、制定公司章程。公司名称对一个企业将来的发展而言，是至关重要的，因为公司名称它不仅关系到企业在行业内的影响力，还关系到企业所经营的产品投放市场后，消费者对该企业的认可度。公司名称字虽不多，但意义万千，它远远超越了几个字的框架。

公司章程，是指公司依法制定的、规定公司名称、住所、经营范围、经营管理制度等重大事项的基本文件，也是公司必备的规定公司组织及活动基本规则的书面文件。公司章程是股东共同一致的意思表示，载明了公司组织和活动的基本准则，是公司的宪章。公司章程具有法定性、真实性、自治性和公开性的基本特征。作为公司组织与行为的基本准则，公司章程对公司的成立及运营具有十分重要的意义，它既是公司成立的基础，也是公司赖以生存的灵魂。

(4)注册登记。完成创业计划后管理团队需要创建公司，完成公司的注册登记。注册流程依次为：查名(确定公司名字)→租赁场地→编写公司章程→刻私章→开验资户→验资(完成公司注册资金验资手续)→签字(客户前往工商所核实签字)→申请营业执照→申请组织机构代码证→申请税务登记证→

办理基本帐户和纳税账户→办理税种登记→办理税种核定→办理印花税业务→办理纳税人认定→办理办税员认定→办理发票认购等手续。

创业准备部分在计算机上应用虚拟软件完成，因大多模拟团队创业准备环节操作基本相同，故不作记录。

2. 经营管理

管理团队领导公司未来的发展，在变化的市场中进行开拓，应对激烈的竞争。企业能否顺利运营下去取决于管理团队正确决策的能力。每个团队成员尽可能在做出决策时利用你的知识和经验，不要匆忙行动而陷入混乱。

在企业仿真模拟中设置了对应于市场部、生产部、研发部、销售部、财务部等职能部门的业务单元，再现了企业运营的所有关键环节，包括市场营销、生产组织、采购管理、库存管理、财务管理、战略规划等，是一个生产企业的缩影。

(二)课程的基本要求

1. 深度体验创业流程

创业计划环节理清创办企业的可行性与发展规划；创业准备环节了解实际成立企业需要办理的流程事务；创业管理环节通过对在竞争中对企业的实际经营管理，理解创办企业所需用到的各项管理知识，体验创业的艰辛与欢乐，对企业的风险有更直接更深刻的体验。

2. 深刻体会管理核心理念

感受管理信息对称状况下的企业运作；体验统一信息平台下的企业运作管理；学习依靠客观数字评测与决策的意识与技能；感悟准确及时集成的信息对于科学决策的重要作用；训练信息化时代的基本管理技能

3. 全面了解一个制造型企业的概貌

制造型企业经营所涉及的因素；企业物流运作的规则；企业财务管理、资金流控制运作的规则；企业生产、采购、销售和库存管理的动作规则；企业面临的市场、竞争对手、未来发展趋势分析；企业的组织结构和岗位职责等。

4. 了解企业经营的本质

资本、资产、损益的流程、企来资产与负债和权益的结构；企业经营本质——利润和成本的关系、增加企业利润的关键因素；影响企业利润的因素——成本控制需要考虑的因素；影响企业利润的因素——扩大销售需考虑的因素；脑力激荡——如何增加企业利润？

5. 确定市场战略和产品、市场的定位

产品需求的数量趋势分析；产品销售价位、销售毛分析；市场开拓与品牌建设对企业经营的影响；市场投入的效益分析；产品盈亏平衡点预测；如何才能拿到大的市场份额。

6. 生产管理与成本控制

采购定单的控制——以销定产、以产定购的管理思想；库存控制；JIT——准时生产的管理思想；生产成本控制——生产线改造和建设的意义；产销排程管理——根据销售定单的生产计划与采购计划；脑力激荡——如何合理的安排采购和生产？

7. 全面计划预算管理

企业如何制定财务预算——现金流控制策略；如何制定销售计划和市场投入；如何根据市场分析和销售计划，制定安排生产计划和采购计划；如何进行高效益的融资管理；脑力激荡——如何理解“预则立，不预则废”的管理思想

8. 科学统筹人力资源管理

如何安排各个管理岗位的职能；如何对各个岗位进行业绩衡量及评估；理解“岗位胜任符合度”的度量思想；脑力激荡——如何更有效地监控各个岗位的绩效

9. 获得学习点评

培训学生实际训练数据分析；综合理解局部管理与整体效益的关系；优胜企业与失败企业的关键差异。

企业经营模拟实验是管理学科实践性教学中重要环节，通过实验，可以为学生毕业走上工作岗位后，缩短“适应期”，更好地胜任企业工作奠定扎实的基础。指导教师在组织学生进行模拟实验时，应注重培养学生的发现问题、分析问题的能力，突出实践技能的训练，力争把实践性教学科学化、规范化、形象化、自动化。使学生在通过与岗位要求完全相同的实验操作中，提高职业素质，形成工作能力，造就为社会欢迎的应用型人才。

三、建议学时分配

序号	实验内容	学时	备注
1	运行规则介绍及试运营	4	计算机上完成
2	创业准备(创业计划)	4	计算机上完成
3	创业准备(注册登记)	4	计算机上完成
4	模拟经营(创业管理)	24	计算机、记录本上完成
5	总结讲评	4	纸质报告
6	合计	40	

四、实验要求

(1)在实验开始同学自由组合,共分实验组若干组,3～5 位同学一组。每组在实验前预习实验操作手册,了解实验要求及规则,完成企业的经营战略。在实验开始时首先介绍角色要求、人员构成以及经营计划等。

(2)实验纪录:创业准备阶段完全在计算机上完成,创业管理阶段实验期间,将实验的主要内容、心得、经营活动记录以及决策依据记录在练习手册上。

(3)实验报告:在实验结束时,应分组提交经营活动记录手册和学生个人总结报告。在总结报告中应包括对实验内容的总结、对实验的体会和收获以及经营分析报告。

五、实验中应注意的问题

你和管理团队将作为创业者创办一家企业,并完成从创业计划书到登记注册再到企业创办后的经营管理的完整创业过程。在此,创新创业不再是停留在书面上的理论知识或纸张上的空洞规划,而是真实的实践与体验。

创业团队的首要工作是研究如何打造创业企业的核心竞争力。虽然企业是虚拟创办的,但团队是真实的,因此核心竞争力首先应体现在创业管理团队上。应根据每个人的专业特点、性格爱好和实际经验来创建核心竞争力,并把它附加应用在虚拟的企业,并在模拟经营的过程中不断地提升本企业的核心竞争力,使之强于对手。

商场中成功经营的法则十分简单,就是最终让顾客满意。成功经营的法则应包括以下 8 条。

(1)应有明确企业的发展方向(企业战略)。

(2)准确的发现目标顾客的需求(市场调研)。

(3)适时提供满足需求的产品(研发设计)。

(4)有效生产符合要求的产品(生产制造)。

(5)让一定的顾客知道您的产品(市场推广)。

(6)销售合适的产品给你的顾客(销售管理)。

(7)及时回笼销售产品的货款(资金管理)。

(8)默契配合的管理团队(沟通协作)。

在《创业之星》中,要做好企业的经营并不容易。需要你和团队成员通力配合,谨记上面 8 条基本法则,它们将帮助你掌握创新之道,通往成功之门。

除此之外,还有一些事情必须记住:

(1)顾客是不同的,他们有差异的偏好与需求,一种产品并不能满足所有人的需求,众多潜在的顾客会等待直至正好满足其需求的产品才购买。因此,必须通过市场研究分析不同顾客之间需求的差异,并将之分成不同的类别,不应采用无差异营销,应针对各个不同的顾客群制定相应的策略,或者将产品卖给部分人,而非全部。

(2)大多顾客总希望以更少的钱去购买更多的产品,因而低价是非常有力的竞争工具。当然,你可以将产品价格定的很低,但必须要能以收不小于支,企业应赚取一定的利润。这一问题的解决办法之一就是大批量营销,大量生产,产品的单位成本将下降,这使你可以将产品以较低的价格售出,并获取满意的利润。

(3)市场中总会有竞争对手存在,他们与你争夺相同的顾客进而使企业的利润下降,聪明的竞争者会仔细研究顾客的需求,及自己的产品与营销行为,然后采取有针对性的策略与你竞争。通常,他们是找出那些需求不能很好被您的产品满足的那部分顾客,然后针对其需求生产出更优的产品。

(4)顾客总是购买最能有效满足其需求的产品,因此,企业必须不断分析顾客变化的需求,及竞争对手的策略,不断调整自己的经营策略以形成竞争优势,更好的满足顾客的需求。

总之,企业能确定自己的目标顾客群,提供有效满足顾客需求的产品,并针对其展开有效营销,形成竞争优势,这将使企业的产品销量大增,进而赚取丰厚利润。

通过你和团队其他成员的共同努力,打造一个快速成长、为股东带来高额回报的优秀企业,还是创业后举步维艰、经营困难,这就要看你和你的团队的经营管理能力。

成功创业,你准备好了吗?

第二节　初创企业战略规划

在软件上完成创业计划以及公司注册登记,正式成立公司后,一切都只是开始。如何实现计划书中的规划?怎么使公司实现盈利?从现在开始,你将与团队成员一起完成创业企业八期的经营管理。

预祝您的企业能在激烈的市场竞争中取得满意的业绩!

一、公司筹建

参考计划中的内容，讨论完善并明确公司的组织架构：

公司名称：____________________

公司使命：____________________

战略目标：____________________

二、战略制订

根据经营环境及背景的分析结果，制定模拟公司的长短期战略。

公司的短期战略(1～3 期)：____________________

公司的中期战略(4～6 期)：____________________

公司的长期战略(7～8 期)：____________________

公司战略分解：

营销战略：____________________

生产战略：____________________

研发战略：____________________

财务战略：____________________

目标市场战略：

主攻目标市场：____________________

次要目标市场：____________________

备选目标市场：____________________

三、公司职能战略规划

岗位	目标	第一期	第二期	第三期	第四期
总经理	经营目标				
研发部	品牌数量				
	市场定位				
	研发投入				
市场部	市场定位				
	渠道开发				
	广告预算				

续表

岗位	目标	第一期	第二期	第三期	第四期
销售部	销售人员				
	定价策略				
	销量预测				
	收入预测				
制造部	厂房投资				
	设备投资				
	原料采购				
	生产工人				
	生产计划				
	产品存货				
	认证计划				
人事部	人员招募				
	人员辞退				
	培训计划				
财务部	期初现金				
	期末现金				
	融资计划				
	预计盈利				

岗位	目标	第五期	第六期	第七期	第八期
总经理	经营目标				
研发部	品牌数量				
	市场定位				
	研发投入				
市场部	市场定位				
	渠道开发				

续 表

岗位	目 标	第五期	第六期	第七期	第八期
销售部	广告预算				
	销售人员				
	定价策略				
	销量预测				
	收入预测				
制造部	厂房投资				
	设备投资				
	原料采购				
	生产工人				
	生产计划				
	产品存货				
	认证计划				
人事部	人员招募				
	人员辞退				
	培训计划				
财务部	期初现金				
	期末现金				
	融资计划				
	预计盈利				

四、公司经营绩效表

项 目		第一期	第二期	第三期	第四期
综合表现	综合表现分数				
	综合表现排名				
市场营销	合计订单量				

续表

项目		第一期	第二期	第三期	第四期
	合计销售额				
生产管理	期末库存产品数				
人力资源	销售人员数量				
	操作工人数量				
财务管理	期末现金余额				
	本期净利润				
	累计净利润				
项目		第五期	第六期	第七期	第八期
综合表现	综合表现分数				
	综合表现排名				
市场营销	合计订单量				
	合计销售额				
生产管理	期末库存产品数				
人力资源	销售人员数量				
	操作工人数量				
财务管理	期末现金余额				
	本期净利润				
	累计净利润				

第三节　第一期经营管理练习

一、期初规划会议

本期经营目标：______________________________

二、工作任务计划与完成情况列表

决策项目	计 划	资金预算	执 行	现金流量
现金预算				
银行贷款				
账款贴现				
签订合同				
解除合同				
员工培训				
产品设计				
产品研发				
生产招聘				
原料采购				
厂房购置				
设备购置				
资质认证				
生产工人				
生产制造				
市场开发				
广告宣传				
销售招聘				
销售培训				
产品报价				
订单交付				
原料出售				
订单转让				
其他				

三、营销网络计划表

产品销售情况统计表

区域	消费群体	销售人数	销售能力	品牌一		品牌二		品牌三		品牌四	
				预期销量	实际销量	预期销量	预期销量	实际销量	实际销量	实际销量	实际销量
合计											

未交货订单位统计表

订单号	市场	产品	数量	账期	预计金额	罚金

四、生产计划表

产品生产计划表

项 目	产品一	产品二	产品三	产品四	产品五	产品六
预计销售量						
本期生产量						

设备生产任务编排表

厂房	生产设备	生产产品	生产能力	成品率	实际生产量

产品原材料采购计划表

原料名称	各产品本期所需原料数量							期初库存数量	计划采购量
	产品一	产品二	产品三	产品四	产品五	产品六	合计		

五、财务报表

资产负债表

公司：		时间：		单位：元	
资产	期初数	期末数	负债和股东权益	期初数	期末数
流动资产：			流动负债：		
货币资金			短期借款		
应收账款			应付账款		
预付账款			应交税费		
存货			其他应付款		
其中：原材料			流动负债合计		
成品					

续表

公 司：		时 间：		单位：元	
资产	期初数	期末数	负债和股东权益	期初数	期末数
流动资产合计			非流动负债		
非流动资产：			非流动负债合计		
固定资产原值			负债合计		
减：累计折旧			股东权益：		
固定资产净值			实收资本		
无形资产			未分配利润		
非流动资产合计			股东权益合计		
资产总计			负债和股东权益总计		

利润表

公 司：	时 间：	单位：元
项目	本期发生	累计发生
一、营业收入		
减：营业成本		
减：营业税金及附加		
减：销售费用		
减：管理费用		
减：财务费用		
三、营业利润		
加：营业外收入		
减：营业外支出		
四、税前利润		
减：所得税		
五、净利润		

六.重要经营数据

本期销售收入：________万元　　排名：________

本期净利润：________万元　　排名：________

本期末净资产：________万元　　排名：________

本期市场份额：________%　　排名：________

本期综合评价：________　　排名：________

七、经营绩效总结

类 别	小组分数	小组排名	最高分	差距原因分析
综合表现				
市场表现				
财务表现				
投资表现				
盈利表现				
成长表现				

八、经营问题分析

存在问题	改进策略

九、思考题

· 企业一般包括哪些重要部门？各个部门的主要工作职责是什么？

· 企业在设计创业初期的组织架构时应注意哪些问题？

第四节　第二期经营管理练习

一、期初规划会议

本期经营目标：＿＿＿＿＿＿＿＿＿＿＿＿＿＿＿＿＿＿＿＿＿＿＿＿

二、工作任务计划与完成情况列表

决策项目	计划	资金预算	执行	现金流量
现金预算				
银行贷款				
账款贴现				
签订合同				
解除合同				
员工培训				
产品设计				
产品研发				
生产招聘				
原料采购				
厂房购置				
设备购置				
资质认证				
生产工人				
生产制造				
市场开发				
广告宣传				
销售招聘				
销售培训				
产品报价				
订单交付				
原料出售				
订单转让				
其他				

三、营销网络计划表

产品销售情况统计表表(1)

区域	消费群体	销售人数	销售能力	品牌一		品牌二		品牌三	
				预期销量	实际销量	预期销量	实际销量	预期销量	实际销量
合计									

产品销售情况统计表(2)

区域	消费群体	销售人数	销售能力	品牌四		品牌五		品牌六	
				预期销量	实际销量	预期销量	实际销量	预期销量	实际销量
合计									

未交货订单

订单号	市场	产品	数量	账期	预计金额	罚金

四. 生产计划表

产品生产计划表

项 目	产品一	产品二	产品三	产品四	产品五	产品六
预计销售量						
上期库存量						
本期生产量						

设备生产任务编排表

厂 房	生产设备	生产产品	生产能力	成品率	实际生产量

产品原材料采购计划表

原料名称	各产品本期所需原料数量							期初库存数量	计划采购量
	产品一	产品二	产品三	产品四	产品五	产品六	合计		

五. 财务报表

资产负债表

公 司：			时 间：	单位：元	
资产	期初数	期末数	负债和股东权益	期初数	期末数
流动资产：			流动负债：		
货币资金			短期借款		
应收账款			应付账款		
预付账款			应交税费		
存货			其他应付款		
其中：原材料			流动负债合计		
成品					
流动资产合计			非流动负债		
非流动资产：			非流动负债合计		
固定资产原值			负债合计		
减：累计折旧			股东权益：		
固定资产净值			实收资本		
无形资产			未分配利润		
非流动资产合计			股东权益合计		
资产总计			负债和股东权益总计		

利润表

公司:	时间:	单位:元
项目	本期发生	累计发生
一、营业收入		
减:营业成本		
减:营业税金及附加		
减:销售费用		
减:管理费用		
减:财务费用		
三、营业利润		
加:营业外收入		
减:营业外支出		
四、税前利润		
减:所得税		
五、净利润		

六、重要经营数据

上期销售收入:______万元　本期销售收入:______万元　排名:______

上期净利润:______万元　本期净利润:______万元　排名:______

上期末净资产:______万元　本期末净资产:______万元　排名:______

上期市场份额:______%　本期市场份额:______%　排名:______

上期综合评价:______　本期综合评价:______　排名:______

七、经营绩效总结

类 别	小组分数	小组排名	最高分	差距原因分析
综合表现				
市场表现				
财务表现				
投资表现				
盈利表现				
成长表现				

八、经营问题分析

存在问题	改进策略

九、思考题

· 制订公司战略时应思考哪些问题？如何制订有效的战略？
· 为什么要进行 SWOT 分析？如何选择细分市场战略？
· 如何保障经营决策的有效性？

第五节　第三期经营管理练习

一、期初规划会议

本期经营目标：________________________________

二、工作任务计划与完成情况列表

决策项目	计 划	资金预算	执 行	现金流量
现金预算				
银行贷款				
账款贴现				
签订合同				
解除合同				
员工培训				

续 表

决策项目	计 划	资金预算	执 行	现金流量
产品设计				
产品研发				
生产招聘				
原料采购				
厂房购置				
设备购置				
资质认证				
生产工人				
生产制造				
市场开发				
广告宣传				
销售招聘				
销售培训				
产品报价				
订单交付				
原料出售				
订单转让				
其他				

三、营销网络计划表

销售情况统计表(1)

区域	消费群体	销售人数	销售能力	品牌一		品牌二		品牌三	
				预期销量	实际销量	预期销量	实际销量	预期销量	实际销量
合计									

销售情况统计表(2)

区域	消费群体	销售人数	销售能力	品牌四		品牌五		品牌六	
				预期销量	实际销量	预期销量	实际销量	预期销量	实际销量

续表

区域	消费群体	销售人数	销售能力	品牌四		品牌五		品牌六	
				预期销量	实际销量	预期销量	实际销量	预期销量	实际销量
合计									

未交货订单统计表

订单号	市场	产品	数量	账期	预计金额	罚金

四.生产计划表

产品生产计划表

项目	产品一	产品二	产品三	产品四	产品五	产品六
预计销售量						
上期库存量						
本期生产量						

设备生产任务编排表

厂房	生产设备	生产产品	生产能力	成品率	实际生产量

材料采购计划表

原料名称	各产品本期所需原料数量							期初库存数量	计划采购量
	产品一	产品二	产品三	产品四	产品五	产品六	合计		

五.财务报表

资产负债表

公 司:			时 间:	单位:元	
资产	期初数	期末数	负债和股东权益	期初数	期末数
流动资产:			流动负债:		
货币资金			短期借款		
应收账款			应付账款		
预付账款			应交税费		
存货			其他应付款		
其中:原材料			流动负债合计		
成品					
流动资产合计			非流动负债		
非流动资产:			非流动负债合计		
固定资产原值			负债合计		
减:累计折旧			股东权益:		
固定资产净值			实收资本		
无形资产			未分配利润		
非流动资产合计			股东权益合计		
资产总计			负债和股东权益总计		

利润表

公 司:	时 间:	单位:元
项目	本期发生	累计发生
一、营业收入		
减:营业成本		
减:营业税金及附加		
减:销售费用		

续 表

公 司：	时 间：	单位：元
项目	本期发生	累计发生
减：管理费用		
减：财务费用		
三、营业利润		
加：营业外收入		
减：营业外支出		
四、税前利润		
减：所得税		
五、净利润		

六、重要经营数据

上期销售收入：______万元　本期销售收入：______万元　排名：______

上期净利润：______万元　本期净利润：______万元　排名：______

上期末净资产：______万元　本期末净资产：______万元　排名：______

上期市场份额：______%　本期市场份额：______%　排名：______

上期综合评价：______　本期综合评价：______　排名：______

七、经营绩效总结

类 别	小组分数	小组排名	最高分	差距原因分析
综合表现				
市场表现				
财务表现				
投资表现				
盈利表现				
成长表现				

八、经营问题分析

存在问题	改进策略

九.思考题

· 根据市场形势变化调整公司战略与部门战略。

· 公司产品组合矩阵分析。

第六节　第四期经营管理练习

一、期初规划会议

本期经营目标：________________

二、工作任务计划与完成情况列表

决策项目	计 划	资金预算	执 行	现金流量
现金预算				
银行贷款				
账款贴现				
签订合同				
解除合同				
员工培训				
产品设计				

续 表

决策项目	计 划		资金预算		执 行		现金流量	
产品研发								
生产招聘								
原料采购								
厂房购置								
设备购置								
资质认证								
生产工人								
生产制造								
市场开发								
广告宣传								
销售招聘								
销售培训								
产品报价								
订单交付								
原料出售								
订单转让								
其他								

三、营销网络计划表

销售情况统计表(2)

区域	消费群体	销售人数	销售能力	品牌一		品牌二		品牌三	
				预期销量	实际销量	预期销量	实际销量	预期销量	实际销量

续表

区域	消费群体	销售人数	销售能力	品牌一		品牌二		品牌三	
				预期销量	实际销量	预期销量	实际销量	预期销量	实际销量
合计									

销售情况统计表(2)

区域	消费群体	销售人数	销售能力	品牌四		品牌五		品牌六	
				预期销量	实际销量	预期销量	实际销量	预期销量	实际销量

续表

区域	消费群体	销售人数	销售能力	品牌四		品牌五		品牌六	
				预期销量	实际销量	预期销量	实际销量	预期销量	实际销量
合计									

未交货订单统计表

订单号	市场	产品	数量	账期	预计金额	罚金

四. 生产计划表

产品生产计划表

项　目	产品一	产品二	产品三	产品四	产品五	产品六
预计销售量						
上期库存量						
本期生产量						

设备生产任务编排表

厂房	生产设备	生产产品	生产能力	成品率	实际生产量

产品原材料采购计划表

原料名称	各产品本期所需原料数量							期初库存数量	计划采购量
	产品一	产品二	产品三	产品四	产品五	产品六	合计		

五.财务报表

资产负债表

公 司：			时 间：		单位：元
资产	期初数	期末数	负债和股东权益	期初数	期末数
流动资产：			流动负债：		
货币资金			短期借款		
应收账款			应付账款		
预付账款			应交税费		
存货			其他应付款		
其中：原材料			流动负债合计		
成品					
流动资产合计			非流动负债		
非流动资产：			非流动负债合计		
固定资产原值			负债合计		
减：累计折旧			股东权益：		
固定资产净值			实收资本		
无形资产			未分配利润		
非流动资产合计			股东权益合计		
资产总计			负债和股东权益总计		

利润表

公 司：	时 间：	单位：元
项目	本期发生	累计发生
一、营业收入		
减：营业成本		
减：营业税金及附加		
减：销售费用		

续表

公司：	时间：	单位：元
项目	本期发生	累计发生
减：管理费用		
减：财务费用		
三、营业利润		
加：营业外收入		
减：营业外支出		
四、税前利润		
减：所得税		
五、净利润		

六、重要经营数据

上期销售收入：______万元　本期销售收入：______万元　排名：______
上期净利润：______万元　本期净利润：______万元　排名：______
上期末净资产：______万元　本期末净资产：______万元　排名：______
上期市场份额：______%　本期市场份额：______%　排名：______
上期综合评价：______　本期综合评价：______　排名：______

七、经营绩效总结

类别	小组分数	小组排名	最高分	差距原因分析
综合表现				
市场表现				
财务表现				
投资表现				
盈利表现				
成长表现				

八、经营问题分析

存在问题	改进策略

九.思考题

·根据市场形势变化调整公司战略与部门战略。

·公司产品组合矩阵分析。

·为了配合整体的经营策略，在营销管理方面需要采取什么样的措施来支持？

·目前的市场营销战略是否有问题？能否寻找到新的改进办法？

·客户需求和目标市场分析是否准确？下一步的改进点在哪里？

·分析生产与销售脱节的情况，如何保持协调一致？

第七节　第五期经营管理练习

一、期初规划会议

本期经营目标：________________________________

二、工作任务计划与完成情况列表

决策项目	计划	资金预算	执行	现金流量
现金预算				
银行贷款				
账款贴现				
签订合同				
解除合同				
员工培训				
产品设计				
产品研发				
生产招聘				
原料采购				
厂房购置				
设备购置				
资质认证				
生产工人				
生产制造				
市场开发				
广告宣传				
销售招聘				
销售培训				
产品报价				
订单交付				
原料出售				
订单转让				
其他				

三、营销网络计划表

销售情况统计表(1)

区域	消费群体	销售人数	销售能力	品牌一		品牌二		品牌三	
				预期销量	实际销量	预期销量	实际销量	预期销量	实际销量
合计									

销售情况统计表(2)

区域	消费群体	销售人数	销售能力	品牌四		品牌五		品牌六	
				预期销量	实际销量	预期销量	实际销量	预期销量	实际销量

续表

区域	消费群体	销售人数	销售能力	品牌四		品牌五		品牌六	
				预期销量	实际销量	预期销量	实际销量	预期销量	实际销量
合计									

未交货订单统计表

订单号	市 场	产 品	数 量	账 期	预计金额	罚金

四.生产计划表

产品生产计划表

项目	产品一	产品二	产品三	产品四	产品五	产品六
预计销售量						
上期库存量						
本期生产量						

设备生产任务编排表

厂房	生产设备	生产产品	生产能力	成品率	实际生产量

材料采购计划表

原料名称	各产品本期所需原料数量							期初库存数量	计划采购量
	产品一	产品二	产品三	产品四	产品五	产品六	合计		

五.财务报表

资产负债表

公 司:			时 间:	单位:元	
资产	期初数	期末数	负债和股东权益	期初数	期末数
流动资产:			流动负债:		
货币资金			短期借款		
应收账款			应付账款		
预付账款			应交税费		
存货			其他应付款		
其中:原材料			流动负债合计		
成品					
流动资产合计			非流动负债		
非流动资产:			非流动负债合计		
固定资产原值			负债合计		
减:累计折旧			股东权益:		
固定资产净值			实收资本		
无形资产			未分配利润		
非流动资产合计			股东权益合计		
资产总计			负债和股东权益总计		

利润表

公 司:	时 间:	单位:元
项 目	本期发生	累计发生
一、营业收入		
减:营业成本		
减:营业税金及附加		
减:销售费用		

续表

公司：	时间：	单位：元
项 目	本期发生	累计发生
减：管理费用		
减：财务费用		
三、营业利润		
加：营业外收入		
减：营业外支出		
四、税前利润		
减：所得税		
五、净利润		

六、重要经营数据

上期销售收入：______万元　本期销售收入：______万元　排名：______
上期净利润：______万元　本期净利润：______万元　排名：______
上期末净资产：______万元　本期末净资产：______万元　排名：______
上期市场份额：______%　本期市场份额：______%　排名：______
上期综合评价：______　本期综合评价：______　排名：______

七、经营绩效总结

类别	小组分数	小组排名	最高分	差距原因分析
综合表现				
市场表现				
财务表现				
投资表现				
盈利表现				
成长表现				

八、经营问题分析

存在问题	改进策略

九.思考题

· 根据市场形势变化调整公司战略与部门战略。

· 公司产品组合矩阵分析。

· 为了配合整体的经营策略，在营销管理方面需要采取什么样的措施来支持？

· 目前的市场营销战略是否有问题？能否寻找到新的改进办法？

· 客户需求和目标市场分析是否准确？下一步的改进点在哪里？

· 分析生产与销售脱节的情况，如何保持协调一致？

· 新产品发开计划与上市推广策略如何制定？

· 如何透过 4P 营销组合看市场营销策略的有效性及改进策略？

· 检查财务预算的准确性，分析差异的原因及改进策略？

· 如何确定融资时间与融资策略？

第八节　第六期经营管理练习

一、期初规划会议

本期经营目标：________________________

二、工作任务计划与完成情况列表

决策项目	计 划	资金预算	执 行	现金流量
现金预算				
银行贷款				
账款贴现				
签订合同				
解除合同				
员工培训				
产品设计				
产品研发				
生产招聘				
原料采购				
厂房购置				
设备购置				
资质认证				
生产工人				
生产制造				
市场开发				
广告宣传				
销售招聘				
销售培训				
产品报价				
订单交付				
原料出售				
订单转让				
其他				

三、营销网络计划表

销售情况统计表(1)

区域	消费群体	销售人数	销售能力	品牌一		品牌二		品牌三	
				预期销量	实际销量	预期销量	实际销量	预期销量	实际销量
合计									

销售情况统计表(2)

区域	消费群体	销售人数	销售能力	品牌四		品牌五		品牌六	
				预期销量	实际销量	预期销量	实际销量	预期销量	实际销量
合计									

未交货订单统计表

订单号	市场	产品	数量	账期	预计金额	罚金

四.生产计划表

产品生产计划表

项目	产品一	产品二	产品三	产品四	产品五	产品六
预计销售量						
上期库存量						
本期生产量						

设备生产任务编排表

厂房	生产设备	生产产品	生产能力	成品率	实际生产量

产品原材料采购计划表

原料名称	各产品本期所需原料数量							期初库存数量	计划采购量
	产品一	产品二	产品三	产品四	产品五	产品六	合计		

五. 财务报表

资产负债表

公 司：			时 间：	单位:元	
资产	期初数	期末数	负债和股东权益	期初数	期末数
流动资产：			流动负债：		
货币资金			短期借款		
应收账款			应付账款		
预付账款			应交税费		
存货			其他应付款		
其中:原材料			流动负债合计		
成品					
流动资产合计			非流动负债		
非流动资产：			非流动负债合计		
固定资产原值			负债合计		
减:累计折旧			股东权益：		
固定资产净值			实收资本		
无形资产			未分配利润		
非流动资产合计			股东权益合计		
资产总计			负债和股东权益总计		

利润表

公司：	时间：	单位：元
项目	本期发生	累计发生
一、营业收入		
减：营业成本		
减：营业税金及附加		
减：销售费用		
减：管理费用		
减：财务费用		
三、营业利润		
加：营业外收入		
减：营业外支出		
四、税前利润		
减：所得税		
五、净利润		

六、重要经营数据

上期销售收入：______万元　本期销售收入：______万元　排名：______

上期净利润：______万元　本期净利润：______万元　排名：______

上期末净资产：______万元　本期末净资产：______万元　排名：______

上期市场份额：______%　本期市场份额：______%　排名：______

上期综合评价：______　本期综合评价：______　排名：______

七、经营绩效总结

类别	小组分数	小组排名	最高分	差距原因分析
综合表现				
市场表现				
财务表现				
投资表现				
盈利表现				
成长表现				

八、经营问题分析

存在问题	改进策略

九、思考题

- 分析不同产品给公司带来的利润情况,如何提升盈利能力?
- 如何对不同产品的投资回报进行分析?

第九节 第七期经营管理练习

一、期初规划会议

本期经营目标:____

二、工作任务计划与完成情况列表

决策项目	计 划	资金预算	执 行	现金流量
现金预算				
银行贷款				
账款贴现				
签订合同				
解除合同				
员工培训				
产品设计				

续表

决策项目	计划	资金预算	执行	现金流量
产品研发				
生产招聘				
原料采购				
厂房购置				
设备购置				
资质认证				
生产工人				
生产制造				
市场开发				
广告宣传				
销售招聘				
销售培训				
产品报价				
订单交付				
原料出售				
订单转让				
其他				

三、营销网络计划表

销售情况统计表(1)

区域	消费群体	销售人数	销售能力	品牌一		品牌二		品牌三	
				预期销量	实际销量	预期销量	实际销量	预期销量	实际销量

续表

区域	消费群体	销售人数	销售能力	品牌一		品牌二		品牌三	
				预期销量	实际销量	预期销量	实际销量	预期销量	实际销量
合计									

销售情况统计表(2)

区域	消费群体	销售人数	销售能力	品牌四		品牌五		品牌六	
				预期销量	实际销量	预期销量	实际销量	预期销量	实际销量

续表

区域	消费群体	销售人数	销售能力	品牌四		品牌五		品牌六	
				预期销量	实际销量	预期销量	实际销量	预期销量	实际销量
合计									

未交货订单

订单号	市场	产品	数量	账期	预计金额	罚金

四. 生产计划表

产品生产计划表

项目	产品一	产品二	产品三	产品四	产品五	产品六
预计销售量						
上期库存量						
本期生产量						

设备生产任务编排表

厂房	生产设备	生产产品	生产能力	成品率	实际生产量

产品原材料采购计划表

原料名称	各产品本期所需原料数量							期初库存数量	计划采购量
	产品一	产品二	产品三	产品四	产品五	产品六	合计		

五.财务报表

资产负债表

公 司:			时 间:	单位:元	
资产	期初数	期末数	负债和股东权益	期初数	期末数
流动资产:			流动负债:		
货币资金			短期借款		
应收账款			应付账款		
预付账款			应交税费		
存货			其他应付款		
其中:原材料			流动负债合计		
成品					
流动资产合计			非流动负债		
非流动资产:			非流动负债合计		
固定资产原值			负债合计		
减:累计折旧			股东权益:		
固定资产净值			实收资本		
无形资产			未分配利润		
非流动资产合计			股东权益合计		
资产总计			负债和股东权益总计		

利润表

公 司：	时 间：	单位：元
项 目	本期发生	累计发生
一、营业收入		
减：营业成本		
减：营业税金及附加		
减：销售费用		
减：管理费用		
减：财务费用		
三、营业利润		
加：营业外收入		
减：营业外支出		
四、税前利润		
减：所得税		
五、净利润		

六、重要经营数据

上期销售收入：______万元　本期销售收入：______万元　排名：______

上期净利润：______万元　本期净利润：______万元　排名：______

上期末净资产：______万元　本期末净资产：______万元　排名：______

上期市场份额：______%　本期市场份额：______%　排名：______

上期综合评价：______　本期综合评价：　排名：

七、经营绩效总结

类 别	小组分数	小组排名	最高分	差距原因分析
综合表现				
市场表现				
财务表现				
投资表现				
盈利表现				
成长表现				

八、经营问题分析

存在问题	改进策略

九、思考题

·如何对竞争对手进行系统分析？针对竞争对手的变化如何进行战略调整？

第十节　第八期经营管理练习

一、期初规划会议

本期经营目标：______________________________

二、工作任务计划与完成情况列表

决策项目	计 划	资金预算	执 行	现金流量
现金预算				
银行贷款				
账款贴现				
签订合同				
解除合同				
员工培训				
产品设计				

续 表

决策项目	计 划	资金预算	执 行	现金流量
产品研发				
生产招聘				
原料采购				
厂房购置				
设备购置				
资质认证				
生产工人				
生产制造				
市场开发				
广告宣传				
销售招聘				
销售培训				
产品报价				
订单交付				
原料出售				
订单转让				
其他				

三、营销网络计划表

销售情况统计表(1)

区域	消费群体	销售人数	销售能力	品牌一		品牌二		品牌三	
				预期销量	实际销量	预期销量	实际销量	预期销量	实际销量

续表

区域	消费群体	销售人数	销售能力	品牌一		品牌二		品牌三	
				预期销量	实际销量	预期销量	实际销量	预期销量	实际销量
合计									

销售情况统计表(2)

区域	消费群体	销售人数	销售能力	品牌四		品牌五		品牌六	
				预期销量	实际销量	预期销量	实际销量	预期销量	实际销量

续 表

区域	消费群体	销售人数	销售能力	品牌四		品牌五		品牌六	
				预期销量	实际销量	预期销量	实际销量	预期销量	实际销量
合计									

未交货订单统计表

订单号	市 场	产 品	数 量	账 期	预计金额	罚金

四.生产计划表

产品生产计划表

项目	产品一	产品二	产品三	产品四	产品五	产品六
预计销售量						
上期库存量						
本期生产量						

设备生产任务编排表

厂房	生产设备	生产产品	生产能力	成品率	实际生产量

产品原材料采购计划表

原料名称	各产品本期所需原料数量							期初库存数量	计划采购量
	产品一	产品二	产品三	产品四	产品五	产品六	合计		

五. 财务报表

资产负债表

公 司：		时 间：		单位:元	
资产	期初数	期末数	负债和股东权益	期初数	期末数
流动资产：			流动负债：		
货币资金			短期借款		
应收账款			应付账款		
预付账款			应交税费		
存货			其他应付款		
其中:原材料			流动负债合计		
成品					
流动资产合计			非流动负债		
非流动资产：			非流动负债合计		
固定资产原值			负债合计		
减:累计折旧			股东权益：		
固定资产净值			实收资本		
无形资产			未分配利润		
非流动资产合计			股东权益合计		
资产总计			负债和股东权益总计		

利润表

公司：	时间：	单位：元
项 目	本期发生	累计发生
一、营业收入		
减：营业成本		
减：营业税金及附加		
减：销售费用		
减：管理费用		
减：财务费用		
三、营业利润		
加：营业外收入		
减：营业外支出		
四、税前利润		
减：所得税		
五、净利润		

六、重要经营数据

上期销售收入：______万元　本期销售收入：______万元　排名：______

上期净利润：______万元　本期净利润：______万元　排名：______

上期末净资产：______万元　本期末净资产：______万元　排名：______

上期市场份额：______%　本期市场份额：______%　排名：______

上期综合评价：______　本期综合评价：______　排名：______

七、经营绩效总结

类 别	小组分数	小组排名	最高分	差距原因分析
综合表现				
市场表现				
财务表现				
投资表现				
盈利表现				
成长表现				

八、经营问题分析

存在问题	改进策略

九、思考题

- 对初创企业来说，企业创业管理过程中主要会遇到哪些风险？
- 企业在初创阶段和快速成长阶段需要注意哪些问题？
- 如何做好创业团队的职责分工与沟通协作？
- 企业模拟总结

第十一节 总结分析

企业模拟经营分析报告的撰写要求

经营分析报告是对实验环节的总结和深化，经营分析报告应该能够反映成果、点面结合；抓住问题、分析透彻；提出建议、有理有据。报告应体现“运用理论，总结过去，面向未来”的思想，遵循“发现问题—分析问题—解决问题”的思路，应包括以下几个基本问题。

(1)基本成果描述——背景介绍；每一期的经营中，你的企业的经营规划是什么？是如何实施的？具体从自己扮演的角色阐述。

(2)纵横相比较——发现或提出问题；本次实验过程中印象最深的内容是什么？做对或做错哪些事？带来什么结果？

(3)财务与非财务指标的分析、分解——分析原因，揭示因果联系；

(4)提出发展或改进建议——解决问题

(5)如果有机会继续经营或重来，会如何做？有什么感受和想法能带到明天的工作中？

(6)另外对课程的效果进行评价，提出意见、建议。

(7)最后注明撰写人员、时间以及企业成员及分工。

参考文献

[1] 杨梅英，熊飞．创业管理概论[M]．北京：机械工业出版社，2008．

[2] 陈晓红，吴运迪．创业与中小企业管理[M]．北京：清华大学出版社，2009．

[3] 王海云，许益锋，等．商务谈判[M]．北京：北京航空航天大学出版社，2007．

[4] 孙德林，黄林．创业管理与技能[M]．北京：经济管理出版社，2010．

[5] 刘平，李坚．创业学理论与实践[M]．北京：清华大学出版社，2009．

[6] 李时椿．创业管理[M]．北京：清华大学出版社，2010．

[7] 樊一阳，徐玉良．创业学概论[M]．北京：清华大学出版社，2010．

[8] 熊银解，王晓梅，朱永华．现代企业管理[M]．武汉：武汉理工大学出版社，2013．

[9] 王其和．现代企业管理[M]．武汉：武汉大学出版社，2013．

[10] 许益锋．《企业经营模拟》实验课的思考[J]．现代企业教育，2014．

[11] 潘颖雯，张克英，等．企业管理与技术经济分析[M]．天津：天津大学出版社，2010．

[12] [美]彼得．F．德鲁克．创业与创新精神[M]．上海：上海人民出版社，2002．

[13] 李莉．创业家：作用、内涵与创业动机[J]．中国人才论坛，2005．

[14] 陈亚敏．大学生创业能力培养研究[J]．泉州师范学院学报，2014．

[15] 成龙，陈国凤．中国大学生创业教育反思与新探索[J]．中外企业家，2014．

[16] 何爱民，曾昭伟．关于推进大学生创业工程的调查与思考[J]．长沙医学院学报，2013．

[17] 张建平，林成．大学生创业现状及创业教育对策研究[J]．石河子大学学报：哲学社会科学版，2013．